管理学论丛

智力资本管理会计研究

RESEARCH ON MANAGEMENT ACCOUNTING FOR INTELLECTUAL CAPITAL

冉秋红 著

WUHAN UNIVERSITY PRESS
武汉大学出版社

图书在版编目(CIP)数据

智力资本管理会计研究/冉秋红著．—武汉：武汉大学出版社，2007.11

管理学论丛

ISBN 978-7-307-05872-9

Ⅰ.智…　Ⅱ.冉…　Ⅲ.企业管理—管理会计—研究　Ⅳ.F275.2

中国版本图书馆 CIP 数据核字(2007)第 150569 号

责任编辑:柴　艺　　责任校对:程小宜　　版式设计:詹锦玲

出版发行：**武汉大学出版社**　(430072　武昌　珞珈山)

(电子邮件：wdp4@whu.edu.cn　网址：www.wdp.whu.edu.cn)

印刷:湖北恒泰印务有限公司

开本：720×1000　1/16　印张：16.375　字数：233 千字

版次：2007 年 11 月第 1 版　2007 年 11 第 1 次印刷

ISBN 978-7-307-05872-9/F·1083　定价:26.00 元

序

“管理会计”，顾名思义，是研究有助于企业经营管理的理论与方法的会计。传统的管理会计自20世纪20年代经国外学者提出其概念，到40年代形成初步框架，曾经是20世纪会计发展的四大成果之一（其他三大成果分别是电脑会计、人力资源会计和环境会计），它的出现大大拓宽了会计的视野，将传统的事后核算的财务会计发展到着眼于事前预测、分析和事后核算的会计，被称为会计的一大革命，与财务会计并列为会计的两大分支。然而，管理会计在此后的发展中，却依然存在不少问题，主要是某些数学模型对经济生活的预测严重脱离现实生活，乃至在20世纪70～80年代西方学者惊呼：管理会计向何处去？但是，历史的经验告诉我们，科学总是随着社会经济生活的进步和发展而发展成熟的。随着经济社会由后工业时代步入当今的知识经济时代，知识要素在推动国家经济增长与企业价值创造中的作用日渐突出，人们日益认识到企业价值已不再取决于其拥有多少有形的厂房、设备等实物资本，而在于企业员工的创造能力、所拥有的知识产权、基础结构及其与利益相关者的关系等所谓的无形的“第三资源”或智力资本，这对于传统的偏重于实物资本的管理理念以及相应的会计模式产生了很大的冲击。为了有效地管理企业的智力资本，同时也为了更真实地反映企业的价值，需要建立和发展智力资本管理会计。国外对这一领域的研究时间不长，成果不多，国内研究也才起步不久。本书作者知难而上，专注于该领域的研究，进行了较为深入的探讨。

冉秋红博士所著《智力资本管理会计研究》一书是在阅读大量文献资料的基础上，以马克思主义理论为指导，综合运用经济学、管理学和会计学理论，采用规范研究、案例研究与实证研究等研究方法，全面系统地构建了智力资本管理会计的理论与方法体系。该书结构严谨，层次清楚，资料翔实，内容丰富，既有对智力资本管理会计理论基础以及基本理论的诠释，又有智力资本计量方法的阐述，还结合我国企业实际情况，对其在我国的运用和如何构建纳入智力资本要素的管理控制系统进行了探索性分析。这一研究成果对于管理会计理论与方法体系的创新具有重要意义，对于提高我国企业知识管理效率，增强企业核心竞争力与持久竞争优势具有参考价值和现实意义。

该书的主要贡献和特点在于：（1）拓展了现代管理会计研究的理论基础，将当今经济学与管理学适应于知识经济时代的新兴的理论研究成果，如企业的资源、能力与知识理论，运用到管理会计的研究中。（2）较为系统地阐述了智力资本管理会计的内涵、目标、对象与基本假设等基本理论问题。（3）对智力资本的计量方法进行了改进与创新。（4）构建了纳入智力资本要素的新型的企业管理控制系统框架，并对其中纳入智力资本要素的战略导向预算与战略业绩评价体系等问题提出了新的设想，并进一步解决了这一新的业绩评价体系的操作性问题。

希望本书的出版对推进智力资本管理会计的研究有所裨益，故应邀为序。

廖　洪

2007 年 9 月

内容摘要

21世纪的主流经济形态是知识经济，它是继农业经济与工业经济之后的一个新的经济发展阶段，具有不同于以往的关键生产要素即知识。知识要素在推动国家经济增长与企业价值创造中的作用日渐突出，人们日益认识到企业价值已不取决于其拥有多少有形的厂房、设备等实物资本，而在于企业员工的创造能力、所拥有的知识产权、基础结构及其与利益相关者的关系等所谓的无形的“第三资源”或智力资本。因此，为了实现企业价值最大化目标，建立持久的竞争优势，有必要重视并加强对企业知识或智力资本的管理，这对于传统的偏重于实物资本的管理理念以及相应的会计模式产生了很大的冲击。

众所周知，传统会计模式注重有形资产的计量，忽视对企业价值贡献比例越来越大的知识要素或无形资产的计量，因而难以反映企业的真实价值，无法跟上知识经济时代的步伐。为了有效地管理企业的智力资本，同时也为了更真实地反映企业的价值，就必须对智力资本进行计量和报告，建立和发展智力资本管理会计。正如著名会计学家余绪缨教授所指出的，与知识经济的深入发展相联系的智力资本管理会计的形成和发展显得尤为迫切和重要。

国外对智力资本管理会计的研究始于20世纪80年代中期。我国虽然属于发展中国家，目前正处于工业化中期，但也日趋紧密地融入了全球经济一体化的进程之中。十六大与新近召开的“两会”已明确并强调我国要树立科学发展观，以人为本，顺应世界科技经济发展的新趋势，充分吸收当今发达国家的各种有用的技术与管理知识，提高自主知识创新能力，实现跨越式发展。因此，知识管理以及相应的管理会计创新也是我国经济发展过程中必须了解与应对的问题。所以，“智力资本管理会计”这一研究主题，对我国也同样具有现实意义。

本书在总结国内外已有的相关研究成果的基础上，力图对智力资本管理会计的理论基础、基本理论与方法体系及其实际运用等方面的问题进行较为系统与深入的研究，以期能提供一个较为完整的智力资本管理会计体系。

我们首先探讨了智力资本管理会计的理论基础。作为知识经济时代的一个管理会计新领域，我们认为它独特的理论基础是当今新兴的企业资源基础理论、核心能力理论以及企业知识理论。三种理论既相互联系，又彼此独立，各自从不同的方面对智力资本管理会计的理论与方法体系的形成与发展产生重要的影响。企业资源基础理论将波特的竞争优势外生论扭转为企业内部资源决定论也即竞争优势内生论，企业核心能力理论与企业知识理论则在对竞争优势内生于企业何种资源的认识上进行了更深入的探索。三种理论强调不同的核心概念，如企业资源基础理论强调资源与战略性资源，企业核心能力理论推崇核心能力与动态核心能力，而企业知识理论则强调企业知识与默会知识，也具有不同的思想观念，但在企业竞争优势的来源这一问题上，三种理论进行了相互联系、步步深入的探讨。企业资源基础理论认为是战略性资源决定了企业的持久竞争优势，企业核心能力理论则进一步认为是隐藏在资源背后的核心能力决定了企业的持久竞争优势，企业知识理论则进一步追根求源，认为决定核心能力的是企业知识以及与知识密切相关的认知学习。因此，企业知识最终成为竞争优势之源。

企业资源基础理论拓展了传统经济学的企业资源范围，为智力资本管理会计的形成与发展奠定了理论基础。企业核心能力理论针对核心能力的内涵、特征与形成过程的研究成果，可以作为智力资本管理会计在进行核心能力的确认与计量时的理论指导。企业知识理论对智力资本管理会计的理论建设与实务发展产生了广泛而深远的影响。企业知识理论中关于企业知识的论述简明而又深刻，有利于我们理解智力资本的组织而非个人视角。企业知识的微观活动机理为创新知识导向的管理控制系统，提供了理论与方法上的指导。

作为管理会计新领域，智力资本管理会计的基本理论框架构建也十分重要。因此，我们接着探讨了智力资本管理会计的内涵、目标、对象与基本假设等基本理论问题。我们认为智力资本管理会计首先是一个知识管理信息系统，然后才是一种以战略决策支持和管理控制为特征的管理活动。它是企业知识管理的组成部分，伴随知识管理全过程。知识管理目标决定了智力资本管理会计的基本目标与具体目标。其基本目标是提高企业知识管理水平与效率，提升企业核心竞争力，促进企业价值最大化目标的实现。其具体目标是根据企业知识管理的具体要求而提出具体任务。因此，智力资本管理会计的对象是围绕企业知识管理所发生的一系列价值创造活动及其所发出的智力资本信息。在现有管理会计基本假设之外，智力资本管理会计还包括智力资本是有价值的组织资源、智力资本的价值可变性、智力资本存续等独特假设。

智力资本管理会计对现有的人力资源会计与战略管理会计具有继承性与拓展性，人力资源会计与战略管理会计已有的观念与方法为智力资本管理会计提供了很好的创新基础。为了适应知识经济时代的知识管理的需要，智力资本管理会计在研究视角与计量方法等方面对人力资源会计进行了进一步的拓展。同时，智力资本管理会计也是对战略管理会计的新发展，它拓宽了战略管理会计的研究视野，将其深入到企业内部的无形资源、核心能力与知识，使得战略管理会计的内容与方法体系更加丰富与完善。

对无形的智力资本进行可视化计量，是智力资本管理会计方法体系中首先需要解决的问题。迄今为止的智力资本计量方法可分货币计量方法与非货币计量方法两大类，前者主要用于计量企业智力资本的整体价值；后者主要用于详细反映企业单项智力资本要素的信息。当今智力资本货币计量方法主要包括按其实际投入成本计量、以企业市场价值为基础计量、按其经济价值计量等三种。现有五种主要的智力资本非货币计量方法（模型），即瑞典的 Scandia 导航器、Sveiby 的无形资产监控器、Brooking 的技术经纪人模型、丹麦的工业与贸易发展委员会倡导的智力资本账户模型、LEV 的价值链记分板等。各种智力资本的货币与非货币计量方法，均有其优缺点，仍需改进。我们针对当今企业知识管理实践的信息需求，从四个方面提出了改进与创新智力资本计量方法的思路。

以智力资本计量为基础，我们综合考虑了有形资产的投资决策方法、智力资本的投资特征以及现有的有关智力资本投资决策的相关研究成果之后，提出三种比较具有代表性的智力资本投资决策方法，即净现值法、战略投资评价法与实物期权法，并对各自的优缺点进行了简要分析。就目前看来，战略投资评价法虽然相对粗略，但更简化、形象与直观，更容易为企业管理人员所接受。因此，战略投资评价法是一种替代纯粹净现值法的较好的智力资本投资决策方法。使用这一投资决策方法可以促使企业加大智力资本的投资力度，增强其核心竞争力。

创新企业的管理控制系统，以促进企业知识的生成、共享、使用与增值为目标，也是智力资本管理会计方法体系中的一个重要问题。我们认为，在知识经济时代，企业推行知识战略需要设立知识导向的、纳入智力资本要素的管理控制系统。我们基于管理控制系统一般框架，纳入智力资本要素的管理控制系统主要特征，构建了这一新型管理控制系统的基本框架。这一基本框架以对公司愿景及其环境分析为起点，首先制定公司的战略目标，将其分解为财务资本方面与智力资本方面的具体战略目标，并进一步对这两大方面的具体战略目标制定绩效目标及其相应的具体量化指标。然后，以此为基础，编制纳入智力资本要素的企业战略导向预算，进行战略资源配置，再设计纳入智力资本要素的战略业绩评价体系与相应的激励方案。最后，将战略业绩评价的相关信息逆向反馈，并由此引发管理控制系统各环节的动态调整。

纳入智力资本要素的企业战略导向预算、战略业绩评价与激励显然构成了这一基本框架的主要方法，本文对之也进行了详述。在分析了纳入智力资本要素的企业战略导向预算的主要特征之后，进一步探讨了该预算编制的依据、起点、思路、框架以及具体编制方法。在介绍学者们已有的相关预算编制方法的基础上，我们提出了对该预算编制方法的设想。本文所设计的纳入智力资本要素的战略业绩评价体系是各企业为了支持其知识发展战略、提高其知识管理效率的个性化的绩效评价体系，与现行的国有资本金效绩评价体系有着不同的评价目标、评价主体与评价视角，当然也就具有不同的评价指标体系以及整体评价框架。基于这一评价框架，我们为国内某计算机与软件生产企业设计了一个纳入智力资本要素的战略业绩评价体系，而且实际操作了该体系的具体评分过程。

研究智力资本管理会计理论与方法体系的最终目的还在于其实际运用。我们从当今我国企业如上海光明乳业、青岛啤酒、中国网通的知识管理实践，以及我国企业的国际竞争力现状、国有资产管理体制改革等三方面，简要分析了智力资本管理会计在我国企业运用的必要性，并提出了促进智力资本管理会计在我国企业运用的几点建议。认为政府相关部门可以对智力管理会计的运用给予宏观层次的政策引导与支持。理论界应将智力资本管理会计的理论研究、实践研究与推广运用研究相结合，同时加大对实务界的有关智力资本管理会计理念与方法的培训力度。企业则应更新传统资本观念，积极运用并不断探索行之有效的智力资本管理会计方法。

总之，本书对智力资本管理会计的理论基础、基本理论与方法体系以及实际运用等问题进行较为深入与系统的研究，该研究成果对于知识经济时代背景下，提高我国企业知识管理效率，增强企业核心竞争能力与持久竞争优势具有重要的现实意义。另外，本书创新了知识导向的管理会计理论与方法体系，这对促进我国管理会计的理论研究和实践发展同样具有重要意义。

关键词：智力资本　管理会计　计量方法　管理控制系统

目 录

第一章 导 论

第一节 知识经济与管理会计创新

21世纪的主流经济形态是知识经济。1993年，德鲁克在《后资本主义社会》一书中指出："知识生产力已经成为生产力、竞争力和经济成就的关键，在这一改变的推动下，西方以工业社会为特征的资本主义社会将转向以知识社会为特征的后资本主义社会。"1996年，联合国经济合作与发展组织（OECD）第一次明确提出以知识为基础的经济即知识经济这一概念，认为它是建立在知识和信息的生产、存储、使用和消费之上的经济，是一种智力支撑型经济，即以智力资源的占有、配置、生产、分配和使用为最重要因素的经济。它是与农业经济、工业经济相对应的一个概念。在另一份题为《技术、生产率和工作的创造》的报告中，OECD得出如下结论：今天，各种形式的知识在经济过程中起着关键的作用；无形资产的投资速度远快于对有形资产的投资；拥有更多知识的人获得更高报酬的工作；拥有更多知识的企业成为市场中的赢家；拥有更多知识的国家有着更高的产出。这份报告把知识定义为人类迄今为止创造的所有知识，其中科学技术、管理和行为科学知识为最重要的部分。

因此，知识经济是继农业经济与工业经济之后的一个新的经济发展阶段，具有不同于以往的关键生产要素即知识生产要素（传统的生产要素是土地、劳动与资本），它必将带来新的社会生产方式、生活方式、思维方式以及新的企业管理方式。事实也确实如此。在当今21世纪，企业更多地关注并投资于信息技术、因特网、电子商务、品牌、研究与开发、技术创新、专利、全球销售网络等，而这些并非传统的实物或有形资产，而是知识或无形资产。

与当今时代特征以及新的企业经营管理方式相适应，经济学和管理学不约而同地将知识以及知识相关主题（如智力资本等）纳入其研究视野，并且取得了丰硕的研究成果。一些熠熠生辉的经济管理新理论如知识经济学、企业资源基础理论、企业核心能力理论以及企业知识理论等相继产生。这些理论倡导企业竞争优势内生论，认为企业的竞争优势由其所拥有的资源、能力、知识或智力资本来决定。因此，为了获取持续竞争优势，企业管理理论与实践的核心都逐步聚焦于企业知识管理，这对传统的管理理念以及相应的会计模式产生了很大的冲击。

一、管理会计必须通过创新与发展来迎接知识经济时代的挑战

众所周知，传统会计模式注重对有形资产的计量而忽略了对企业价值贡献比例越来越大的知识要素（无形资产）的计量，因而难以反映企业的真实价值，当今许多公司的市场价值远远高于其账面价值即为例证。不仅如此，某些会计处理方法甚至错误地反映了企业资产价值。如企业投资的一台机器设备被确认为资产，而在知识要素如人力资本、市场网络、管理创新方面的投资却立刻作为费用来减少盈利，结果不但导致企业价值的低估，而且抑制了企业知识的创造。另外，企业知识的创造与积累大多是渐进的、无形的，没有明显的会计意义上的交易发生，亦难以在传统的会计模式下进行计量、报告与管理。因此，传统的会计模式已无法跟上知识经济时代的脚步。

传统会计模式的局限性在现行管理会计知识体系中也表现得十分明显。在迄今成熟的管理会计体系中，我们重点关注了传统的实物资本与货币资本的计量、决策与控制，而基本上未涉及无形资产（知识）的计量、决策与控制问题（人力资本除外），虽然由美国哈佛大学 Kaplan 教授所首创的平衡计分卡（BSC）将部分无形的知识项目纳入了战略业绩评价体系之内，但仍未从根本上改变整个

管理会计知识体系中忽略无形知识要素的现状。

如果说现行管理会计对知识要素的忽略或错误的对待，相对其发展历程而言是正常的，那么，在知识经济时代，当企业迫切需要进行知识管理和提高知识管理效率时候，作为企业决策支持系统的管理会计再无视知识要素的重要性而将其排斥在管理会计体系之外，那就令人难以理解了。我们认为，管理会计必须正视知识经济时代的挑战，通过不断创新来适应知识管理的需要。

管理会计的发展历史也表明，企业管理的需要是管理会计发展的动力，知识管理对现行管理会计的挑战必将促进管理会计的发展与变革。正如著名会计学家余绪缨教授（2001）所言：与知识经济的深入发展相联系的智力资本管理会计将成为管理会计发展的新领域，它的形成和发展显得尤为迫切和重要①。

二、研究知识经济时代的管理会计创新问题对我国具有重要的现实意义

虽然我国属于发展中国家，目前正处于工业化中期，但也必须正视知识经济浪潮的冲击。十六大与新近召开的“两会”已明确并再三强调我国要树立科学发展观，顺应世界科技经济发展的新趋势，以信息化带动工业化，走出一条科技含量高、经济效益好、资源消耗低、环境污染少、人力资源得到充分发挥的新型工业化道路。因此，在我国的工业化进程中，要以人为本，尊重知识和人才，一方面充分吸收当今发达国家的各种有用的技术与管理知识，另一方面要提高我国的自主知识创新能力，并充分发挥自创与引进的各种知识资源的作用，实现跨越式发展。所以，知识管理以及相应的管理会计创新也是我国在经济发展过程中必须了解与应对的问题。

另外，我国已于2001年加入WTO，日趋紧密地融入了全球经济一体化的进程之中。这一方面为我国企业创造了前所未有的发展

① 余绪缨．半个世纪以来管理会计形成与发展的历史回顾及其新世纪发展的展望［J］．财会通讯，2001，1.

机遇和条件，另一方面也使我国企业面临激烈的国际市场竞争环境。因此，为了应对激烈的国际市场竞争，我国企业也必须不断探索、学习与运用知识经济时代的管理理念与方法，以提高企业管理水平和管理效率，提升核心竞争力，在国际大环境中建立和保持其竞争优势。

因此，我国也必须关注当今时代特征与相应生产方式的逐步转变，及其对企业管理与管理会计的影响，重视对管理会计的创新研究。正是基于当今时代背景、我国经济发展特色以及提高我国企业管理水平的现实需求，笔者选取了“智力资本管理会计”这一研究主题。

将智力资本引入管理会计的研究领域，对于知识经济时代背景下增强我国企业核心竞争力与持久竞争优势具有重要的现实意义。同时，通过智力资本管理会计的研究，创新知识导向的管理会计理论与方法体系，对于促进我国管理会计的理论研究和实践发展也具有重要意义。

第二节　智力资本概念解析

虽然对智力资本的研究从世界范围来看已有近 20 年（Guthrie and Petty，2000），但迄今并没有一个公认的对智力资本定义。这里我们通过综合与分析国内外不同的定义，来提出自己的理解。

一、智力资本的内涵

1. 国内外的不同界定

在国外，研究者们从不同的角度对之给予了不同的界定。美国经济学家加尔布雷思（John Kenneth Calbraith）于 1969 年最早提出这一概念，他认为智力资本（intellectual capital，后简称 IC）不仅是指纯粹的知识形态的智力，还应包括智力活动。从这个意义上来讲，智力资本不只是静态的无形资产，还是一个有效利用知识的过程，一种实现目标的手段。这说明 IC 不仅具有无形性，而且也具有动态性。

20世纪80年代中期以来，智力资本倍受关注，许多学者以及组织机构纷纷对之进行界定，较早系统地界定智力资本内涵的是美国学者Thomas. Stewart，他在20世纪90年代发表了一系列专著探讨智力资本。Stewart（1997）认为智力资本是能够被用于创造财富的智力材料，包括知识、信息、知识产权和经验等。

英国的安妮·布鲁金（Annie Brooking，1996）把智力资本归纳为"企业所有无形资产的总称。"用公式表示为"企业=有形资产+智力资本"。① 这一观点得到了许多学者的认同。

Edvinsson（1997）将之定义为：企业拥有的支撑其获得市场竞争优势的知识、经验、职业技能、组织技术、顾客关系等。

Johan Roos（1998）认为应更深入地理解IC，它实际上意味着企业在保持市场领先、销售增长和创造股东价值方面的软的、无形的驱动力（soft and intangible drivers)，引入这一概念的目的不只是改变公司语言，更重要的是改变员工的行为。②

会计界也加入了对IC内涵的讨论，如国际会计师联合会（IF-AC，1998）认为IC可以被视为公司所拥有的知识基础的权益总额。加拿大管理会计师协会（SMAC，1998）认为：智力资产是公司拥有的、将为公司带来经济效益的知识基础的项目（knowledge-based items)，它包括技术、管理、咨询过程和已获专利的知识产权。这些定义表明了会计界也在力图认识与捕捉企业所拥有的、决定其竞争优势的无形的知识与能力。

在国内，运用智力资本概念时有两类理解，一类与上述国外宽泛的IC的理解基本相似，如也认为IC是企业的技能、诀窍、经验及创新能力的知识资源型资源（郝丽萍，黄福广，1999)；智力资本是以知识为基础的，以智能和开拓创新为特征的，给单位带来竞争优势和巨大财富的资本（朱学义，2004)。

---

① （英）安妮·布鲁金著，赵洁平译．智力资本：应用与管理［M］．大连：东北财经大学出版社，2003.

② JOHAN ROOS . Exploring the concept of intellectual capital（IC）［J］. Long Range Planning，1998，1（31）.

复旦大学芮明杰教授（2002）认为，从广义的角度看，IC 是企业内所有因知识和智力的积累而形成的资源，如专利、规章制度、商标、诀窍、经验、价值体系，等等。但并不是所有的 IC 要素都能给企业带来竞争优势。依据 IC 的属性，可将其划分为显性 IC 与隐性 IC 两类。所谓显性 IC 是指不具有知识产权的、能以较低的成本获得的 IC。隐性 IC 是指存在于员工头脑或组织关系中的知识、工作诀窍、经验、创造力、价值体系等，与显性 IC 相比，隐性 IC 更具有本源性和基础性，是创新的源泉，是一切显性知识的基石。①

余绪缨教授（2004）认为，智力资本从总体上作为能带来价值增值的价值，从数量上看，是与依存于一定的载体而存在的各种形式的智力资产的总价值相对应的。在资产负债表上，表现为全部智力资产总价值的“产权”。一个组织的智力资产包括隐性和显性两大类。

隐性的智力资产是指“人才资产”，是深藏在具有超常智力的人才大脑中属于经验、构想、诀窍、灵感、创意等方面的精神财富。它们如果不进行脑外物化表达，外人无法感知，因而也不可能用计算机进行编码和加工处理，属于不可编码的资产。

显性的智力资产又可大致地分为两大类：

一类是个体化的由人才的超常才智物化在某种物质性载体如书稿、光盘等实物中的显性智力资产，如版权、专利权、专有技术、计算机软件等。

另一类是组织化的由较长期的集体经营而形成的独特优势。它可进一步区分为以下几个小的类别：

市场资产，是企业生产经营以市场为导向而形成的经营优势，包括品牌、顾客的忠诚与满意度、可靠的销售网络以及同上、下游企业协作配合的稳定性协议等。

基础性结构资产，是保证企业整体上得以高质量有效运行的员

① 芮明杰，郭玉林．智力资本激励的制度安排［J］．中国工业经济，2001，9.

工权责规范、企业内部各个环节的运作程序以及合情合理的奖、惩制度等。

企业文化，是企业长期经营中形成的共同的价值观和行为规范。它既是在企业内部形成亲密无间的凝聚力的精神财富，也是企业向社会外显良好形象和信誉或商誉的精神源泉。

上述显性智力资产的第一类，由于具有一定的物质性载体，是可以运用计算机进行编码管理的；而第二类中的很多方面是属于软性的精神层面的东西，也属于不可编码的智力资产。①

在我国，也有很多学者对 IC 给予了一个较为狭窄的界定，认为 IC 是智商高、专业知识深、创新能力强的智力人才型的价值表现（李玛，2000）。在我国会计界，部分研究者对 IC 的理解也属于这一类，如谭劲松教授（2001）认为 IC 是人力资本的核心，是高级的人力资本，即拥有科研创新能力与资源配置能力的人力资本。②

2. 本书的理解

为了更好地理解 IC 的内涵，我们将 IC 分为“智力”与“资本”两个子概念来作进一步的分析。

智力首先属于认知心理学方面的一个概念，一般均从个体层面对其进行理解，认为智力就是人的能力、智能。《辞海》对智力所下的定义为：智力指人认识客观事物并运用知识解决实际问题的能力。从这一界定可以看出，智力是一种创造性存在，处于相对活跃的状态。智力资本概念顺应当今研究组织问题的生物学的新视角，将智力由个体层面拓展到组织层面。与个体相似，组织也具有智力，它是指组织作为一个活跃的、不断成长的集体所具有的整体创造与发展能力。组织智力建立在个体智力基础上，但不依赖于单个的个体，同时又会反过来影响组织中个体智力。

---

① 谭劲松．智力资本会计研究［M］．北京：中国财政经济出版社，2001.

② 余绪缨．智力资产与智力资本会计的几个理论问题［J］．经济学家，2004，4.

资本在会计学中是指资本金，即投资者投入企业的资金；在马克思主义政治经济学中，资本是指能够带来剩余价值的价值；从西方经济学的角度看，资本被广泛地理解为一种生产经营要素或资源，类似于会计学中的“资产”的含义，如美国经济学家萨谬尔森和诺德豪斯对资本的定义为：“资本是一种生产出来的生产要素，一种本身就是经济的产出的耐用投入品。”我们认为，智力资本中的资本既可以指西方经济学中的资本，即资源（或资产），也可以从会计学的角度理解为权益。

沿着“智力”、“资本”两个思路加以思考，综合国内外对智力资本涵义的研究成果，本文从IC具有的资产和权益属性两方面来理解其内涵。从其资产属性来看，IC是指组织拥有或控制的、尚未体现在实物资产与货币资产中的、知识基础的、无形的经济资源，包括员工的能力、管理制度以及客户关系等，它代表着组织知识基础的价值创造能力。从其权益属性的角度来看，IC意味着对知识资源进行投资的个人与组织的权益或经济利益。

在上述IC的界定中，我们强调应从组织而非个体角度来界定IC，这不仅因为当今主流的IC界定是组织视角，而且从管理的角度来看，从个体角度对IC进行狭义界定，也不利于全面发展企业IC，增强企业竞争优势。因为任一时期，企业竞争优势均是人与组织及其组织环境相互作用的结果，不能仅仅依赖于高级人力资源。

二、智力资本的构成

Edvinsson and Malone（1997）认为，IC是人力资本和结构性资本的耦合，即：

智力资本 = 人力资本 + 结构资本

结构资本则包括顾客资本与组织资本。他们设计出了著名的Skandia价值图（Skandia Value Scheme，见图1-1）①，来说明企业市场价值的来源以及IC的具体构成。

① LEIF EDVINSSON. Developing intellectual capital at scandia [J]. Long Range Planning, 1997, 3 (30).

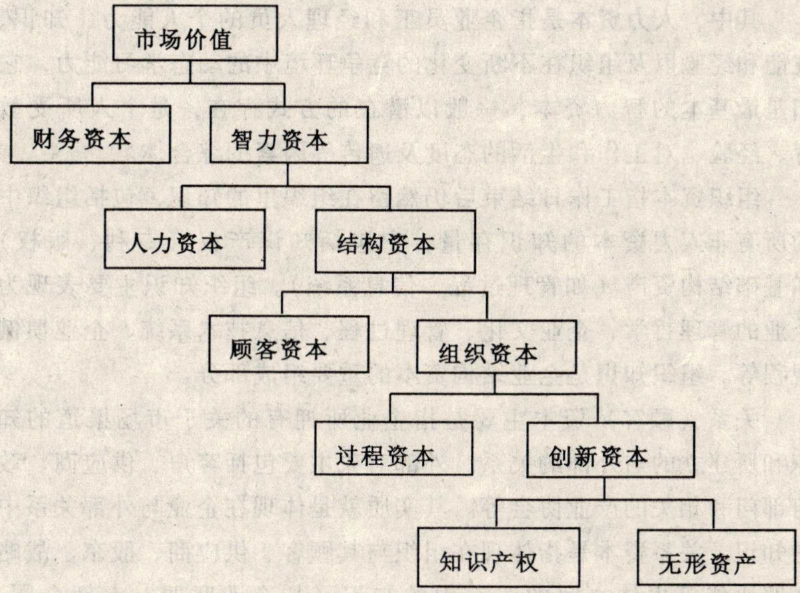

图 1-1 Skandia 价值图

Stewart（1997）提出，IC 的价值体现在人力资本（humancapital）、结构性资本（structural capital）和顾客资本（customer capital）三者之中。他称之为智力资本的 H—S—C 结构。

Sveiby（1997）则将智力资本的构成分为三个方面：雇员能力（employee capability）、内部结构（interstructure）和外部结构（extrastructure），这就是智力资本的 E—I—E 结构。

Bontis（1998）认为，研究者们对 IC 构成的认识正在趋同，基本上认同企业运用的资本包括两大类：财务资本和智力资本。可以说，企业的全部价值就是通过这两类资本表现出来的。企业的财务资本可分为实物资本和货币资本，即企业中以有形状态表现的资本。无形的智力资本可分为人力资本（human capital）和结构资本（structural capital）两大部分。而结构资本又可以进一步地划分为组织资本（organizational capital）或内部结构资本（internal structure）、关系资本（relational capital）或外部结构资本。因此，一般认为IC包括人力资本、组织资本与关系资本。

其中，人力资本是指企业员工和经理人员的个人能力、知识、技能和经验以及组织在不断变化的竞争环境中的动态学习能力，它们是最基本的智力资本，一般以潜在的方式存在，是个人所受教育、经验、对工作和生活的态度及遗传等因素的综合体。

组织资本指工作日结束后仍然留在组织里的知识，包括组织中的所有非人力资本的知识存量，它包括知识产权（专利、版权）和基础结构资产（如管理过程、信息系统）。组织知识主要表现为企业的管理哲学、企业文化、管理过程、信息技术系统、企业惯例规程等。组织知识是企业结构资本的重要组成部分。

关系（顾客）资本主要是指企业所拥有的关于市场渠道的知识和所建立的与外部的关系。外部对象主要包括客户、供应商、政府部门和相关的产业协会等。其实质就是体现在企业与外部关系中的知识。关系资本是指体现在组织与其顾客、供应商、股东、战略联盟伙伴等主体之间的关系中的知识（如企业联盟、大额合同、特许权协议等）（Bontis，1998）。IC构成及其具体要素见表1-1。

表1-1　　　　**IC构成及其具体要素**

IC构成	IC要素
雇员能力：人力资本	教育水平、职业资格、工作相关的能力、企业家精神、创新能力、主动性与活力、应变能力等
内部：组织（结构）资本	知识产权：专利、版权、商标等；基础结构资产：管理哲学、公司文化、管理过程、信息系统、网络系统等
外部：顾客（关系）资本	品牌、顾客数、顾客忠诚、公司名称、分销渠道、融资关系、企业联盟、大额合同、特许权协议等

在IC的这三大构成部分中，人力资本创造结构资本，但人力资本只有经过对结构资本的整合才能上升为有效的智力资本。进一

步地看，人力资本创造组织资本，二者又共同创造关系资本。因此，这三大资本之间相互作用，相互依存，并与财务资本一起，共同创造组织价值。如果说用这三部分来表示 IC 的话，则不应是三者的简单相加，某种程度上可以理解为三者的乘积。它们之间的关系可以用如下函数式（1.1）来表示：

$$IC(t) = F(\sum H(t), \sum O(t), \sum R(t)) \quad (1.1)$$

上式中：$IC(t)$ 代表时刻 t 企业的智力资本；$\sum H(t)$ 代表时刻 t 企业的人力资本集合；

$$\sum H(t) = H_1(t) + H_2(t) + \cdots + H_n(t) \ (n > 1);$$

$\sum O(t)$ 代表时刻 t 企业的组织资本集合；

$\sum R(t)$ 代表时刻 t 企业的关系资本集合。

$\sum H(t)$、$\sum O(t)$、$\sum R(t)$ 与 $IC(t)$ 之间的函数关系，在一般情况下可以用公式(1.2) 具体化：

$$IC(t) = \sum H(t) \cdot \sum O(t) \cdot \sum R(t) \quad (1.2)$$

这说明企业管理要同步增加这三类资本，才能使 IC 价值大幅度提高，其中任何一类资本的减少，都将对 IC 的价值产生重大影响。

将 IC 分解为人力资本、组织资本和关系资本，虽然仍是无形的，也比较抽象，但符合实用主义的观点，因为这三部分均是管理者和投资者容易理解的组织 IC 的三个不同侧面，它们可以作为组织投资与管理的目标。另外，这种构成划分及其对各类资本要素的进一步确认，比之先前笼统的无形资产或商誉而言，更便于设立 IC 账户，进行 IC 的计量、报告与管理。

三、智力资本的主要特征

智力资本是一种以知识为基础的、能为企业创造价值的无形资本，除开与传统资本之间的差别外，它仍然具有资本的某些特征。既然作为一种资本，智力资本就要像其他有形资本一样，作为生产要素投入到企业运营中去，经过组织内部以及组织与外部环境之间的要素运作，创造企业价值。但是，智力资本作为一种崭新的资本形态，与传统的货币资本和物质资本相比又具有明显不同的特征。我们在理解智力资本的时候，应该把握以下一些智力资本的特征，以更准确地理解智力资本的内涵。

1. 智力资本的无形性

区别于实物资本和货币资本，IC 具有明显的无形性，其组成要素都是无形因素。虽然看不见，但是可以被感觉到。它有可能转化为有形的财富和传统意义上的资本，传统的财务报表未能在账面上对其给予充分反映。

2. 智力资本的收益递增性

对于一般实物资本来说，普遍存在着投资的收益递减规律。收益递减规律起作用的前提条件是传统的自然资源依赖型的投资和生产经营活动，如农业、采矿业和传统的资源依赖型工业等。而在以知识为基础的经济活动中，收益递增规律则起着主导作用。收益递增规律指的是对于某一特定知识资源的投资来说，随着投资的持续增加，收益不但不会减少，反而会逐渐增加，类似于“马太效应”的情形，直至被另外一种全新的知识资源替代为止。IC 的收益递增性表现为其在流动过程中不断自我积累与增值，而且还可以通过自身的能动作用使传统资本增值。

3. 智力资本价值的不确定性

与传统资本具有较确定的价值不同，IC 在其生成与运用过程中，其初始价值是潜在的，不确定的。一般说来，IC 价值的实现有一个由潜隐到显露的过程，但由于受外界环境等诸多因素的限制，IC 价值能否实现以及实现的程度均具有较大的不确定性。而且 IC 时刻处于动态演进的过程中，这使得大部分 IC 的使用期限难以准确确定。

4. 智力资本的组织依附性

IC 对于组织具有较强的依附性，因为，很多 IC 是与特定的组织相联系的，如组织的声誉、顾客的品牌忠诚等，并不被特定的员工所掌握。而且部分 IC 是被不同的员工共同掌握的，如团队合作精神等，唯有被员工共同使用时才能发挥作用。另外，员工所掌握的组织专有知识，如组织特有的操作规范等，只能在该组织发挥作用，其他组织并不需要这部分知识。也就是说，离开了特定的组织权属主体，相当一部分 IC 便毫无意义。

5. 各智力资本要素间的相互依赖性

企业的人力资本、组织资本、关系资本等 IC 各要素之间是互为因果、不可分割的，它们之间是一种非线性的相互作用关系。因而对其中某项资本的投资必定连带性地要求对其他各项资本进行相关投资，否则，将会由于投资瓶颈的存在而导致整体组织价值增值目标难以实现。如我国许多企业强调人力资本，大量引进人才，但由于缺乏组织管理创新，它们未能充分意识到 IC 价值的创造以至核心竞争力的取得和维持是人力资本与结构资本相互作用的结果，所以仍然效率低下。

四、对智力资本、知识资本、人力资本、无形资产等相关概念的认识

要对智力资本的概念有一个更清晰更深入的理解，就必须对与智力资本关系密切的一些概念加以辨析，例如智力资本与知识资本、人力资本、无形资产等概念的区别与联系。目前国内外关于智力资本的研究在这些方面至今仍没有做出清晰的辨析与界定。这里谈谈本书的理解。

1. IC 与知识资本

在国内，我们认为这两个概念主要是由于对“intellectual capital”的译法不同以及不同研究者的使用偏好而产生的。这两个概念本身可以混用，但我们倾向于使用“智力资本”这一提法。本文认为从其本质上进行把握，应该把“intellectual capital”翻译为“智力资本”，智力资本强调的是组织对知识的应用，是组织创造价值的能力，而不仅仅是对知识的拥有。若使用知识资本概念，则重点强调的是组织的静态的知识存量，而非动态的组织能力，这一概念的管理意义就会大打折扣。

2. IC 与人力资本

舒尔茨认为人力资本“包括人的知识、能力、健康等”，是体

现在人身上的技能和生产知识的存量。贝克尔指出，“人力资本是通过人力投资形成的资本；……用来增加人的资源、影响未来货币和消费力的投资为人力资本投资”。实质上，人力资本是企业人力资源中所蕴涵的知识和能力，指员工个体所拥有的知识、价值观以及表现出来的个人能力，是个体意义上的人力资本，它有两个主要特征：一是产权特征，人力资本与其所有者具有不可分离性（周其仁，1996）；二是流动性特征，个人资本随着其资本所有者的离开而流动。人力资本是组织重要的资源，虽然不为组织所拥有，但是一旦人力资本进入企业，就与企业不可分割。同时人力资本的技能素质和动机态度会通过生产过程而物化到商品和服务之中，增加产品和服务的价值。

而智力资本是指企业拥有或者控制的、能够为企业创造价值和构建持续竞争优势的动态性知识和能力。借鉴 Sternberg 的三元智力理论，组织的智力资本受到三种因素的影响：第一是组织智力本身，可以看做是组织内的员工个体智力的综合；第二是组织长期发展中积累的规程，这些形成了组织的经验和对事物的认识和处理的方式，其中也包括生产、服务的方式；第三，组织环境要素，主要是组织与顾客和供应商的关系，与股东、债权人等利益紧密群体的关系以及组织与政府部门、行业协会及其他群体机构的关系。因此，智力资本由人力资本、组织资本和关系资本构成。

由此可见，智力资本的外延要比人力资本大得多，智力资本不仅包括人力资本，而且还包括为实现人力资本价值所必需的其他资本。如：蕴含在组织机构，制度规范，信息系统，组织文化中的结构资本以及包括品牌、客户、供应商和合作伙伴的关系资本。其次，智力资本比人力资本更强调在企业层面进行价值的分析。智力资本是人力资本理论在微观层面发展和深化的产物。智力资本比人力资本更全面地指出了企业持续竞争力的根源所在。

本书认为，智力资本是指企业拥有或者控制的、能够为企业创造价值和构建持续竞争优势的动态性知识和能力。智力资本以人力资本为基础，以关系资本为补充，以组织资本为支持和保障，三者组合促进个体知识的创造和共享，共同为企业创造利益和价值。智力资本的使用者和所有者不是个人而是企业，衡量企业智力资本贡献大小的依据同样是企业核心竞争力增强的多少。

3. IC与无形资产

人们通常通过无形资产的外延来定义其内涵。无形资产的外延往往通过列举法来定义。美国著名的会计学家Hatfield在其著述《会计学原理与实物》一书中指出“无形资产的含义是指专利权、版权、秘密制作方法和配方、商誉、商标、专营权以及其他类似资产”。我国首次对无形资产作出权威完整的解释是在1993年的《企业财务通则》与《企业会计准则》中。《两则》规定“无形资产是指企业长期使用的没有实物形态的资产，包括专利权、商标权、著作权、土地使用权、非专有技术、商誉等”。2001年财政部制定与颁布的《企业会计制度》，对无形资产的定义进行了修订，认为无形资产是指企业为生产产品、提供劳务、出租给他人或为管理目的而持有的、没有实物形态的非货币性长期资产。无形资产可分为可辨认无形资产和不可辨认无形资产。可辨认无形资产包括专利权、非专有技术、商标权、著作权、土地使用权、特许权等；不可辨认无形资产是指商誉。在无形资产在该资产产生的经济利益很可能流入企业并且该资产的成本能够可靠地计量的情况下，企业才能对其加以确认。企业自创的商誉，以及未满足无形资产确认条件的其他项目，不能作为无形资产。因此，能够被目前财务会计确认的无形资产很少，特别是不可辨认无形资产，只有在企业购并时才能被笼统确认为商誉。

国际上主要的涉及无形资产的会计准则例如国际会计准则IAS38、美国会计准则APB17、英国会计准则FRS10等，对无形资产也给予了较为苛刻的限定。无形资产的外延仍然较为狭窄，并没有包括诸如人力资源、顾客忠诚度、管理系统、计算机与网络系统、公司声誉等，也就是说，前述IC的这些组成部分均未包括在内，而这些因素如果管理得当，必将成为企业创造价值的主要动力(Niamh Brennanetal，2000)。

因此，较之现有会计准则所认定的无形资产而言，IC是一个更具有包容性的词汇，能够概括更广泛的知识要素。或者说，现行无形资产仅考虑了一部分按历史成本原则来反映的 IC（专利、版权、商标等），忽略了企业更多的、也同样十分重要的无形的资源与能力。1994 年，智力资本领域的奠基人之一 Leif Edvinssion 在 Skandia 的公司年度报告中第一次运用智力资本代替了会计学上的术语“无形资产（广义）”。这一概念的更新得到了众多理论学者的支持与认同（Edvinssion and Malone，1997）。

实际上，IC 即为广义的无形资产，二者从本质上来讲不存在区别，但由于当今会计界对无形资产的界定有较为严格的限制，就本书所涉及的宽泛的内容来看，不宜使用这一概念。但从经济管理实践的需要出发，我们认为可以突破这一限制，故我们使用 IC 概念。另外，在进行管理会计的创新与发展的研究中，使用 IC 而非无形资产概念的理由还在于，这一概念已被当今经济管理领域作为知识经济时代的新概念接受和运用，这当然有利于 IC 会计（尤其是 IC 管理会计）的理论研究与实际运用。历史地看，管理新思想和新概念均对管理会计的发展产生了重要影响。

五、智力资本概念的理论意义

智力资本从本质上说并非新事物。因为企业员工的能力、组织结构以及客户关系历来是企业生存与发展的基础，可以说，作为这些因素交互作用而体现出来的智力资本，一直就在我们身边，只是近些年，随着信息技术等关键技术领域的迅猛发展，以及环境的急剧变化，企业的市场价值与企业无形的知识与能力之间的关系越来越明晰，这就越来越需要有一个体系，在这个体系下把企业无形的知识与能力有序地涵盖进去。以至于有必要将智力资本作为一个独立的概念提出来。从这个角度来讲，智力资本又是一个崭新的概念。当今经济理论界认为 IC 概念的提出具有十分重要的理论与实践意义。

在传统的经济理论中，只有物质资本（包括实物资本与货币资本）才是资本，舒尔茨的人力资本概念第一次将资本的内涵从一般资本理论推广到了人力资本分析上来。智力资本理论是在人力资本理论对一般资本理论进行革命性拓展的基础上的又一次富有深远意义的拓展。因此，智力资本概念并非是对传统企业资本理论的根本否定，而是对其有效的扩充。它将有形资本和无形资本、物质资本和非物质资本以及物质资本和人力资本等多对概念统一起来，揭示了对企业和其他组织真正有价值的东西，即以员工和组织的技能和知识为基础的资产，从而为企业管理指出了正确的方向。

IC 概念的创新在于其有效地揭示了人力资本与结构性资本之间的相互联系，指出了企业价值的创造依赖于人力资本、结构性资本以及物质资本之间的有效互动，这对当今我国企业管理实践无疑具有一定的指导意义。目前，我国的一些科技企业虽然具有一定的人力资本优势，但由于缺乏必要的结构性资本的支持，其人力资本无法转化为现实的竞争优势。虽然一些企业用高工资、高福利、高报酬网罗了一些具有较高水平的知识人才，但是整个企业却难以为他们个人知识的实现提供必要的组织制度、组织设施和组织文化方面的支持与保证。因此，在结构性资本与人力资本不相匹配的情形下，人力资本的投资收益低于预期收益将是难以避免的结果。企业在评估有关人才的绩效及人力资源投资收益时，往往会因此怀疑人力资本投资的必要性和意义。因此，在知识经济时代，企业应全面推行知识管理战略，对人力资本与其他组织资源进行充分、有效的整合。

第三节　智力资本管理会计的研究现状述评

如前所述，知识经济的时代特征对当今经济管理的理论与实践产生了重大影响，为了适应时代的发展和企业知识管理的要求，会计的理论与实践亦需要进行相应的变革。智力资本会计就是在这一时代背景下被许多研究者提出，并逐步发展起来的。与任何新兴的会计研究领域一样，对智力资本会计亦可分别采取从会计或者管理会计的角度来进行研究，本书集中于后者，因而在下面有关该领域研究现状评述的过程中，也主要侧重于 IC 管理会计方面的相关进展。财务会计角度的一些进展则由于主题所限，不作详述。

受经济发展水平的影响，欧美一些国家的经济管理领域的专家学者于20世纪80年代早期就意识到了企业无形资源的重要价值及其所导致的市场价值与账面价值的差异。一般认为，IC会计产生于80年代中期的欧美经济管理实务界。瑞典的Karl Erik Sveiby较早提出并着手对IC进行计量、报告与管理。1986年，当时身为一家瑞典出版公司的经理兼所有人的Sveiby，出版了名为《知识型公司》一书，阐述了如何管理超会计意义上的无形资产的问题。这是世界上第一本探讨这一课题的著作，它引发了早期理论界和实践领域里以知识管理和IC为主题的“瑞典运动”。① 随后，Sveiby领导一个小组继续就这一主题的相关问题进行深入探讨，并于1988年出版了《无形的资产负债表》一书。在该书中，他首次探讨了IC的计量方法问题，那就是将IC分成顾客资本、人力资本和结构资本三大类来分别进行计量。虽然他提出的分类计量的方法，就现在看来不甚完美，他后来也对之进行了修改和补充（提出了无形资产监控器），但当时却极具创新价值，提高了IC管理水平。而且，他的这一计量思路启发了热衷于该领域的理论与实际工作者，大大促进了IC计量与管理的发展。

受Sveiby的观念启发的许多人当中就有Leif Edvinssion。他现已成为智力资本管理的最知名的代言人之一。1991年，Leif Edvinssion被任命为瑞典斯堪迪亚保险公司（Scandia AFS）的智力资本主任，这是全球第一个IC管理职位。Edvinssioh领导开发了阐述斯堪迪亚公司“隐藏价值”的Scandia价值图（Scandia Value Scheme），以及服务于公司智力资本计量与管理的Scandia导航器。斯堪迪亚公司自1993年开始，就利用其Scandia导航器计量IC，编制服务于IC管理的内部报告，并于1995年发布了世界上第一份对外IC报告，勾画了公司的智力资本和利用其潜在价值实现顾客和股东的利益的方式。Scandia公司首创的智力资本模型基本上主导了随后智力资本管理理论与实践的发展。Edvinssion发表了很多文章来传播他们的IC计量方法与管理思想，在他的一篇文章《在

① （美）帕特里克·沙利文著，赵亮译．价值驱动的智力资本［M］．北京：华夏出版社，2002.

Scandia 开发智力资本》中，他还对 IC 管理过程中的管理会计师作用提出了富有远见的看法，认为管理会计师（controller）应作为企业价值识别者（value-finder），企业导航者（navigator），企业价值创造路径发现者（path-finder）存在。①

应该说，上述 Sveiby 与 Edvinssion 的 IC 计量与管理的思想以及方法为 IC 会计的发展奠定了很好的基础。另外，美国的 Sullivan 博士在促进 IC 价值实现方面、加拿大的 Bontis 博士在深入探讨 IC 计量与管理方面，均作出了出色的贡献，同样值得在 IC 管理会计的研究中加以借鉴。

相关资料显示，自 20 世纪 90 年代初期开始，会计界意识到了产生于经济管理实践的 IC 会计的重要性，并进行了相关研究。1995 年，美国管理会计师协会的会刊《管理会计》杂志（现更名为战略财务），率先发表了 Birkett，W. P. 的《管理会计与知识管理》一文，文章指出，通过战略知识管理来维持和发展企业的竞争优势现已成为企业十分关注的问题，为了支持企业知识管理、提高管理会计的相关性，会计界应该思考其在知识管理过程中新的角色与作用。② 随后，IFAC（1998）与加拿大管理会计师协会 SMAC 对这一问题也给予了高度关注。同样还是这一主题，2001 年，英国的《管理会计研究》杂志以主题征文的形式，倡导研究者们从事该主题的深入研究，但就目前看来，进展依然缓慢。

较早系统地进行 IC 会计研究的是美国纽约大学的巴鲁·列夫（Baruch Lev）教授，他于 20 世纪 90 年代初期在纽约大学建立无形资产研究项目。他所指的无形资产实际上是广义的无形资产，与 IC 或知识资产的本质内涵相同。③ 列夫教授的工作集中在利用资本市场里观察到的财务指标来说明无形资产的价值贡献，并对无形

① LEIF EDVINSSON. Developing intellectual capital at scandia [J]. Long Range Planning. 1997, 3 (30).

② BIRKETT, W P. Management accounting and knowledge management [J]. management accounting, 1995, 5 (7).

③ （美）巴鲁·列夫（BARUCH LEV）著，王志台 等 译. 无形资产：管理、计量和呈报 [M]. 北京：中国劳动社会保障出版社，2003.

资产价值的量化提出了独到的见解。除了采用货币量化无形资产的价值之外，他还首创了价值链积分板来计量和报告无形资产。他于2001年出版了《无形资产：计量，管理与呈报》一书。列夫教授的IC会计研究视角偏重于财务会计。

在国外，较早从管理会计的角度来进行IC会计研究的是英国的Ramona Dzinkowski与Robin Roslender，Dzinkowski（2000）认为IC是一个新的而且难以理解的概念，加之其所具备的无形性与不稳定性，使得现行的会计模式既不能充分捕捉到它们的价值，也无法以一种简洁的、有意义的形式来表现它们。因此，IC会计最终需要对现有的财务会计与管理会计理论与实践进行创新。Dzinkowski首次明确提出了应该建立指导和监控IC的形成与使用过程的IC管理会计（management accounting for intellectual capital），并提出了一个初步的IC管理会计框架，这一框架指出了对各类IC（人力资本、组织资本、顾客资本）进行管理控制的目标与方法。①

Roslender是当今IC会计领域的一位较为活跃的学者。2000年，他在英国《管理会计》上发表了《智力资本会计：一个现代管理会计的视角》一文，认为应从现代管理会计的视角来研究IC会计，借鉴现代管理会计的灵活多样的计量方法与思路，来突破现有的人力资源会计局限于收入、成本等“硬”指标，而缺乏非财务的“软指标”的缺陷，通过计量与管理人力资本以及人所创造的结构资本，将人力资源会计推进到IC会计。②

在我国，著名的会计学家余绪缨教授率先提出了IC管理会计问题。他认为，知识经济的形成与发展将对管理会计体系产生重大影响，智力资产和相应的智力资本的确认、计量及其效益的评价与分配等将在管理会计中处于最重要的地位（余绪缨，1998，

① RAMONA DZINKWSKI. The measurement and management of intellectual capital: An introduction [J]. management accounting, 2000, 2 (78).

② ROBIN ROSLENDER. Accounting for intellectual capital: A contemporary management accounting perspective [J]. management acconting, 2000, 3 (78).

1999)，同时认为资产核算的重点要从有形资产向无形资产转变，在知识经济体系中，无形资产作为人的超常智慧的结晶，是企业创造超常效益的最基本的源泉。这是一种新型的无形资产，它的核算和处理比传统意义上的无形资产必须有所创新，因而必须把它当做一个新的专门问题，从理论与实践的结合上深入地进行开拓性的研究。本世纪初余绪缨教授（2001 年）明确提出，应将“与知识经济的深入发展相联系的智力资本管理会计”作为因管理会计的新发展而形成的新领域，并进一步指出，虽然该领域目前还处于萌芽状态，但对于扑面而来的知识经济社会，它的形成与发展又显得尤为迫切和重要。因此，他倡导会计界对这一领域进行优先的研究。2004 年，他再次倡导管理会计研究的新思维，认为管理会计的研究视野应从二维结构向三维结构拓展，新增加的纬度即为决定企业长期竞争优势的无形的知识资源，并指出对管理会计应以其不同于财务会计的特定方法着重进行知识资源（包括显形知识资源和隐形知识资源）的研究。① 从会计学科（尤其是管理会计）的研究与发展的角度来看，余绪缨教授的这一论断，还是极具前瞻性与启发意义的。

在国内，还有一些学者进行了 IC 管理会计的相关研究。不少研究者认为，在知识经济时代，应在原有的无形资产内容中注入智力资源、市场资产、组织管理资产等新的内容，并主张重建无形资产会计体系，或者将原有的无形资产会计发展成为知识会计、核心竞争力会计等（谭劲松，1999；唐雪松，1999；汤湘希，2003），这些提法从实质上来看与 IC 会计并无二致。胡玉明教授（2002）认为 21 世纪企业管理主题是企业核心能力的培植与提升，因此，新世纪的管理会计主题应从以前的价值增值转变为核心能力培植，并提出了围绕该主题的成本管理会计基本框架。② 普国安、唐韬智（2002）提出在知识经济时代应建立知识资本管理会计，构建知识资本管理会计体系，并主要对其基本理论问题（研究方法、目标、

① 余绪缨．现代管理会计研究的新思维［J］．财务与会计，2004，2.

② 胡玉明．高级成本管理会计［M］．厦门：厦门大学出版社，2002.

假设与职能等）进行了初步探讨。①

应该说，国内会计界迄今尚未全面接受IC概念，一般使用其他替代概念，如知识资产、无形资产、核心竞争力等。虽然有部分研究者使用IC概念，但对其内涵与外延的理解比国外窄，认为IC只是人力资本的核心和高级形式，是人力资本中的管理者与科研人员（或技术人员）的资源配置能力与科研创新能力（谭劲松，2001）。并偏重于知识经济（或智力资本）与财务会计的结合研究，忽略了该主题的管理会计研究。通过文献检索，笔者发现我国将知识经济、智力资本或者核心竞争力与管理会计进行结合研究的文章甚少，专著基本没有。现仅有的一本《智力资本会计》（谭劲松，2001），其作者选择的角度仍然是智力资本的计量、核算与报告的财务会计等。并且，他在书中将智力资本界定为高级的人力资本，不同于本论题采用的更为宽泛的界定。

总结上述国内外在IC管理会计领域的研究现状与研究成果，主要集中在对IC概念、建立IC管理会计的必要性、以及服务于知识管理的IC计量思路与具体计量方法的探讨上，至于对IC管理会计的理论结构（包括经济学与管理学的对IC管理会计的影响、理论基础、基本内涵、目标与假设等）和主要内容与方法体系等，则尚未进行全面、系统与深入的研究。笔者将在已有丰富研究成果的基础上，进一步就上述问题进行探讨，以期能提供一个较为完整的IC管理会计体系。

第四节　本书的研究思路、框架与创新点

一、研究思路与基本框架

本书遵从了会计新领域研究的一般思路，即从理论基础的建立，到内容与方法体系的研究，再到实际应用的探讨。遵从这一研

① 普国安，唐韬智．知识管理呼唤知识资本管理会计—兼论建构知识资本管理会计的十大对策［J］．经济问题探索，2002，3.

究思路，本书在引入智力资本管理会计这一研究主题之后，首先阐述了企业资源基础理论、核心能力理论与企业知识理论，及其对构建智力资本管理会计理论与方法体系的指导作用，并以此作为建立与发展智力资本管理会计的理论基础。然后，在此基础上，较为系统地研究了智力资本管理会计的基本理论与方法体系。最后，初步探讨了智力资本管理会计在我国企业管理实践中的运用问题。

按照上述研究思路，全书共分八章来进行阐述，具体内容安排如下：

第一章导论部分引入了智力资本管理会计这一研究主题，主要阐述了当今知识经济时代管理会计创新的紧迫性，进而提出了智力资本管理会计这一研究主题及其现实意义，并辨析了智力资本概念的内涵与特征以及与相近概念的区别，提出了智力资本概念的理论意义，并就智力资本管理会计的研究现状进行了较为全面的阐述。

第二章阐述了智力资本管理会计的理论基础。具体分析了企业资源基础理论、核心能力理论与企业知识理论，对构建智力资本管理会计理论与方法体系的指导作用。以此在理论上推演出企业进行知识管理乃至建立智力资本管理会计的必要性与重要性，也由此确立了本文的研究中心即围绕识别、培植、增强与有效使用企业的智力资本，创新管理会计的内容与方法体系。

第三章阐述了智力资本管理会计的基本理论。该章对智力资本管理会计的内涵、目标、对象与基本假设等基本理论问题，进行了较为全面的阐述，并进一步比较分析了智力资本管理会计与当今人力资源会计以及战略管理会计之间的继承与发展的关系，以便更清楚地理解智力资本管理会计的特征。

第四、五、六章主要研究了智力资本管理会计独具特色的方法体系。

第四章探讨了智力资本的计量方法。该章首先阐述了智力资本计量的意义，然后对迄今为止的智力资本计量方法分为货币计量方法与非货币计量方法两大类进行了全面评述，并且对智力资本计量方法的进一步发展与创新问题进行了初步探讨。

第五章探讨了智力资本的投资决策分析问题。该章首先分析了智力资本的投资特征及其对智力资本投资决策方法的影响，然后以前述智力资本的计量方法为基础，提出并具体分析了智力资本的三种主要投资决策方法，并进一步指出战略投资评价法是我国目前在进行智力资本投资决策分析时，值得提倡与推广的方法。

第六章探讨了智力资本管理会计方法体系中的知识导向的管理控制系统的构建问题。该章首先基于管理控制系统的现有研究成果以及知识导向的管理控制系统的主要目标，设计了一个纳入智力资本要素的管理控制系统的基本框架，然后在这一框架之内，较为详尽地阐述了纳入智力资本要素的企业战略导向预算与战略业绩评价系统的相关内容，并为国内某计算机与软件生产企业设计了一个纳入智力资本要素的战略业绩评价体系，而且对该体系的具体评价过程进行了实际操作。

第七章以我国部分上市公司的年报信息作为样本数据，对我国上市公司智力资本价值相关性问题进行了实证分析，并就建立我国企业智力资本报告体系提出了初步设想。

第八章探讨了智力资本管理会计在我国企业的运用问题。该章分析了智力资本管理会计在我国企业运用的必要性，并简要分析了智力资本管理会计在国内某企业的初步应用案例。最后提出了促进智力资本管理会计在我国企业具体运用的几点建议。

二、本书的研究方法

本书以马克思主义立场、观点、方法为指导，以企业资源基础理论、核心能力理论以及企业知识理论作为理论基础，吸收国内外已有的研究成果，采用规范研究与实证研究（包括案例研究）相结合的方法，对智力资本管理会计的理论、方法及实际运用问题进行较为系统的研究。

三、本书的创新之处

1. 选题具有前瞻性，体现了战略管理会计在新世纪的发展方向。智力资本管理会计在国外也还处于初期研究阶段，国内的研究一般仅限于引进、介绍国外的文献以及对该研究主题的重要性进行阐述，尚未对其理论基础与方法体系进行深入的探讨。本书在充分借鉴国内外研究成果的基础上，较为系统地探讨了智力资本管理会计的相关理论与方法。

2. 拓展了现代管理会计研究的理论基础，将当今经济学与管理学适用于知识经济时代的新兴的理论研究成果，如企业的资源、能力与知识理论，运用到管理会计的研究中，进行了现代管理会计研究的理论基础创新。

3. 尝试性地分析了智力资本管理会计的内涵、目标、对象与基本假设等基本理论问题，并就其与相关研究领域（人力资源会计、战略管理会计等）的关系提出了新的见解。

4. 对智力资本的计量方法与相应的投资决策分析提出了一些新设想。对现有的智力资本计量方法进行了改进与创新，并提出战略投资评价法是适应企业创建智力资本的主要投资决策分析方法。

5. 构建了纳入智力资本要素的新型的企业管理控制系统框架，并对其中纳入智力资本要素的战略导向预算与战略业绩评价体系等问题提出了新的设想。

6. 为国内某计算机与软件生产企业设计了一个纳入 IC 要素的战略业绩评价指标体系，并结合该企业的实际财务资本与智力资本信息进行了评价计分，解决了这一新的业绩评价设想的操作性问题。

第二章 智力资本管理会计的理论基础

智力资本管理会计仍然属于管理会计，因而在管理会计的产生与发展历程中，发挥了重要指导作用的一系列思想理论，如马克思主义哲学、系统理论、预测学、决策学、行为科学、信息经济学、代理理论等，仍然会对智力资本管理会计起到理论指导作用。但作为管理会计在知识经济时代的一个新的发展领域，智力资本管理会计同时又具有其独特的理论基础。本章主要阐述当今新兴的企业资源基础理论、核心能力理论以及企业知识理论，对智力资本管理会计的形成及其理论与方法体系的构建所发挥的重要理论指导作用。

第一节 企业资源基础理论

企业资源基础理论从 20 世纪 80 年代中期开始提出，经过 80 年代末与 90 年代初的长足发展，现已成为战略管理中的一支重要流派，它所倡导的基于企业资源（包括有形资源与无形资源）分析的新的战略管理思想，为企业智力资本管理会计的形成与发展奠定了理论基础。

80 年代以来，在战略管理理论中处于主流地位的是迈克尔·波特（Michael E. Porter）的竞争战略理论。波特认为竞争是企业成败的核心所在，竞争战略就是在某一产业里寻求一个有利的竞争地位，即针对决定产业竞争的各种影响力而建立一个有利可图的和持之以恒的地位。竞争战略的选择由两个中心问题构成，其一是产业选择问题，其二是竞争地位问题，这两个因素共同决定企业战略的选择。在一个非常有吸引力的产业里，如果一个企业不能拥有有利的竞争地位，依然不可能得到充分的发展；另一方面，一个具有优越竞争地位的企业如果栖身于一个前景黯淡的产业，也不能得到满意的利润。因此，竞争战略受制于该企业所属的产业结构状况，制定战略应从产业分析开始。在任何产业里，竞争规律都寓于如下五种竞争力量之中：新竞争者的进入、替代品的威胁、买方的还价能力、卖方的讨价能力和现有竞争者之间的竞争。因此，波特的竞争战略理论强调竞争战略的制定与竞争优势的获取受制于该企业所属的产业结构状况，换句话说，企业只有选择具有吸引力的产业，并在该产业内采取成本领先战略、产品差异战略或目标集聚战略来进行竞争，才能最终获得竞争优势。

波特的“产业结构决定论”承袭了美国哈佛大学的梅森（E. S. Masson）和贝恩（J. S. Bain）的现代产业组织理论的基本思想，是梅森、贝恩的产业组织理论在企业层次上的应用。该理论提出了三个基本范畴，即市场结构（structure）、竞争行为（conduct）、经营绩效（performance），认为企业所处的市场结构决定其市场竞争行为，进而决定其经营业绩，因而简称 S—C—P 梅森—贝恩范式。按照梅森—贝恩范式的基本思想，企业的竞争优势源自企业的市场地位，而市场地位可以通过特定的策略手段如一体化、合谋、市场定位等得以实现，并受到各种形式的进入壁垒的保护。

上述 S—C—P 梅森—贝恩范式和以此为基础的波特竞争战略理论均认为，企业的竞争优势源自于企业所处的外部市场结构与市场机会，因此可称之为企业竞争优势外生论。但这个看似严密的理论却无法回答这样一个问题：既然企业的竞争优势是由企业的外部因素所决定的，那么为什么企业在面临相同的条件时，其竞争优势依然存在差别呢？也就是说，对于某一个行业而言，该行业所有的企业所面临的市场结构、市场机会等在客观上都是相同的，在较为充分的市场竞争条件下，市场机会不可能被某个企业长期独占。根据波特的竞争战略理论所推导出的逻辑结果只能是该产业内所有的企业的盈利状况应该是基本一致的。然而，事实上并非如此。

20 世纪 80 年代早期，鲁梅尔特（Rumelt）的实证研究结果引起了人们对上述理论的质疑。它的实证研究表明：“产业中长期利润率的分散程度比产业间的分散程度要大得多。”事实上产业内的分散程度要比产业间的分散程度大 3 ~ 5 倍。由此可以推论出：企业的表现为超额利润率的竞争优势并非来自外部市场力量，而应当是市场力量以外的、存在于企业自身的某种因素在起作用。也就是说，如果将企业以外的相同的因素剥离出去，那么就可以发现，所剩下的只能是企业自身了。因此，竞争优势内生于企业。正如鲁梅尔特所言："很明显，最重要的超额利润的源泉是企业所具有的特殊性，而非产业内的相互关系。"①

在这一背景下，80 年代中期以来研究者们将探索企业竞争优势的着眼点逐步转移到企业的层面，深入企业内部寻找竞争优势的特殊源泉，从而产生了以资源为基础的企业观点（resource-based view of firm）。② 其主要代表人物是沃纳菲尔特（Wernerfelt），1984 年，他在美国的《战略管理杂志》上发表了经典性论文《公司资源学说》（resource-based view of the firm），提出了公司内部资源对公司获利并维持竞争优势的重要意义，从企业内部来寻找企业差异的原因，。这一视角导致了战略管理界革命性的变化。

沃纳菲尔特（1984）认为企业是资源的集合体而非一组产品或市场位置，③ 他论述了资源与获利能力之间的关系。他界定的资源很广泛，包括品牌、技术、优秀的员工、交易合同、机器、有效的程序、资本等。并指出资源的供应商、产品的购买者、替代品会影响资源的获利能力，先行者优势构造资源位置壁垒可以影响企业的获利能力，独特的资源如厂房规模、忠诚的顾客、生产经验、领先的技术等也能提高企业的获利能力。可以看出，这里的资源不仅包括传统的实物资本与有形资源，而且还包括无形的人力资源与组织资源。因此，沃纳菲尔特突破了传统的仅重视企业实物资源的观点，对企业的各项具体的有形资源与无形资源都给予了充分的

---

① 余光胜．企业竞争优势根源的理论演进［J］．外国经济与管理，2002，10.

② 周三多，邹统钎．战略管理思想史［M］．上海：复旦大学出版社，2002.

③ B. WERNERFELT. A Resource-Based View of the firm［J］. Strategic Management Journal，1984，5.

关注。

由于企业资源范围的广泛性，许多学者进一步研究了与竞争优势紧密关联的资源所具有的特征。巴尼（Barney，1986）、温特（Winter，1987）等学者认为，支撑竞争优势的资源应是有价值的、稀缺的、不能完全被仿制的、其他资源无法替代的、不可交易的、无形的、能以低于其价值的价格获取以及组织导向的战略性资源或独特性资源。战略性资源首先是有价值的，有助于企业通过战略提高企业效率和效益；其次还必须是稀缺的，一个企业具有的有价值的资源只有是稀缺的，才可能形成相对于其他企业的竞争优势；最后这些有价值的、稀缺的资源还必须是不完全模仿、不完全替代的，否则企业所具有的竞争优势不可能长期保持，会由于竞争对手的模仿、复制和寻找其他替代因素而消失。具体说来，战略性资源并非企业可替代、易模仿的厂房、设备等有形资源，而是企业组织能力、关键技能与知识等异质的、不可替代的、不易模仿的无形资源。这些无形的战略性资源即为前述的智力资本。由于企业的无形的战略性资源（即智力资本）是企业长期竞争优势的来源，因此，对之进行确认、计量、报告与管理就甚为必要。

要素市场的不完全性和资源的有限流动性假设对于资源理论非常重要，因为企业的竞争优势会因为竞争对手的模仿和资源的流动而无法持久保持下去，而只有在要素不完全市场和资源有限流动的条件下，会存在异质性资源和事后限制竞争的机制，从而限制竞争优势被模仿。这些限制竞争优势被模仿、复制和被削弱的机制被称为隔绝机制（isolating mechanisms）。隔绝机制又可以分为模仿障碍（impediment to imitation）和先发优势（early-mover advantages）两类，模仿障碍是指阻止其他企业通过模仿资源和能力而构成企业竞争优势基础的隔绝机制，具体有法律限制（如专利、版权、商标以及政府控制市场准入的许可证、执照和配额等）、独特的资源投入和良好的销售渠道、市场容量和规模经济、一些无形的模仿障碍等；先发优势指企业一旦获得竞争优势就不断地扩大其相对于竞争对手和潜在进入者的竞争优势的隔绝机制，包括学习曲线、声誉、网络外部性、消费者转换成本等。

企业资源基础论对产业组织理论关于企业利润主要取决于行业市场结构的说法进行了批判，强调了内部资源尤其是战略性资源对于获取企业竞争优势的重要性，这使得企业战略管理思想发生了重大转变。前述以产业组织理论为基础的波特的战略管理思想，强调通过对企业外部市场结构分析来制定竞争战略并获取竞争优势，而企业资源基础理论却认为资源与能力为企业的战略提供了基本的方向，它们是企业利润的基本源泉。一个企业的宗旨难以根据外部环境如顾客的需求来决定，因为环境总是变化多端。相反，应根据企业的内部资源与能力来决定，资源与能力决定的方向相对要持久些。企业应更多地追求李嘉图租（稀缺性资源产生的租），而非垄断租（市场力量产生的租）。这一战略管理思想的转变要求战略管理会计的理念与方法发生相应变化，聚焦于企业内部稀缺性资源（或战略性资源）的计量与管理的智力资本管理会计应运而生。

这一新的战略管理思想有着不同于以往的具体战略制定与实施过程。Grant（1991）在《加利福尼亚管理评论》上发表了“竞争优势的资源基础论：对战略制定的含义”一文，为企业战略制定过程建立了一个实践构架。这一构架主张战略制定的过程包括：分析公司的资源，包括有形资源与无形资源；评价公司的能力；分析公司的资源与能力的赢利潜力；制定战略；扩展与提升公司的资源与能力。

显然，企业资源基础理论认为应将竞争战略的制定建立在对企业有形资源与无形资源进行深入分析的基础之上，应根据企业的资源与能力来制定竞争战略，并通过实施战略来赢得竞争优势，取得良好绩效。并在这一过程中，不断地提升其资源与能力，积累战略性资源，以确保企业获得持久竞争优势。一些学者认为，战略性资源可以通过两种途径获得：其一是通过战略要素市场（Barney，1986）；其二是通过企业内部的积累（Dierickx and Cool，1989）。对于如何保持资源的竞争优势，柯林斯（Collis，1995）与蒙哥马利（Montgomery，1995）认为，要不断投资维持资源的竞争力，还要不断对资源进行升级，如增加新资源、开发新资源或转移到较少竞争的行业，同时通过多元化来实现资源效用的最大化。①

在这一企业竞争战略的制定与实施过程中，需要智力资本管理会计提供企业战略性资源的存量与流量信息，以便更科学地制定竞争战略。同时，为了有效地执行战略和不断积累战略性资源，以提升企业的竞争优势，智力资本管理会计还必须面对和解决战略性资源的投资决策分析、预算与业绩评价等问题，这对智力资本管理会计方法体系的构建提出了方向性的要求。

总之，资源基础论认为资源是公司利润的源泉，产业组织理论强调的行业吸引力及竞争优势实际上都取决于公司的有形资源与无形资源，该理论关注企业资源、持久竞争优势和企业绩效之间的关系。资源理论在假定资源要素市场是不完全的、企业是异质的和资源有限流动的前提下，认为企业是资源的集合体，企业的竞争优势是建立在其所拥有的战略性资源或独特资源的基础之上的，这些竞争优势会由于要素市场不完全和资源有限流动以及隔绝机制的存在而具有持久性。外部的市场结构与市场机会对企业的竞争优势产生一定的影响，但并不是决定性因素。由于资源基础理论将企业竞争优势由外生论扭转为内生论，企业资源尤其是战略性资源的识别、积累与运用，逐步取代了对企业外部市场结构的分析而成为战略管理关注的焦点。

上述企业资源基础理论对智力资本管理会计的形成与发展起到了重要的理论指导作用。这是因为：其一，企业资源基础理论拓展了传统经济学的企业资源范围，为智力资本管理会计的形成奠定了理论基础。传统经济学认为企业资源主要是指有形的财富，如实物资本与货币资本，相应地，传统会计（包括管理会计）也主要局限于对有形资源（如资金、材料、人力、动力、厂房、设备等）进行确认、计量、报告与管理。而企业资源基础理论不仅全面认识了企业的有形资源与无形资源，而且对无形资源（即战略性资源）的具体内容（即优秀员工等人力资源与技术、经验、组织过程、

① COLLIS. D. J., C. A. MONTGOMERY. Competing on resource: strategy in 1990s [J]. Harvard business Review, 1995, 7-8.

顾客忠诚等组织资源）及其重要性（即决定企业的竞争优势）进行了详细的分析与说明。因此，由于无形的战略性资源在企业价值创造与获取竞争优势的过程中的核心作用，企业会计有必要像对待以往的实物资源与货币资源一样，对之进行确认、计量、报告与管理，智力资本管理会计的形成因而亦是必要的。

其二，企业资源基础理论倡导围绕战略性资源的识别、积累与运用来制定与实施战略的新的战略管理思想，这对智力资本管理会计的理论体系与方法体系的构建具有重要的指导作用。管理会计是为企业管理提供相关信息的会计，管理思想与方法的变化必定会对管理会计的理论与方法产生重要影响。企业资源基础理论所倡导的这一新的战略管理思想，导致了智力资本管理会计具有不同于其他会计新领域的目标、对象、基本假定以及具体方法。比如，为了更好地服务于这一新的战略管理思想指导下的战略制定、实施与评估过程，智力资本管理会计需要在对象上将企业战略性资源纳入其计量与反映的视野，并探索对企业战略性资源具体计量方法与决策方法，以及将企业的战略性资源纳入现有的预算与业绩评价体系的路径与方法，以反映企业战略性资源在积累过程中的相关信息并评价其运用效率。

在管理会计现有的内容与方法体系中，美国的 Kaplan 与 Cooper 教授所倡导的作业成本法（ABC）在具体资源的计量及其使用效率的分析方面作出了开拓性的贡献。但该方法由于目的所限，主要对产品的有形资源消耗进行详尽的货币计量，尚未涉及资源的非货币计量以及对企业无形的战略性资源进行计量。因此，对管理会计来说，以资源基础理论为指导，建立智力资本管理会计，拓展管理会计现有的计量与控制范围，创新对战略性资源的计量、决策、预算与业绩评价方法，是提高管理会计的战略管理决策相关性的必然举措。

第二节　企业核心能力理论

在前述企业资源基础理论的基础上形成与发展起来的企业核心

能力理论，与资源基础理论具有很多共同点，都接受企业是异质的、资源是不完全流动的等假设，都从企业内部出发研究企业竞争力问题，并都以企业的持久竞争优势为研究主题。也正是这个原因，在不加区分企业资源和企业能力的情况下，有的学者将两个理论通称为企业资源或能力理论。但由于普拉哈拉德与哈默的开拓性贡献，核心能力理论逐渐独立于企业资源基础理论，并得到日益广泛的应用。当前，"企业核心能力"概念已经逐渐深入人心，并已成为在分析企业竞争优势根源时的主流表达体系。

作为另一种分析企业竞争优势根源的理论体系，企业核心能力理论有着与资源基础理论不完全相同的思想与观念，正是这些不同的思想与观念对智力资本管理会计的理论与方法体系的形成与发展发挥了重要的指导作用。

企业核心能力理论产生的标志性著作是1990年普拉哈拉德与哈默（Prahalad & Hamel）在《哈佛商业评论》上发表的"公司的核心竞争力"（或"公司的核心能力"）（core competence of the corporation）一文。普拉哈拉德与哈默（1990）认为核心竞争力是组织中的集体学习能力，尤其是如何协调各种生产技能并且把多种技术整合在一起的能力，核心竞争力不仅是整合各种技术，同时还意味着对工作进行组织与提供价值。而且，核心竞争力也是沟通，是参与，是对跨越组织界限协同工作的深度承诺。这些核心能力在应用与共享中不会减损，反而会增强。他们进一步认为核心竞争力具有以下三大特征：第一是核心竞争力为企业提供了进入多个不同市场的可能；第二是核心竞争力能大大增加最终产品给顾客带来的价值；第三是核心竞争力应该是难以被竞争者所模仿的。他们批评美国企业采取的裁员与业务重组的战略，认为这没有解决根本问题，根本方法是要培养产生竞争优势的核心竞争力。如NEC就是通过集中资源，强化其组成与中心过程，协同多种内部资源在核心竞争力上积累能量。①

① PRAHALAD , C. K. and G. Hamel. The core competence of the corporation［J］Harvard business Review, 1990, 5-6.

与资源基础理论不同的是，核心能力理论认为，具有相似资源的企业通常在使用资源的效率方面有差异，这种差异就是企业能力的差异，是产生竞争优势的深层次因素，是决定企业异质性的根本。企业要获得和保持持久的竞争优势，就必须在核心能力、核心产品和最终产品三个层面上参与竞争。其中，最终产品好比大树的叶、花和果实，它们是核心能力的市场表现；核心产品则类似于树干与树枝，是核心能力的物质载体；而深藏不露、提供营养、保持稳定的根系就是企业的核心竞争力，只有核心能力才是企业竞争优势最终的源泉。普拉哈拉德与哈默尔比较了日本企业如 NEC、佳能、本田等与美国企业 GTE、施乐、克莱施勒等的经营业绩差异，认为日本企业 20 世纪 80 年代的成功关键是注重了核心竞争力的培养。

继普拉哈拉德与哈默之后，亦有许多学者对核心竞争力概念提出了自己的观点，如 Gallon（1995）认为核心能力是一个组织竞争因素的协同体，反映在职能部门的基础能力、SBU 的关键能力和公司层次的和谐能力，主要强调核心能力的持续的与广泛的价值性特征。Foss（1996）认为核心能力既是组织资本，又是社会资本，它们使企业组织的协调和有机结合成为可能，其主要特征表现为有价值、异质性、不能模仿、难以替代等。梅厄（Mayer，1995）和罗伯兹（Roberts，1995）认为企业核心能力具有途径依赖性和累积性，其实证研究表明，按增长率来衡量，最成功的企业都采取集中在某个或少数几个关键核心技术领域上的做法，并且企业的产品改进和提高也围绕这个领域。库姆斯（Coombs，1996）指出企业核心能力的一个重要的潜在投入要素就是企业的“组织结构”，尤其是那些在企业的创新和产品开发过程中联结不同职能部门的组织因素。

因此，学者们所认定的决定企业竞争优势本源的核心竞争力并非企业的有形资源，也不同于前述企业资源基础理论中的内容较为广泛的无形资源或战略性资源，而是企业无形的资源与能力中的核心部分，具体包括企业的核心技术能力、技术整合能力以及独特的组织管理能力等。因此，核心能力不仅是由技术因素所决定的，而且与企业的组织因素密切相关，并且突出地表现为组织整体（而非个人）所拥有。这对于智力资本管理会计确认与计量企业的核心能力给予了理论上的指导。

早期的核心能力理论，没有充分强调核心能力的动态性，未能明确指出对企业已经具备的核心竞争力，应该加以改进并不断创新，以适应市场竞争环境的不断变化。从普拉哈拉德与哈默对核心能力最初的理解来看，他们主要强调了核心能力的整合性、技术性、价值性、可拓展性、难以模仿性等特质，而对于核心能力的动态性要求没有给予重视。一些学者认为，核心能力模型过于静态，它的一个潜在的假设是技术变革的速率是恒定的，因而未能指明在导致企业高创新性的诸要素之间的关系。演进经济学研讨了企业资源、能力和历史对其创新激励的影响。演进经济学认为，企业的决策是由其惯例决定的，即由企业内部实行得很好的活动模式决定（Neson and Wblter，1982）。在任一给定时间，组织的惯例决定了企业与众不同的能力。企业不经常改变惯例，因为让企业成员改变过去已做得很好的事是“不自然”的行动，而且改变组织惯例的代价很高。因此，企业倾向于根据外部环境变化对惯例作出适应性调整。这意味着对企业核心能力作出微调，而不是变革。另外，企业核心能力惯性的存在，使得企业很难在超竞争的环境中作出重大的变革，以保持动态战略适应。因此，企业在获得了核心能力之后，容易出现核心刚性（core rigidities）（D. L. Barton，1992）。① 而在当今激烈的、复杂多变的竞争环境中，新的竞争对手不断涌现，出现核心刚性的企业，是难以获得其持久竞争优势的。所以，为了获得持久的竞争优势，企业需要的是能够进行创造性毁灭的能力。由此动态核心能力（Dynamic Capability）这一概念被提了出来。

动态核心能力是指企业保持或改变其作为竞争优势基础能力的

① DOROTHY LEONARD-BARTON. Core capabilities and Core rigidities: A paradox in managing product development [J]. Strategic Management Journal, 1992, 13.

能力（Teece、Pisano and Shuen，1992，Teece，Rumelt and Winter，1994）。Teece 等学者认为，具有有限动态核心能力的企业，不能培养竞争优势并使竞争优势的来源适应时间的发展，企业最终会失去其生存的基础。而具备很强动态核心能力的企业，能够使它们的资源和能力随时间变化而改变，并且能利用新的市场机会来创造竞争优势的新源泉。因此，动态核心能力是改变企业能力的能力，与核心能力相比，其主要特征表现为：企业动态核心能力是一种开拓性的创新能力，强调以开拓性动力克服能力中的惯性，更加关注企业的动态效率，而将静止效率放在次要的地位。开拓性动力通过促进创新和创造新的规则与能力为企业的竞争优势提供长期基础（Christensen，1995）。在动荡的环境中，动态核心能力崇尚建立开拓性学习能力。开拓性学习能力并不是为了特定的生产目的，而是为了在长时间内向企业提供新的战略观念而进行的侧重于变革的学习。开拓性学习显示了对路径的较少依赖，且相对要混乱得多，也显示了以试错法为基础和以建立新能力、新规则为特征的研究过程。

建立在开拓性动力之上的企业动态核心能力呈现出开放性的特征，企业动态核心能力是企业内部学识、吸收性学识或引进性学识有机结合的产物。动态能力论强调建立从外部途径吸纳知识（一方面是资源与能力，另一方面是机会）的特殊能力。吸收性知识在企业内部和外部资源与能力之间起到了桥梁作用（Foss and Eriksen，1995）。相对于强调企业能力内部化积累的经典核心能力论，动态核心能力论通过其开放性而获得灵活性，从而减少了能力中的刚性。

企业动态能力主要体现在企业的技术活动和管理活动中。在技术方面，企业的 R&D 活动被认为具有先决意义上的开拓性，甚至被认为在企业中唯一承担着开拓性职能。然而在实践中，R&D 活动由于受生产性因素的影响而呈现出再生性特征。动态能力要求 R&D 活动避免承担更多的再生性职能，而表现出更多的开拓性。组织与管理者的因素也决定着企业的动态能力；一个开放的、灵活的双向学习型组织，较一个传统的层级式组织更能够适应动荡的环境。

动态核心能力概念的内涵及其特征的研究成果，一方面，拓展了智力资本管理会计的计量与管理的范围，使其从企业内部的核心技术能力、组织管理能力等拓展到企业的外部知识吸纳能力；另一方面，重点强调了对企业开拓性的 R&D 能力以及针对开放、灵活的双向学习型组织的组织管理能力的计量。

在激烈竞争的动态环境下，永远存在的企业竞争优势是不存在的，仅仅依靠模仿障碍和先发优势之类的隔绝机制无法保证企业竞争优势的长期性，因为这些隔绝机制很大程度上是在静态环境中发挥作用的。因而，所谓持久竞争优势只能是通过不断创造新的竞争优势、保证在原有的竞争优势被侵蚀之前产生新的支撑企业经济盈利性的竞争优势，从而从长期角度看企业具有的不断持续存在的竞争优势。具有有限动态能力的公司是无法使得竞争优势来源适应时间的发展的，最终其优势地位会被其他竞争对手所替代。从这个角度看，核心能力必须也是一种动态能力，否则不可能成为持久竞争优势的根源。因此，只有当核心能力具有动态性时才能支撑企业的持久竞争优势。从这个意义上来讲，这里的动态核心能力思想是对由普拉哈拉德与哈默开创的核心能力理论的补充与完善，因此，可将二者统称为核心能力理论。

核心能力理论还研究了能力与组织结构的关系。卡尔森（Callson，1991）和伊利森（Eliassin，1991）提出，能力存在于组织的许多不同部分中，各种能力对应于各个组织层次，具体可以区分为选择性的、组织性的、技术性的、学习性的或功能性的能力。选择性能力主要存在于企业的战略制高点——董事会，企业重大的投资和经营决策在这一层次作出；组织性能力主要存在于和董事会相连接的中级管理层及技术结构层；技术性能力主要存在于生产作业层，基本的作业活动都在这一层次完成；学习性能力应当和组织的各个层次密切相关，并可以通过某种方式转化为企业的内部规则。认清组织拥有不同的能力，且这些能力可能存在于组织的不同层次，对于智力资本管理会计在识别企业不同层次的能力、制定企业不同层次的业绩评价指标体系时具有重要意义。

基于上述核心能力理论，从战略管理角度看，企业战略的目标就在于识别、培育、扩散与应用竞争对手难以模仿的核心能力。①其战略制定的起点是对企业内部环境的分析，了解其能力结构，并根据企业的核心能力制定竞争战略，然后通过实施竞争战略获取竞争优势和良好绩效。并在这一过程中，注重核心能力的建立与保持。与这一战略管理过程相适应，智力资本管理会计需要分析与计量企业的能力结构及其核心竞争力，以便为企业竞争战略的制定提供信息支持。另外，在竞争战略的实施过程之中，亦需要智力资本管理会计追踪并提供企业的能力结构以及核心能力变化的信息，以便管理者适时调整竞争战略。

虽然，初始的核心能力理论认为企业的能力是给定的，它决定了企业有效的战略活动领域，管理者的任务是选择企业能够发挥其核心能力的领域，而不是新能力的开发。而随后发展起来的动态核心能力观念却强调在战略管理中应适度奉行战略决定能力的思路，根据动荡的竞争环境的要求，不断地扩张与创新已有的核心能力。另外，动态核心能力观认为企业将自身的能力与外部可利用的能力结合在一起的能力，是动态核心能力的重要组成部分，因而将能力的范围扩展到企业与企业之间的关系上来了。这样，企业管理者可以运用供应链协作、虚拟企业以及战略联盟等组织形式来构建企业外部网络，从而利用外部资源与能力来帮助建立自身的动态核心能力，以超越自身能力的路径依赖性。

因此，动态核心能力观念强调借用企业外部力量，注重通过内外部联系如建立供应链、战略联盟或虚拟企业等来培育与创新企业的核心能力。在这一战略管理思想的指导下，智力资本管理会计的计量范围必须超越其内部的核心能力，还须关注企业对外的协作（或知识吸纳）能力及其表现形式如供应链、战略联盟等，应提供其成效及其变化的相关信息。这进一步拓展了智力资本管理会计的计量范围与计量内容，使得智力资本管理会计不仅要计量企业内部

① 周三多，邹统钎．战略管理思想史［M］．上海：复旦大学出版社，2002.

的组织管理能力、组织学习与创新能力，还要反映企业的外部关系能力、市场开拓能力等。

总之，企业核心能力理论认为企业是一个能力体系或能力的集合，核心能力是企业持久竞争优势的源泉，企业应围绕核心能力制定战略，企业战略管理的主要目标与任务是持续不断地积累、培养、开发、运用、维护或者创新企业的核心竞争力。

上述企业核心能力理论及其所倡导的战略管理思想，对智力资本管理会计的理论与方法体系亦产生了重要的影响。首先，既然核心能力是企业竞争优势之源，那么，智力资本管理会计须以提升企业核心竞争力为主要目标，这使得智力资本管理会计的理论与方法体系的构建具有了具体、明确的目的。其次，该理论对核心能力的内涵、特征与形成过程的研究成果，可以作为智力资本管理会计在进行核心能力的确认与计量时的理论指导。最后，该理论所倡导的围绕核心能力的提升与运用的战略管理思想，对智力资本管理会计的主要内容与方法体系的形成具有重要的指导作用。它要求智力资本管理会计尤其需要针对企业资源与能力中的核心能力进行识别与计量，并在此基础上加强对企业核心能力相关的投资决策分析与资源配置预算，还应探讨企业核心能力导向的业绩评价体系创新问题，以使得着眼于核心能力的战略管理过程得以有效运行。

第三节 企业知识理论

企业知识理论是近年来才出现的，迄今也很难说具备了一个统一的体系。它除了直接继承前述企业资源基础理论、企业核心能力理论的思想之外，还广泛吸收了其他领域的思想，包括彭罗斯的企业成长论（Penrose，1959），西蒙、马奇、赛耶特的行为论，哈耶克的知识论（Hayek，1936，1945，1952）以及纳尔逊和温特（Nelson and Winter，1982）的企业进化论等。以这些丰富的理论思想为基础，德姆赛茨在 1988 年①提出了企业知识基础论（know-

① 许可，徐二明．资源学派与能力学派的回顾与比较［J］．经济管理新管理，2002，2.

ledge-based thoery of the firm）（或企业知识理论）。他认为，企业就是一个知识的集合体，通过积累过程而获得新知识。后经过 Foss (1993)、Grant（1996）等人的努力，到 90 年代中期，企业知识理论的雏形业已形成（顾乃康，2002）。① 企业知识理论以其不同于前述企业资源基础理论、企业核心能力理论的企业观及其相应的战略管理思想，对智力资本管理会计的理论建设与实务发展产生了广泛而又深入的影响。

由于企业知识理论现处于初步发展阶段，尚未形成一个统一的理论体系，本书将从以下三方面来阐述该理论的主要思想以及各自对智力资本管理会计的理论建设与实务发展的指导作用。

一、关于知识、企业（组织）知识的内涵以及知识的分类与特征等基本的企业知识理论研究成果及其对智力资本管理会计的影响

（一）知识与组织知识

一般意义上的知识没有统一的定义。美国学者丹尼尔·贝尔认为："知识是对事实或思想的系统的阐述、提出合理的判断或者经验性的结果，它通过某种交流手段，以某种系统的方式传播给其他人。" Kogut 与 Zander（1992，1996）认为知识既包括隐含的方法知识，即企业内积累的能帮助人们更稳定和更有效率地做事的技巧和专业技能，还包括信息，即知识中能够清楚表达的方面。②

我国较早研究知识理论的学者余光胜（2000）认为：知识是一种反映与观念的总和，它需要借助一定的符号系统如语言来表达。

与知识密切相关的一个概念是组织知识。如果知识被界定为对事物运作过程规律的理解，并允许所有者进行预测（Clarke,

① 顾乃康．现代企业理论的新发展：企业知识理论［J］．经济学动态，1997，11.

② 程兆谦，徐金发．资源观理论框架的整理［J］．外国经济与管理，2002，7.

1998)，那么组织知识就允许组织对其所处环境和竞争对手进行识别，并同时成为竞争优势的一种来源。在组织中，知识不仅常常内嵌在文件或存储库中，而且还存在于日常活动、流程和规范中。Vanhoenacker 等（1999）对此观点表示支持，认为组织知识包括信息、行为和人，而不仅仅只是文献。Davenport 和 Prusak（1998）也认为："（组织知识）……在通常情况下并不仅仅只体现于文献与陈列室之中，它也会在组织的惯例、过程、实践和标准中得以体现。"因此，组织知识可以被看成是有关组织信息、过程、价值和信念的集合。它来源于个人知识而又超出个人知识，并为一个组织所特有。

余光胜（2000）认为企业知识的涵义包括三个基本方面：第一，企业知识将企业作为一个生命体，能像人一样拥有知识，具有学习能力。在企业演化理论看来，企业作为一个组织，在某种意义上说具有生命现象，它能像人一样具有认知能力，把其经历储存于"组织记忆"（organizational memory）之中，从而拥有知识。第二，企业知识就是企业的生产性知识，它包括关于生产技术的知识与关于协调生产的制度知识。第三，企业知识是企业成员共享的知识。企业内个人知识的简单加总并不是企业的知识，任何个人的知识只有在被充分共享的情况下才能构成企业知识。个人学习和组织学习是达到知识共享的有效途径。①

万君康（2006）认为企业知识的内涵包括四个基本方面：一是指企业中的经营知识。企业的经营知识是企业知识的重要内容，它来自于自然科学、技术、社会科学的知识，企业经营活动离不开这些知识。这种知识直接构成了企业财富的基础，可以创造价值，是企业的重要资源。二是指企业中与个人、组织、文化密切相关的管理知识。企业管理知识是企业的软知识资产，在企业经营中起着协调、激励、促进、控制等作用。三是企业像人一样可以类比为一个生命体，能拥有知识和具有学习的能力。企业在与环境发生作用

① 余光胜．企业发展的知识分析［M］．上海：上海财经大学出版社，2000.

的过程中，会把有关的经历储存到企业的记忆（或组织记忆）中去。这种经历主要是企业解决问题的知识学习过程，当企业在以后又遇到与此相类似的问题时，企业就会从其记忆之中取回原来的知识与所遇到的问题相匹配以解决该问题。四是企业可以通过成员的组织状态共享知识。一个企业组织拥有的知识可以分解为它各个成员的知识。而一个成员拥有知识的情况，又是由一切其他成员拥有的知识来确定的。一个人所知道的东西，只有被组织其他成员知晓，他的知识才是有意义的。企业拥有这种共享的知识一方面有利于组织的内部协调，另一方面有助于加速企业对外界的反应。因此，概括地说，企业知识是通过企业全体成员共同学习和创新，为企业这个组织所拥有、共享的关于企业经营技术与方法、组织与文化等管理方面的知识。这种属于组织的知识在企业竞争中格外重要，它是形成企业核心竞争力的内核，它是有价值的、异质的、难以模仿的、难以替代的。

（二）知识的分类

知识的分类也是企业知识理论中涉及的最基本问题之一，对知识的分类通常是建立在对知识内涵理解的基础之上的。

许多学者对知识的分类进行了较为系统的研究，其中比较有代表性的观点是 Spender（1996）的观点，他认为可以将知识分为个体显性知识，集体显性知识，个体隐性知识，集体隐性知识四类，而且在所有知识中，集体隐性知识是最具有战略意义的知识。①

另外，经合组织（OECD）在《以知识为基础的经济》一书中将知识归纳为四种类型：第一是事实知识（know-what），这类知识包括我们传统所说的自然科学知识和社会科学知识。第二是原理知识（know-why），主要指科学理论与规律方面的知识。这类知识同经济活动的联系较为间接，但正在发挥着概括程度较高、普适空间较广的作用。OECD 认为此类知识在多数产业中支撑技术的发展及产品和工艺的进步。第三是技能知识（know-how），即关于技能和

① C. SPENDER. Making knowledge the basis of dynamic theory of the firrm [J]. Strategic Management Journal, 1996, 17.

诀窍方面的知识。企业判定一个新产品的市场前景、一个人事经理选择和培训员工、操作复杂机器的熟练工人等都必须使用此类知识。产业网络形成的最主要原因之一就是企业间有分享和组合know-how要素的要求。第四是人力知识（know-who），也就是关于人力资源、人际关系及管理方面的知识。这类知识包含特定社会关系的形成，即有可能接触有关专家并有效地利用他们的知识。

（三）知识的特征

一般认为知识的特征表现在以下五个方面：

（1）知识的默会性（tacitness）。在人类实践中发挥重要作用的大部分是难以觉察的默会性知识，可以明晰说明的知识仅仅是其中的一小部分。这种默会性某种程度上体现为组织独特的“心智模式”，外界难以模仿。

（2）知识的可转移性。知识的转移不仅体现在企业之间，而且还表现在企业内部各部门以及企业成员之间。明晰知识只需沟通即可转移，默会知识的转移是缓慢、不确定且成本昂贵的。

（3）知识的集聚性。知识转移的效率在一定程度上取决于知识集聚的潜力。当知识可以用一种通用的、人类所共知的语言表达时，知识集聚的效率就会得到大幅度提高。

（4）知识的可占用性。可占用性是指知识所有者占用知识所创造的价值的能力。知识的可占用性的大小决定了企业或个人所拥有的知识能够产生收益的多少。

（5）获得知识的专业性。基于西蒙的有限理性假设，个人在获得、储存、处理知识方面的能力是有限的。结果是知识生产的效率要求个人专业化于某个特定的领域。获得知识的专业性产生了企业知识共享的需求。

上述企业知识理论中关于企业知识的论述简明而又深刻，有利于我们理解智力资本的组织而非个人视角。对企业知识的认识以及对知识的分类与特征的探讨对于智力资本管理会计进行智力资本（知识资本）的确认与计量具有重要的指导作用。

二、企业知识理论对企业理论核心问题的阐释、对企业持久竞争优势本源的理解及其对智力资本管理会计的影响

企业理论一直是现代经济学和管理学关注的一个重要方面。企业理论所关注的一般性问题是如何解释和预期实现企业的基本特征和行为。几十年来，以交易成本概念为基础的企业理论取得了重要进展，它因较为有效地解释了企业理论的核心问题，如企业的存在、企业的组织结构、企业的边界、企业内决策权的配置等问题，而成为当今企业理论的主流理论。作为一种全新的企业理论，企业知识理论则着重从知识的角度来重新阐释企业理论中的核心问题，或试图对主流企业理论没有解释的问题给予说明。

（一）企业的本质

企业知识理论将企业视为知识一体化的制度。在企业知识理论看来，生产过程中最重要的投入是知识，但知识又是由个人掌握的，并专业化于某一特殊领域，由此知识的专业性决定了生产活动需要拥有各种不同类型知识的个别专家的共同协作和努力。有效的生产要求存在着某一制度能起到协调个别专业人员知识的功能。由于知识的产权很弱，签约和实施都很不容易，这就使得市场不能承担这种协调作用，因为市场在协调过程中因默会知识难以流动以及明晰知识可能被盗用而失效。在这种情况下，企业作为一种生产产品和服务的制度出现了。

企业无非就是一个“队生产”组织形式。企业要顺利维持生产，就需创建并维护一种环境，让不同知识背景的员工集中使用各种专业知识，这实际上就是默会知识的交流、转移与共享等所需要的环境与条件。默会知识的交流、转移与共享等需要组织内频繁地接触。这经常是通过发展一种独特的语言或表达方式进行的。组织的优点，即它的功能之一就是用共同表达的方式进行交流，使得知识的交流、转移与共享更为经济。

（二）企业内部的协调

企业内部的协调是企业发展中的一个至关重要的因素。传统的

企业管理理论比较关注对分散的组织成员的目标进行折中而产生的合作问题。企业知识理论认为，除了协调企业成员统一的工作目标和减少投机的因素之外，更多的协作则体现在知识的一体化合作上。企业维持正常的生产和服务，需要各种专业人士的知识共享、交流和流通，即便是他们的目标一致，也有共享和交流的知识愿望，由于知识本身的隐含性、非实体性和共享性，有效地进行知识一体化也是相当困难的，这就更需要协调，并有一种良好的机制（包括企业文化和相应的辅助工具），创设一种良好的环境，让每个知识员工都能自觉地贡献。Grant（1996）进一步探讨了如何从知识的角度来进行企业内的协调问题。他提出借助组织的共同知识（common knowledge）来加以协调。他认为知识一体化机制是个人知识存量的差异所要求的，它们取决于其运作中的共同知识的存在。共同知识包括了那些对所有组织成员来说都是共知的知识成分，其重要性在于它允许个人分享和一体化那些在他们之间的共同的知识。

（三）企业的边界

知识的默会性和专业性决定了市场难以在可观察到的和可计算的边际概念的基础上评估知识的价值。因此，知识难以通过市场交易而得以积聚，知识只有在企业内部积聚。这不但决定了企业的存在，而且决定了企业的边界。可以依据知识使用的相对效率来探讨企业的垂直化、水平化和多样化的边界。在企业的垂直化边界方面，如果市场能够有效地转移产品而不能有效地转移知识，那么若生产的B阶段需要使用A阶段的知识，则应使邻近的A和B阶段在同一企业内实行垂直一体化。此外，如果生产A阶段的产出能够在B阶段不必利用A阶段的知识的情况下得以进一步加工，那么A和B可以为由市场联结的两个独立的企业所拥有。

在企业的水平化边界方面，获得知识的专业化方面的收益、生产某一种产品需要的多种类型的知识以及通过市场一体化这些知识投入的困难决定了从事单一产品生产的企业的存在。如果企业形成了生产某一产品的特有的知识集，而这些知识又因为默会性而难以通过出售的方式获得其全部收益，那么企业有效利用这些知识的途径便是通过水平化扩展加大这类产品的生产。

在企业的多样化方面，由于企业在生产过程中形成和积聚的许多知识可能并不是某产品特有的，也就是说，某些知识（如企业的惯例）既可用于这类产品的生产，也可用于其他产品的生产，这些知识所具有的范围经济性决定了有效的知识使用要求企业通过多样化扩展实现多产品生产。

（四）企业之间的异质性

企业知识理论认为，企业的异质性起因于企业在生产过程中形成和积聚的知识的差异性。由于各企业所吸纳的人员的知识专业化方向和程度是不相同的，并且各类人员之间相互作用的过程和作用的持续时间也各不相同，从而各个企业最终所积聚的知识（包括惯例）和能力具有差异性。由此当各企业在从事同类生产活动时，也就不可能具有相同的生产成本，不可能获得相同的租金，不可能形成相同的竞争优势。因此，正是企业知识的异质性、知识结构的异质性以及认知能力的异质性决定了企业的异质性。

基于上述对企业理论核心问题的重新阐释，企业知识理论认为企业知识是企业持久竞争优势的本源。该理论认为，企业之间的异质性和产生长期租金的能力能否得以长期维持在很大程度上取决于导致企业之间异质性的知识和能力的模仿成本的大小。由于企业积聚的许多知识具有默会性和专业性，所以其难以通过市场交易而被其他企业获得和模仿；同时由于默会的知识难以用通用的语言得以表达，并且只有在运用和实践中方可得到传播，所以模仿默会知识的成本是非常高的。知识的较高的模仿成本决定了企业一旦形成竞争优势，其在相当长的一段时间内就不会因其他企业的模仿而消失。这是因为较高的模仿成本将保护企业对高额租金的攫取，也构成了其他企业进入的壁垒。知识资产较高的模仿成本还决定了正是其无形（知识）资产而不是企业的有形资产所形成的竞争优势构成了企业长期优势的基础。

因此，企业知识理论不仅提出了一种新的企业观，即企业本质上是知识一体化的制度，它使得知识的交流、转移与共享更为经济，而且深刻认识了企业知识的重要意义，它认为知识的使用效率决定了企业的边界，各企业的知识、知识结构和认知能力的不同决定了企业之间的异质性，并由此推演出企业知识才是企业持久竞争优势的本源。

基于新的企业观与对企业竞争优势本源的新认识，企业知识理论也由此倡导了一种新的管理思想。它认为管理的首要任务就是建立为知识的一体化所必要的协调机制，也就是说，企业管理首先是对企业知识的管理，这为知识经济社会中的企业管理理念与方法的发展提供了新的思路。因此，在知识经济时代，管理的价值取向从实现劳动、资本和自然物质资源的合理而高效的配置与运用，以实现企业利润的最大化，转向对知识的识别、检索、规划、传递、开发、控制、处理、集成、存储、共享和利用，强调运用集体的智慧（知识）提高企业的核心竞争能力。由此我们也可以认为，企业知识理论将知识作为企业最重要的资源，并将其视为形成企业核心能力的基础。

上述企业知识理论所倡导的知识管理理念呼唤着智力资本管理会计的产生与发展，智力资本管理会计的目标因而直接表现为支持企业的知识管理过程，提高企业的知识管理效率。

三、企业知识活动的微观机理——企业知识的螺旋效应及其对智力资本管理会计的影响

只有清楚地把握知识活动的微观机理，才能更好地开发与利用知识，实现明晰知识与默会知识的有效转换和获得企业知识共享的新途径，从而使企业获得持续竞争优势。因此，认识知识活动的微观机理是企业知识理论的重要方面。由于默会知识具有个体化和难以充分交流的特点，不易进行知识的交流和共享，日本学者野中郁次郎（Ikujiro Nonaka，1995）和竹内广孝（Hirataka Takeuchi，1995）经过对知识特性的研究，将企业知识的创新与传播过程看做是一个呈螺旋上升的过程，并把这一过程分为四个阶段：社会化、外在化、整合化、内在化。

（一）社会化

因默会知识（也称隐性知识）在不同主体之间的互动，而引

发的个人与个人之间的默会知识共享过程。由于默会知识不是借助于语言和文本的方式进行传递的，所以其传递的速度相当缓慢。如师徒之间的传、帮、带就是典型的默会知识的传递方式与过程，师傅的技巧是通过师傅演示，徒弟观察、模仿和亲身实践等形式得以传递的，对于复杂的技巧还需要手把手地传承与切磋。客观上，默会知识往往是依附于某种经验或某种实践活动而存在的，所以在社会化的过程中，个体之间的默会知识能否进行交流和共享，关键在于他们之间是否具有共同的体验，而产生共同体验的前提是接受者对所传授的默会知识的认同。因此，在企业知识创新的过程中，往往项目团队成员来自不同的部门，只有在他们彼此之间对市场的需要、技术的走势有共同的感性认识与感悟能力的情况下，当某一种创造性思想产生的时候，团队成员才能够心领神会，即小组成员共享了某一隐性知识，同时也就实现了知识社会化的过程。

（二）外在化

是使默会知识转化成明晰知识的过程，即利用类比、隐喻、假设、倾听和交谈等方式将隐性知识转化成别人容易理解和表达的、便于交流和共享的知识形式。经过社会化阶段的默会知识，通过语言、图表、模型、概念等方式在成员之间传递，成员之间的沟通与交流将会以最有效的方式进行，使其变得更加快速而有效。正是在这种互动中，具有创造性的思想通过成员间的自由对话、沟通、认同与共享，清晰的概念逐步形成，最终得到表达。尽管这种表达形式还不是很完全，但默会知识却由此开始明晰化，开始向显性知识转化。在这一转化过程中，所采取的交流方式与机制是至关重要的中介。大部分的默会知识都是可以用一定的形式表达的，至少可以用隐喻来表达。这里的隐喻是特指介于经验、直觉、感悟等隐性知识和概念、图式及模型等明晰知识之间的一种中间形式。隐喻的价值在于它提供了一种沟通机制，将抽象的概念变为具体，通过隐喻，可以产生或形成新旧概念映射网络，在此之中又可形成新的意义甚至形成新的范式。类推法也是在默会知识明晰化的过程中常用的方式，我们使用类推法来揭示两个不同事物之间的区别与联系、共同点与差异，从而使概念更加明晰。

（三）整合化

是将员工所掌握的明晰知识（也称显性知识）用专业语言表述出来，使明晰知识进一步系统化，进而整合成为组织所具有的知识的过程。在企业知识创新的过程中，开始阶段是使个人的默会知识转化为明晰知识，这是知识创新的起点。然后是把个人的、团队的明晰知识整合为组织的集体明晰知识，即分布于不同个体、不同部门的明晰知识通过企业内的组织知识网络进行交换与整合，最终构成企业的知识体系。因此，整合化是企业知识活动中一个重要的环节。

知识整合的过程也就是个人知识转化为组织知识的过程，默会知识是个人所拥有的，当它成为企业组织知识体系中的一部分时，企业便拥有了对这部分知识的所有权，这就意味着知识的所有权关系发生了变化。因此，企业要创建良好的企业环境与氛围，建立有效的激励机制，充分尊重、承认个体知识的所有权，鼓励员工将个体的默会知识和明晰知识释放到组织中去。

（四）内在化

是将新的明晰知识（组织知识）转化成为组织成员中的默会知识，并在实际应用中创造出新的默会知识的过程。在这一阶段中，经过社会化、外在化、整合化而成的知识内在化为成员的经验与体会（表现为企业的诀窍和专门技能），企业通过对其进行整理与加工，形成企业知识系统，诸如工艺文件、产品记录、顾客投诉记载、公司及其产品发展历程等，使之成为企业找到解决问题的思路或开发出新产品的宝贵资源。此外，对企业文化的学习与了解也是内在化的一个重要方面。企业员工通过学习企业的历史与文化，回顾前人的经验，了解企业的制度与规则，并通过实践优化自己的思维方式和行为方式，最终实现个人绩效和组织绩效的共同提高。

由此可见，个人的默会知识经过社会化、外在化、整合化和内在化四个阶段之后，实现了个人之间、个人与组织之间知识的传递，并最终产生了新的默会知识。在这一动态的、呈螺旋递进的过程中，知识完成了转化、传递和创造，也就是完成了一次知识螺旋。当个人的默会知识完成一次知识螺旋运动、转化为新的默会知识后，又开始了新的知识螺旋运动。企业中知识的周而复始运动，便造就了企业知识的螺旋效应（见图 2-1）。

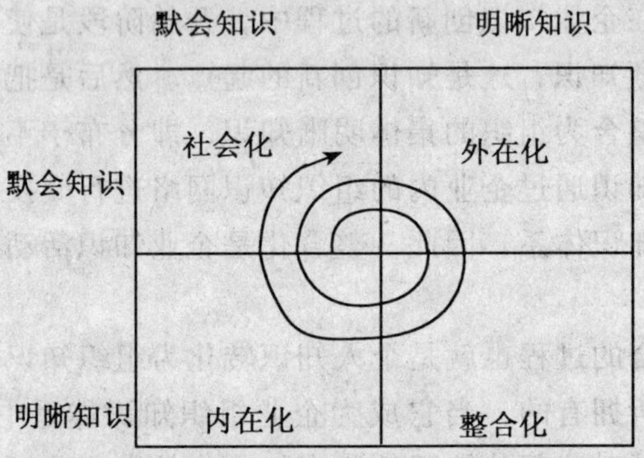

图 2-1　知识转化的四种方式及知识螺旋

野中郁次郎和竹内广孝所提出的知识螺旋效应，客观地把握了组织知识的活动规律，揭示了默会知识和明晰知识之间的纵向流动和不同主体之间的横向流动，以及横向流动与纵向流动的交互作用，为企业知识管理提供了科学的依据。

从企业知识活动的微观机理可以看出，知识管理首先是对人的管理，要创造一种环境让员工人尽其才，包括对企业文化的营造与相应激励机制的建立，促进个人明晰知识向组织知识的转化、个人默会知识的共享和显性化。对智力资本管理会计而言，其重要任务是建立知识导向的管理控制系统，设计一套体现企业知识共享程度以及知识管理效率与成果的新型的业绩评价体系，同时，也须探索基于知识产出的新的激励方案，以促进企业知识的生成、转移、共享与增值。

总之，企业知识理论对智力资本管理会计的理论建设与实务发展产生了广泛而深远的影响。智力资本管理会计应以企业知识理论为指导，深入探讨对企业知识的识别、计量、评估乃至相关投资与预算等一系列问题，不仅要计量与反映企业知识的创造过程与使用效率，而且还要基于知识的特征与企业知识的微观活动机理来创新知识导向的管理控制系统，促进企业知识的产生、共享、使用与增值，不断地提高企业知识管理效率。

企业资源基础理论将波特的竞争优势外生论扭转为企业内部资源决定论（即竞争优势内生论），企业核心能力理论与企业知识理论则在对竞争优势内生于企业何种资源的认识上进行了更深入的探索。三种理论强调不同的核心概念，如企业资源基础理论强调资源与战略性资源，企业核心能力理论推崇核心能力（竞争力）与动态核心能力，而企业知识理论则强调企业知识与默会知识，也具有不同的思想观念，但在企业竞争优势的来源这一问题上，三种理论进行了相互联系、步步深入的探讨。它们之间的关系（如图 2-2 所示）是：在承认持久竞争优势内生于企业的前提下，企业资源基础理论认为是战略性资源决定了企业的持久竞争优势，企业核心能力理论则进一步认为是隐藏在资源背后的（动态）核心能力决定了企业的持久竞争优势，企业知识理论则进一步追根求源，认为决定企业核心能力的是企业知识以及与知识密切相关的认知学习。也就是说，企业应通过能力来获得资源，通过知识来提升能力，因此，企业知识最终成为企业竞争优势之源。

由此可见，本章所阐述的企业资源基础理论、核心能力理论以及企业知识理论，既相互联系，又彼此独立，各自从不同的方面对智力资本管理会计的理论与方法体系的形成与发展产生重要的影响。

事实上，受企业资源基础理论、核心能力理论以及企业知识理论的影响，智力资本概念已经基本吸纳了这些理论中的核心概念如战略性资源、核心能力与企业知识等所包含的内容，而且智力资本因其三大构成即人力资本、组织资本与关系资本的划分而在经济管理实践中更具有操作性。因此，我们可以认为智力资本是以上述三种理论为基础的一个实际运作层面的概念，智力资本代表着企业的战略性资源、核心能力与知识，从这个意义上来讲，也可以认为企业智力资本是企业竞争优势之源。

企业资源基础理论，核心能力理论以及企业知识理论，不仅使得智力资本这一概念呼之欲出，而且有如古典经济学与科学管理思

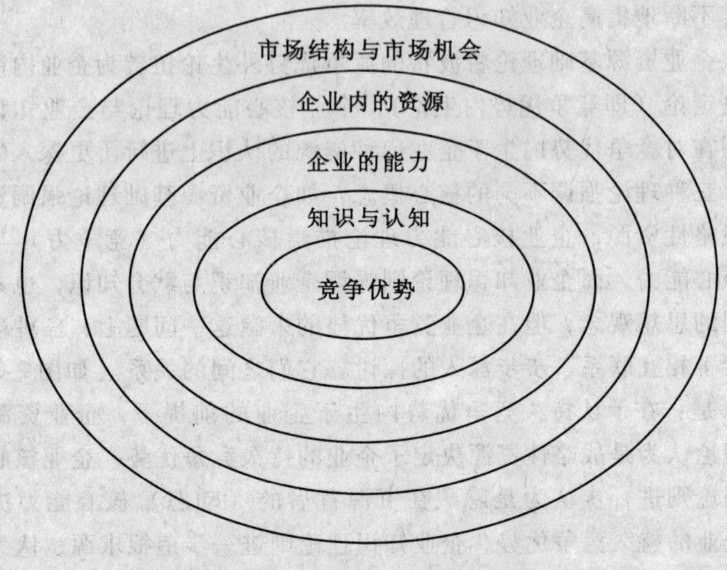

图 2-2　竞争优势内生论及其递进关系

想导致了管理会计的产生与发展一样，这些新兴的经济学理论与战略管理思想，也必将推动管理会计的发展，并将其推进到智力资本管理会计阶段。智力资本管理会计是以这些理论作为理论基础的战略管理（或知识管理）工具，其目的是培育与提升企业的核心竞争力，建立和保持企业的持久竞争优势，因而其产生与发展具有必然性。可以说，受当今不断变化的经济环境的影响，以及上述企业资源基础理论、核心能力理论、企业知识理论的启发与推动，智力资本管理会计的理论与方法体系将会不断地发展与完善。

第三章 智力资本管理会计的基本理论

尽管管理会计在其发展历程中，吸取了相关学科丰富的理论“营养”，但一直偏重于在其方法与技术层面进行不断的开拓与发展，缺乏对其自身理论体系进行充分探讨与精心构建，以至于对管理会计理论究竟应该包括哪些内容并且各自如何界定等问题，迄今未有定论①。本章在借鉴国内外的管理会计理论研究成果的基础上，结合笔者自己的理解，对智力资本管理会计的内涵、目标、对象与基本假设等基本理论问题进行了初步探讨。另外，为了便于进一步理解智力资本管理会计这一管理会计新领域的特征，本章还对其与人力资源会计、战略管理会计等相关领域的关系进行了分析与说明。

第一节 智力资本管理会计的内涵

对现有的管理会计知识体系而言，智力资本管理会计无疑是一个新概念，如何正确地理解其内涵，则是一个需要首先弄清楚的问题。这里笔者结合当今管理会计的内涵与作用，并联系知识管理（或智力资本管理）的过程与目标，试图对之给出一个较为准确与

① 1972年，美国会计学会（AAA）提出了一份针对管理会计理论结构的研究报告，该报告认为管理会计理论包括目标（基本目标与附属目标）、（基本）概念、原则以及技术方法等。余绪缨教授教授（1984，1996）主要研究了现代管理会计的对象、方法、基本特性、职能作用等基本理论问题。李天民教授（1994）认为管理会计的基本理论结构包括管理会计的对象、职能、目标、概念、假设、原则和方法体系等，并进行了系统的研究。国内还有很多会计学者对之有不同的理解。

清晰的界定。

一、管理会计的内涵与作用的变化

管理会计自20世纪初伴随泰罗的科学管理运动正式形成以来，已取得了长足的发展。尤其是20世纪80年代以来，由于以Kaplan教授为首的众多专家学者的不懈努力和大胆创新，管理会计被推进到一个蓬勃发展的新阶段（余绪缨，2001）。就世界范围来看，当今管理会计无论是在理论上所表现出的内容与方法体系的完善程度，还是在经济管理实践中所发挥的实际作用的广度与深度，均大大超过了以往。因此，会计理论界与实务界对管理会计内涵与作用的认识也在逐步发生变化。

80年代以前，一般认为管理会计就是提供企业管理所需的、财务定量化的信息（成本、利润、现金流量等信息）以帮助管理层制定决策。管理会计的主要作用表现在编制全面预算，进行产品生产决策和成本控制上。较早对管理会计进行界定的美国会计学会的定义基本上体现了这一认识。美国会计学会（AAA，1966）在其《基本会计理论说明书》（Statement of Basic Theory）中认为：管理会计是利用适当的技术和观念，加工历史和未来的经济信息，以帮助管理人员制定合理的目标方案，并协助管理部门为达到此目标而制定合理的经济决策。

80年代以来，随着社会经济环境和企业技术条件的变化，由一些著名的会计学者所倡导的管理会计新方法不断涌现，如由美国Kaplan教授等人所倡导的ABC与BSC，由英国学者Simonds和Bromnwich等所倡导的战略管理会计观念与方法，使得人们对管理会计的内涵与作用又有了新的认识。现在普遍认为，管理会计提供的会计信息不应局限于企业内部信息，更不应局限于账簿中已有的货币信息，而应根据企业战略管理与经营管理的需要来提供与市场、客户、竞争者相关的外部信息，提供与生产流程、企业价值链相关的更详细的内部信息。在计量方法上，应突破货币计量限制，大胆提供非货币计量信息。另外，不仅要对管理者，而且还要对董事会、员工等提供相关信息，以服务于更为宽泛的决策支持和控制。正如余绪缨教授（1998）所言，未来的管理会计信息必须是灵活化、多样化的，包括数量信息与质量信息、财务信息与非财务信息、静态信息与动态信息、物质层面的信息与精神层面的信息等。

这一时期比较有代表性的管理会计定义有：

美国管理会计师协会（IMA，1997）认为管理会计是提供价值增值，规划、设计、计量和管理组织的财务与非财务信息系统的持续改进过程，通过此过程指导管理行为、激励行为，支持和创造达到组织战略、战术和经营目标所必须的文化价值。

IFAC1999 年 3 月在其修订的《管理会计概念》公告中，将管理会计的概念界定为关注组织资源运用的管理过程，通过不断地检查、判断组织资源是否被有效利用来为股东、顾客和其他利益相关者创造和增加价值；同时该公告还指出概念中的组织资源不再局限于财务资源，还包括作业流程、员工、创新能力、忠诚的顾客以及其他可以确认为核心能力、战略能力或智力资本的资源。

Ronald W. Hilton（2002）认为管理会计是在追求组织目标时确认、计量、分析、解释和传递信息的过程，是管理过程不可分割的一部分。①

我国著名的管理会计学家余绪缨（2001）认为管理会计是将现代化的管理与会计融为一体，为企业领导者和管理人员提供管理信息的会计，它是企业管理信息系统的一个子系统，是决策支持系统的重要组成部分。

胡玉明教授（2000）认为，21 世纪的管理会计应是为企业（组织）核心能力的诊断、分析、培植和提升提供相关信息支持的信息系统。

基于上述界定，我们认为管理会计首先是一个管理信息系统，它使用一系列专门的方法将组织内外部财务与非财务信息，提供给

① （美）罗纳德 W. 希尔顿（RONALD W. HILTON）著，阎达五 李勇等译．管理会计学：在动态商业环境中创造价值［M］．北京：机械工业出版社，2002.

组织内部的信息使用者用于决策与控制。它是现代经济管理的主要手段（工具）之一，从本质上来看，它是经济管理活动的重要组成部分。

根据上述概念与当今管理会计在管理实践中的表现，我们可以将管理会计的作用归纳为以下两点：

第一，成本计算与管理信息提供。它通过业务经营、流程、作业分析等，进行相关成本计算，收集并提供各种管理信息，如产品成本信息、产品及作业质量信息、时间信息、产品及顾客盈利性信息等，从而支持管理决策与控制。

第二，实施管理控制。其主要环节包括：（1）在明晰组织长期目标与战略的基础上，将组织的中长期目标与战略规划具体化，使之可衡量、可执行；（2）组织结构与流程调整，即根据环境变化及管理跨度需要，设置与组织目标相一致的组织架构与业务流程，并根据业务流程与组织架构分配权力、责任；（3）任务设定，即为组织目标设定和选择行动计划，识别具体的关键业绩衡量指标或"价值驱动因素"，为业绩指标设立标杆并分配实现业绩所需的资源；（4）实施控制，即主要通过信息报告监督战略实施与执行情况；（5）业绩评价，即评估分析战略执行的成功度，实施经营业绩和管理业绩评价，将评价结果与奖惩相挂钩。

二、管理会计在智力资本管理（知识管理）中的独特贡献与作用

（一）智力资本管理（知识管理）的含义

对于知识管理究竟最早由谁提出这一问题，也有多种不同的提法，从目前文献记载看，人们比较认同的是，管理学大师彼得·德鲁克最早提出了"知识管理"一词。1988 年，他认为知识工人是组成新经济的个体，在这种新经济中硬通货是知识。企业雇员队伍的重心从体力员工和文案员工迅速转向知识型员工。在当今经济管理领域中，一般认为知识管理与 IC 管理同义，Petty 和 Guthrie（2000）认为，知识管理是公司对其所控制的智力资本进行的管理。事实上，在我国知识管理概念使用更加频繁。

目前，国内外学者对知识管理概念的理解可谓是百花齐放，各有特色。有关知识管理的定义已多达数十种。

国外较有代表性定义有：

美国德尔集团创始人之一卡尔·弗拉保罗认为："知识管理就是运用集体的智慧提高应变和创新能力，为企业实现显性知识和隐性知识共享提供的新途径。"

Delphi 咨询公司是最早进行知识管理研究的机构之一，他们对知识管理下的定义得到了许多企业和研究机构的认同："知识管理是一项技术实践活动，它以提高决策质量为目的，协助在整个组织范围内提高知识创新和交流的效率。"

Verna All（1998）认为，知识管理帮助人们对拥有的知识进行反思，帮助发展支持人们进行知识交流的技术和企业内部结构，并帮助人们获得知识来源，促进它们之间进行知识的交流。

Bassi（1997）认为，知识管理是指为了增强组织的绩效而创造、获取和使用知识的过程。

Karl Erik Sveiby（1990）把知识管理看成是从组织无形资产中创造价值的艺术。

Masie（1998）认为知识管理是一个系统地发现、选择、组织、过滤和表述信息的过程，目的是改善雇员对特定问题的理解。其实质是信息管理。

Lotus 图文管理产品公司总经理斯科特·库柏认为："由于信息与人类认识能力的结合才导致了知识的产生。知识管理的目的就是运用信息创造某种行为现象的过程。"

Yogesh Malhotra 博士认为，知识管理是企业面对日益增长的非连续性的环境变化时，针对组织的适应性、组织的生存和竞争能力等重要方面的一种迎合性措施。本质上，它包含了组织的发展进程，并寻求将信息技术所提供的对数据和信息的处理能力以及人的发明创造能力这两方面进行有机地结合。

Edvinssion（1997）在对 IC 的计量、报告与管理进行了卓有成效的探索之后，认为智力资本管理就是将企业的人力资本和结构资本有效地整合在一起，来最大限度地提升企业价值的一种管理方式，其作用在于：建立一条陡峭的学习曲线；缩短知识应用的起始时间；通过人力资本和结构资本新奇的组合和融合，促进其交互作用，创造新的价值。

我国著名学者乌家培教授（1998）认为，国内对于知识管理的研究，最宽的理解认为知识管理就是知识时代的管理，最窄的理解则认为知识管理只是对知识资产（或智力资本）的管理。尽管理解不同，但是对知识作为一种重要生产要素加以管理的认识却是相同的，对知识管理日趋重要的认识也是一致的。

张浩良、卢泰宏（2000）认为“知识管理是系统地能动地发掘、优化、控制公司所积累的知识并使之增值的活动与过程”。

党跃武（2000）认为，广义的知识管理作为一种社会性、集成性活动，广泛应用于社会发展中，包括对知识本身的管理（知识生产和利用的管理）、对知识的知识的管理（知识组织的管理）和知识作为信息的管理（知识交流的管理）。狭义的知识管理应用于企业管理等组织管理活动中，是企业信息管理和信息资源管理的升华和发展，是对知识智慧作为智力资本的科学管理。

陈锐（1999）认为，知识管理是一种致力于将组织的智力资产——记录型信息和员工头脑中的智慧转化为更大的生产力、竞争力的信息管理策略和理论（简称信息管理）。

郭强（1999）认为，知识管理的实质是对企业中人的经验、知识、能力等因素的管理，以实现知识共享。

王伟光（2000）认为：“知识管理是对信息、技术即知识的管理和对人的管理的统一，它要求把信息与信息信息与活动、信息与人联结起来而形成知识网络，实现知识共享，并使传统组织结构发生变化，以适应‘知识工作者’的出现和发展，进而通过‘任务集中的团队’来实现组织内外多重利益关系的协同——双赢（win-win）战略。”

朱晓峰（2000）指出：“知识管理是企业在环境的日益加剧的不连续性、高度不确定性和未来的不可预测性背景下，以‘人’为中心，以信息资源为基础，以技术为手段，以创新为目的的系统化的、组织化的识别、获取、开发、使用、存储和交流企业所需知识并将其转化为提高核心竞争力的思想和活动。”

冯俊文（2000）认为：“所谓企业知识管理，就是以企业知识为基础和核心的管理，是对企业和经营依赖的知识及其收集、组织、创新、扩散、使用和开发等一系列过程的管理，也是对各种知识的连续过程管理，以满足企业现在和未来的需要，确认和利用已有的和获取的知识资产，开拓新的机会。”由此可见，知识管理也可以视做是一种新的管理思想或管理理论。

夏敬华（2002）提出了一个既有包容性而又较为简明的定义。将知识管理定义为：协助企业组织和个人，借助信息技术，实现知识的创造、储存、分享、应用、更新，并在企业个人、组织、战略以及经济诸个方面形成知识优势和产生价值的过程。①

总结起来，国内外学者对知识管理的研究可归纳为三个学派（吕君奎，2004），即技术学派、行为学派和综合学派。各学派对知识管理的理解不一样：

技术学派认为知识管理就是对信息的管理，这个领域的研究者和专家们一般都具有计算机科学和信息科学的教育背景。他们常常被卷入到对信息管理系统、人工智能、重组和群件等的设计、构建过程当中。对他们来讲，知识等于对象，并可以在信息系统当中被标示和处理。他们将知识视为可以利用并进行存储与处理的对象实体，实质上是知识工程学上所强调的知识的发现、收集、编码（表示）、验证、检索使用等过程，这种观点侧重于基于知识库系统的建设。

行为学派认为知识管理就是对人的管理。这个领域的研究者和专家们一般都具有哲学、心理学、社会学或商业管理的教育背景。他们经常被卷入到对人类个体的技能或行为的评估、改变或是改进过程当中。对他们来说，知识等于过程，是一个对不断改变着的技能等的一系列复杂的、动态的安排。知识的社会化、外化与内化就是一个典型的螺旋上升的知识运动过程或知识创新过程。这些人在传统上要么像一个心理学家那样热衷于对个体能力的学习和管理方

① 夏敬华，金昕．知识管理［M］．北京：机械工业出版社，2003 年．

面进行研究，要么就像一个哲学家、社会学家或组织理论家那样在组织的水平上开展研究。

综合学派包括对以上两种理论的综合，认为知识管理不但要对信息和人进行管理，还要将信息和人连接起来进行管理，认为知识管理是一个过程、人与技术的相互作用的系统。知识管理要将信息处理能力和人的创新能力相互结合，增强组织对环境的适应能力。组成该学派的专家既对信息技术有很好的理解和把握，又有着丰富的经济学和管理学知识。他们推动着技术学派和行为学派互相交流、互相学习，从而融合为自己所属的综合学派。由于综合学派能用系统、全面的观点实施知识管理，所以能较快地被企业界接受。

我们赞同从综合角度来理解知识管理的内涵。实际上，知识管理就是企业（或组织）为实现其管理目标，运用现代管理理论和技术，对企业（或组织）内部和外部知识资源进行发现、挖掘、整理、整合、存储，并实施的科学的管理，其目的是通过共享企业的知识资源，使组织成为学习型组织，员工成为知识的创造者，不断创造出新知识，全面提升企业的竞争能力。企业知识管理的对象是知识，包括企业内部员工头脑中的隐性知识，企业内部网络知识，提高企业竞争能力有关的外部知识，物化在各种设备上的知识，渗透到组织制度、管理形式和隐含在企业生产的产品和企业文化中的知识等。企业知识管理的目标是知识创新，企业的知识活动以生产新知识为目的。企业依赖每一个员工创造力的发挥，企业知识管理就是激励员工积极地学习知识、获取知识、传递知识，并且发挥其丰富的想像力去创造新知识，同时把所有员工的智慧汇集在一起，产生企业的新知识——实现企业知识创新。企业知识管理与知识经济相随。企业知识管理是一般的知识管理思想和管理理论在知识经济这种特殊环境下的表现，它伴随着知识经济的到来而产生，随着知识经济的发展而发展，但它适用于知识经济时代的各类企业。

显然，从综合角度来理解的知识管理不仅包括对IC各组成部分的管理，也包括对IC组成部分之间的相互关系的管理，注重组织、个人、知识、技术之间的相互关系与知识管理的整合效应。因此，本书采用知识管理的综合角度，在此前提下对知识管理与IC管理这两个概念不加区别地使用。

（二）知识管理的主要内容、实施过程与措施以及管理会计的作用分析

目前人们对知识管理内容的看法尚不尽一致。Yogesh Malhotra博士认为，知识管理的主要内容包括两方面：信息技术所提供的对数据和信息的处理能力与人的发展创造能力。

朱晓峰（2000）指出，知识管理大致包括六个内容：知识管理的基础设施、知识管理与核心业务的结合、知识管理的具体工具、知识的获取和检索、知识的传递、知识的共享和知识管理评测。

尹继东（2000）认为："知识管理从纵向层次看，主要包括知识获取的管理、知识利用的管理和知识创意的管理。从横向方面看，主要包括信息管理、无形资产管理、职工教育与培训、人才管理、经营战略决策等。"

党跃武（2000）认为，知识管理的内容体系包括四大方面：(1)知识管理基础工作，包括知识管理规划组织和知识管理政策制定；(2)知识资本识别和维护，包括知识资本识别、知识资本审计、知识资本体系构建和知识资本体系维护；(3)知识资本开发和创新，包括知识管理系统建设和知识资本价值开发；(4)知识管理成果评价，包括知识管理系统评价和知识服务体系评价。

盛小平（1999）认为，知识管理的内容体系包括七大方面：(1)知识生产管理；(2)知识组织管理；(3)知识传播管理；(4)知识营销管理；(5)知识应用管理；(6)知识消费管理；(7)人力资源管理。

左美云教授（2003）将企业知识管理概括为如下十大方面内容：(1)知识创新管理；(2)知识共享管理；(3)知识应用管理；(4)学习型组织；(5)知识资产管理；(6)知识管理的激励系统；(7)知识管理的技术与工具；(8)知识产品的定价与版本；(9)知识员工的管理；(10)学习与创新训练。

夏敬华（2003）认为，策略、组织、预算、激励、社区、技

术和评估将成为实施知识管理的 7 个支柱。策略给定了知识管理实施的大方向，组织是推进知识管理实施的重要保证，预算提供了资金上的支持，激励可以刺激知识分享文化的形成，社区为知识分享提供了基本环境，技术为知识管理环境提供了工具支持，评估则是进行知识管理实施效果的评估并形成反馈的重要举措。

如何具体实施知识管理？学者们也有不同的见解：

冯俊文（2000）指出，一个企业实施知识管理应做好以下工作：调整公司结构，将公司建成知识型公司；创造方便公司员工进行交流的设施和环境，尤其要建立一个能为公开交流提供完好基础设施的网络；公司设立知识主管；建立透明、公开、民主化的决策机制；创造有利于每位员工创造力发挥的文化氛围。

郭强（1999）把知识管理的实施措施归纳为：建立知识共享机制、设立 CKO、测度知识、了解知识工作特性、开展知识管理活动。

陈锐（1999）认为，知识管理的实现，须将 CIO 体制改造为 CKO 体制，在业务流程重组的过程中实现业务管理同知识管理的无缝结合，以知识管理的理论再造企业文化，选择与应用恰当的、先进的信息技术。

罗丹（1998）认为，发达国家企业知识管理的主要措施包括：设立专门的知识管理机构；确立企业对知识的需求；对研究与开发活动作大量投资；把教育作为提高企业素质的基础手段；建立企业内部知识共享机制，将人力资本结构化；了解客户，与客户共同发展；将知识资本化进行直接运营；改变组织结构，实行水平管理。

邱均平认为，知识管理有五条实施措施：加强国家信息基础建设，推进企业信息化；建立国家创新体系；发展教育；完善激励机制，实现企业知识共享；建立和健全知识产权制度。

盛小平（2000）也认为，实现知识管理有五项措施：明确知识管理的目的与框架；构建支持知识管理的知识团队组织；建立企业的知识库；运用支撑知识管理的信息技术；营造一种知识共享文化氛围。

陈森（2000）认为，企业实施知识管理应采取的主要措施是：

盘点企业的知识；建立企业的智囊团；制定企业的知识培训规划；建立知识库，并将企业知识的变化情况在知识库中加以反映；建立企业的知识市场。

Edvinssion（1997）认为有效的IC管理的四个步骤是：(1) 确认了解“企业导航者”中哪些部分显示了价值创造和价值提炼能力；以企业导航者为框架，确认与理解创造与实现企业价值的IC及其构成。(2) 捕捉IC各具体方面的变化、效率与存量。(3) 深入挖掘IC各部分的相互联系，促进人力资本与结构资本的交互作用，并且根据战略目标，进一步培育IC各部分及其相互联系。(4) 对IC各部分解除、整理、重复使用与交替，并将此过程资本化。①

Brooking（1997）将智力资本的管理过程分为七个阶段：确定智力资本、制定智力资本发展计划、审计智力资本、将审计结果记录并归档于智力资本知识库中、保护智力资本、发展和更新智力资本、推广智力资本。

总结起来，我们认为知识管理的基本内容包括对知识的获取、共享、运用、创新与保护等方面的管理。学者们认为知识管理主要实施过程与措施包括：对企业知识的盘点与测度、对研究与开发活动进行大量投资、建立企业知识库、完善激励机制等。因此，为了有效地进行知识管理，需要管理会计发挥其提供管理信息与进行管理控制方面的作用，以对IC进行识别以及计量，包括对IC的存量、流量与效率的计量与分析，并且进行IC的投资决策与预算，建立相应的业绩评价与激励系统，进行知识产品的定价决策等。总之，在知识管理过程中，需要管理会计发挥辨认、计量、投资分析、预算、评估与激励等一系列具体的决策支持与控制作用。英国《管理会计研究》杂志在“知识管理与管理会计”的专题讨论中，也认为管理会计应在知识管理中发挥重要的作用。

---

① LEIF EDVINSSON. 1997. Developing intellectual capital at scandia. Long Range Planning. 1997, 3 (30).

三、本书对智力资本管理会计的理解

综合上述对当今管理会计内涵与作用的理解以及管理会计在知识管理（IC 管理）中的具体作用分析，笔者认为：

智力资本管理会计是通过对组织知识相关的、无形的智力资本进行确认与计量，来反映组织智力资本的存量和流量信息，并在此基础上，对之进行预测、决策、控制与评价的一种管理活动。也就是说，IC 管理会计首先是一个 IC 管理信息系统，然后才是一个以战略决策支持和管理控制为特征的一种管理活动。它既是 IC 管理的组成部分，又是 IC 管理的重要工具，伴随企业 IC 管理全过程，适应企业 IC 管理需要。

作为企业 IC 管理工具，IC 管理会计首先是一个 IC 管理信息系统，它向其所服务的对象企业管理者提供改善 IC 管理效率所需的 IC 信息，这些 IC 信息围绕管理过程来收集、加工与报告，直接服务于 IC 管理决策与控制，这里，突出强调的是信息对决策的有用性。

IC 管理会计作为企业 IC 管理的重要组成部分，主要是指 IC 会计通过对 IC 管理过程的投资决策、资本预算、业绩评估与激励等实现对 IC 增值活动的控制。很显然，这些控制活动本身就是 IC 管理的重要组成部分。也正是从这个角度来看，IC 管理会计又是一种管理活动。

总之，IC 管理会计是管理会计的一个新领域，通过确认、计量、报告与评估 IC 信息，来指导与控制 IC 形成过程与效率。IC 管理能否成功，很大程度上取决于获得的相关会计信息质量，然而现有的管理会计系统忽略了 IC 相关信息，从而难以适应 IC 管理的需要。IC 管理会计通过对现有管理会计系统进行改进与拓展，为企业管理者进行相关决策，提高 IC 管理效率，最终为实现企业价值最大化服务。IC 管理会计的信息主要面向未来而不是过去，其主要作用是向企业内部管理者提供进行 IC 管理所需的相关信息，而不是向外部的利益关系人提供关于企业 IC 状况的财务报告。

第二节　智力资本管理会计的目标、对象与基本假设

在知识经济时代，企业推行知识管理战略以提升核心竞争能力的现实需求，这催生了IC管理会计的产生，并决定了其目标，为了实现IC管理会计目标，就需要针对这一新目标所涉及的新的会计对象进行确认、计量分析与管理。因而，这一目标决定了管理会计理论与实务研究的新焦点——IC管理会计对象。

一、智力资本管理会计的目标

（一）管理会计目标的代表性观点

会计目标有层次之分，一般分为基本目标和具体目标。财务会计基本目标是提供决策有用信息，管理会计的基本目标是提高经济效益（廖洪，2001）①，这一观点已得到大多数学者的认同。对于管理会计基本目标与具体目标的认识，还有以下一些有代表性的观点：

管理会计基本目标：协助管理当局做出有关改进经营管理、提高经济效益与社会效益的决策。具体目标包括四个方面：确定各项经济目标、合理使用经济资源、调节控制经济活动、评价考核经济业绩（李天民，1994）。

基本目标：提高企业管理水平和经济效益。具体目标：采用各种专门方法向企业内部各层次管理者提供战略管理和日常经营管理决策的各种有用信息（孟焰，2001）。

从战略角度来看管理会计的基本目标是为企业战略管理提供各种信息。具体目标主要包括以下四个方面：（1）协助管理当局制定战略。（2）编制战略规划。（3）协助管理当局实施战略。（4）进行战略性业绩评价（王化成，1997）。

---

① 廖洪．会计理论及其应用分析［M］．北京：中国审计出版社，2001.

(二) 知识管理目标决定了 IC 管理会计的基本目标与具体目标

从上述学者们对管理会计目标的阐述中我们可以发现，由于管理会计是为企业经营与战略管理服务的会计，企业管理的目标与过程决定了管理会计的基本目标与具体目标。由于 IC 管理会计是为知识管理服务的会计，所以知识管理目标决定了 IC 管理会计的基本目标与具体目标。也就是说，IC 管理会计目标必须服从于整个知识管理目标。

在知识经济时代，对企业生存和发展起决定作用的是企业的市场价值，而不是企业资产的账面价值或利润，像微软公司那样以较少的资产追求较大的市场价值，则企业价值最大化已成为企业追求的目标，当然也应成为企业知识管理的最终目标。

具体来说，企业知识管理的主要目标是：对企业的知识资源进行全面的和充分的开发并加以有效利用，以提升企业核心竞争力，获取持久竞争优势，从而实现企业价值最大化。具体任务包括：

(1) 确定企业开发、获取和应用知识的战略决策；

(2) 协调各种力量实施这一知识战略；

(3) 利用知识以改善企业的日常经营过程；

(4) 检测和评估知识资产的价值；

(5) 从知识的角度检测和评估企业的管理活动。

因此，IC 管理会计的基本目标是：提高企业知识管理水平与效率，提升企业核心竞争力，促进企业价值最大化目标的实现。

IC 管理会计的具体目标是根据企业自身状况和知识管理的具体要求而提出的相应目标，它为完成企业知识管理某方面或多方面具体任务服务。一般包括以下五个具体目标：

(1) 量化企业智力资本，为企业智力资本管理提供智力资本存量和流量信息；

(2) 对智力资本的供求状况及其价值等进行预测与预算；

(3) 支持企业对智力资本的投资决策；

(4) 考核和评价企业智力资本投资效果，以及利用智力资本创造企业价值的能力和效率；

(5) 发展一个与员工对企业知识管理战略目标实现所作贡献相联系的评估及报酬系统。

二、IC 管理会计对象

关于管理会计对象的观点很多，如现金流动（余绪缨，1985）、价值差量（青光源，1986）、能反映和控制的经济活动及其发出的信息（李天民，1995）、作业管理与价值管理（孙茂竹，2003）、价值流（傅元略，2004）等。借鉴这些观点，结合知识管理的特点，笔者认为 IC 管理会计对象可以在价值流的基础上进一步具体化为：围绕企业知识管理所发生的一系列价值创造活动及其所发出的智力资本信息。

因为，价值流（Martin, 1995）是指从开始到结束的一组连续活动，这些活动共同使顾客满意，对顾客具有价值。如订单履行就是一个价值流，它包括接受订单、发运货物、收取货款等连续的活动。笔者认为，价值流更像一系列有目的的活动所组成的作业中心，或者是一个责任部门，因而更适合作为会计主体而非会计对象。从理论上讲，管理会计的视角应该触及到企业的每一项不可再细分的价值创造活动。

与其他管理会计领域的对象不同，IC 管理会计对象的特殊性在于它主要针对于管理会计以前尚未充分关注的知识管理活动与相应的 IC 信息。受管理思想与管理活动的限制，长期以来，管理会计重点关注的都是有形资产的管理以及相应的实物资本与货币资本信息，忽略了无形资产的管理或知识管理以及相应的 IC 信息。

三、智力资本管理会计的基本假设

（一）现行管理会计的基本假设

基本假设是指具有普遍意义的对一些外部不确定因素的假定性命题，财务会计的基本假设包括会计主体、持续经营、货币计量与会计期间四个。在此基础上，许多研究管理会计的学者从管理会计不同于财务会计的特点（如以对内报告为主、具有较大的灵活性等）出发，提出了一些适用于管理会计的一些基础性假设。如李天民教授认为,管理会计的基本假设包括会计主体、持续经营、会计分期、货币的时间价值、为不同的目的采用不同的成本分类、效益最大化六个。① 孟焰教授（1997）认为管理会计的基本假设包括会计主体、持续经营、灵活分期、多种计量单位、成本分类的多样性、货币的时间价值六个。显然，两位教授的观点基本相同。不同之处仅在于，前者将管理会计目标的效益最大化作为了假设之一，后者则提出了随着管理会计的发展而显得尤为重要的多种计量单位假设。并且，两位学者对与财务会计相同的三个假设（会计主体、持续经营、会计分期）均做了具有管理会计特色的重新诠释。因此,管理会计的基本假设与财务会计相比,既有量的不同,又有质的区别。

（二）智力资本管理会计的独特假设

IC 管理会计既然仍属于管理会计领域，当然应遵循上述管理会计的基本假设，但由于将知识经济时代对企业至关重要的 IC 纳入管理会计领域，而且 IC 具有不同于实物资本和货币资本的显著特征,如无形性、高增值性以及未来价值的不确定性等,为了顺利地进行 IC 的计量、决策与管理控制,则也应具有一些独具特色的假设。

1. IC 是有价值的组织资源假设

这一假设包括三层含义。第一，假设人是有价值的组织资源。这意味着人能够为组织的现在和未来的价值服务，同时，也意味着这些预期的未来服务对企业具有经济价值。之所以把人作为组织的资源是因为他们具有服务潜力，而不意味着他们的人身属于组织所有。第二，假设企业知识（企业的结构性资源）存在并且具有价值。组织具有超越于其组织成员的价值创造能力，只有首先承认固化在企业中的组织制度、管理方法、操作程序、组织文化等知识具有价值，才需要运用会计方法对其进行计量与报告。第三，人力资源与结构性资源都是属于组织这一会计主体所拥有与控制的资源。唯其如此，才能自主地进行计量、决策与控制。

2. IC 的价值可变性假设

一般而言，随着组织生产经营活动的进行，员工技术水平的提

① 李天民．管理会计研究[M].上海:立信会计出版社,1994.

高，管理经验的积累，该组织的 IC 总体价值会不断提高。而且，在不同的会计期间，组织 IC 各部分相互作用的方式与方法的不同，必将导致其 IC 价值发生增加或减少。如不同的人力资本与不同的结构资本（管理方法、企业文化等）相结合，定会产生不同的 IC 价值。另外，企业采用不同的 IC 管理策略，比如不同的信息技术投资方案、不同的战略联盟策略等，也会导致其 IC 价值发生变化。当然，还有许多风险与不确定因素如市场环境的变化等，会导致组织 IC 价值发生变化。正是由于组织 IC 价值是不断变化的，才有必要进行专门 IC 会计研究，企业管理当局才需要 IC 管理会计来提供不断变化的 IC 价值信息，以便于进行合理有效的 IC 决策与控制，进而提高知识管理效率。

3. IC 存续假设

即假设 IC 在可预期的未来期间存续，这里包含两层意思，一是人力资源的载体在可预期的未来会计期间持续存在，不考虑意外的消亡；二是在可预期的未来，IC 始终存续在企业之内，为企业拥有和控制。因为与企业知识管理活动密切相关，企业 IC 客观上处于不断变化的过程之中，具有追加投资的经常性、创造价值的不确定性以及部分 IC（如人力资本）流动性大等特点，只有通过存续假设，才能对 IC 的成本和价值进行科学计量，并在此基础上进行 IC 投资的成本效益分析，进而作出合理有效 IC 的投资决策。如果没有这一假定，则难以预测刚刚建立的企业信息网络，或者在营销渠道方面的投资具有何种价值。如果企业的 IC 能随时转移或者流失，那么对其进行计量与控制就根本不可能，IC 管理会计也就没有存在的必要。同时，IC 存续假设实质上是与会计一般假设中的持续经营假设和会计分期假设相一致的。

4. 多种计量单位假设

可以计量性一直是会计发展的一个重要前提，同样，IC 的成本与价值可以计量，也构成了 IC 管理会计赖以存在的前提之一。关于这一假设的焦点是计量手段问题，即用货币计量，还是用非货币计量，还是两者同时使用。货币计量是会计的一个基本手段，但不是唯一的计量尺度，尤其是随着现代会计发展，众多专家学者认为应采用若干计量单位，来提高决策所需信息的准确度。IC 各构成部分的特殊性，决定其不得不大量采用非货币计量手段来计量其价值及其变化。这一假设也得到了迄今为止的知识管理实践的支持和证明。所以对 IC 应根据实际需要与可能同时采用货币与非货币计量，二者不可偏废。

5. IC 信息重要假设

该假设是指 IC 管理会计所提供的信息对卓有成效的知识管理是必不可少的。并非可有可无，而是十分重要的。因为企业知识管理必须依赖 IC 管理会计提供的 IC 存量与流量、成本与价值等相关信息才能顺利进行，否则其知识管理活动将由于相关信息匮乏而趋于盲目。所以，IC 信息直接关系到知识管理效率的高低，进而也关系到企业核心竞争力的识别与培植以及企业竞争优势的获取等一系列问题。因此，企业管理当局应认识到 IC 信息的重要性，推动 IC 管理会计的运用，促进其知识管理水平的提高。

第三节　智力资本管理会计之于人力资源会计及战略管理会计：继承与拓展

IC 管理会计是管理会计的一个新的研究领域，对现有人力资源会计与战略管理会计具有继承性与拓展性，人力资源会计与战略管理会计已有的观念、技术与方法为 IC 管理会计提供了很好的创新基础。IC 管理会计通过对现有人力资源会计与战略管理会计的进一步拓展，提升了人力资源会计的战略适应性，为战略管理会计增添了新的研究维度，拓宽了其研究视野。

一、IC 管理会计与人力资源（管理）会计

（一）人力资源（管理）会计的主要研究成果及其局限性

1. 主要研究成果

由美国学者赫曼森（R. H. Hermanson）与弗兰霍尔茨（E. G. Flamholts）所开创的人力资源会计（Human Resource Accounting），经过基本概念的产生阶段（1960~1966 年）、人力资源成本与价值计量模型的学术研究阶段（1966~1971 年）、人力资源会计迅速发展阶段（1971~1976 年）、理论与实务界对人力资源会计兴趣下降阶段（1976~1980 年）以及以及人力资源会计恢复活力阶段（1980 至今）等五个阶段的发展（Flamholts，1985），经过国内外会计学者的不懈努力，迄今已取得了丰富的理论与实践成果。

弗兰霍尔茨于 1985 年修订再版的人力资源会计一书中，列举了 30 个运用人力资源会计的案例，阐述了企业管理人员在进行经营决策和人力资源管理决策时需要应用人力资源信息。

李天民 1994 年编著的《管理会计研究》设立“人力资源管理会计”专题。作者对人力资源管理会计产生的理论基础等方面作了系统的阐述。

刘仲文在其 1997 年出版的《人力资源会计》一书中，认为人力资源管理会计的内容包括人力资源价值会计、人力资源供求预测、人力资源投资收益分析、人力资源投资决策分析等，并对这些内容进行了详细的阐述。

余绪缨（会计大典，1999）认为，人力资源管理会计还应补充三个基本假设；人是有价值的组织资源、人力资源的价值是管理方式的函数、人力资源会计信息对卓有成效的人力资源管理是必不可少的。并提出了人力资源的个体价值计量模型与群体价值计量模型。

张文贤在其 1999 年编写的《人力资源会计制度设计》一书中，对人力资源价值会计的计量原理、计量方法以及评估框架与一般过程进行了系统的阐述，并进一步完善了人力资源的预测会计与决策会计等管理会计内容。

下面就学者们的研究成果从人力资源会计的基本理论与计量方法方面进行详述。

（1）人力资源会计的基本理论。

关于人力资源会计的内涵。人力资源会计在西方有不同的表述，美国会计学家弗兰霍尔茨认为，人力资源会计是计量和报告组织的资源——人的成本和价值的程序，它分为两大体系，一是用来计量组织投资于招募、选任、雇佣、训练与发展人力资源以及重置现有员工成本的人力资源成本会计；二是用来计量被视为组织资源的人力价值的人力资源价值会计。美国会计学会对人力资源会计的定义为："鉴别和计量人力资源数据的一种会计程序和方法，其目标是将人力资源变化的信息，提供给外界有关人士使用。"

人力资源会计在中国也有不同的表述。阎达五教授认为，人力资源会计是"对人力资源进行价值核算和管理的一种活动，包括人力资源财务会计与人力资源管理会计两部分，前者是以会计原则为准绳，主要鉴别、计量与提供有关人力资源的货币性信息，以使信息使用者作出正确的判断和决策的有组织的系统；后者是利用人力资源的货币性信息及其他相关信息，对人力资源的选择、开发、配置、保护、评价等进行判断和决策的会计管理活动"。

人力资源会计的基本概念是人力资源、人力资本及其对应的人力资产。并认为，人力资源的本质是人的能力，与人本身是不同的两个概念（刘仲文，1999）。人力资本价值是作为人力资本载体的人所具有的潜在的创造性的劳动能力，这种能力的外在表现就是人在劳动中新创造出的价值（张文贤，2002）。

人力资源会计的对象是一个会计主体中作为生产要素的人力资源，即一个会计主体能够反映与控制的劳动力资源。人力资源会计的目标包括三个：向企业管理当局提供人力资源构成、变动的会计信息，向信息使用者提供投资和信贷决策所需的会计信息，向社会公众反映企业履行社会责任的会计信息（张文贤，1999）。

余绪缨教授（1999）认为，除了遵循会计学一般假设之外，人力资源管理会计还应补充三个基本假设：人是有价值的组织资源、人力资源的价值是管理方式的函数、人力资源会计信息对卓有成效的人力资源管理是必不可少的。

（2）人力资源会计的计量方法。

对人力资源的成本与价值进行会计计量的方法较多，总结起来可分为货币计量与非货币计量两种（余绪缨，1999）。货币计量方法主要有三类：以成本为基础的计量方法、以工资报酬为基础的计量方法和以收益为基础的计量方法。

以成本为基础的计量方法。这类方法以企业为取得和开发人力资本所发生的支出作为人力资本价值，包括历史成本法和重置成本法。历史成本法将与招聘、挑选、雇佣、培训、安置与发展一个雇员有关的全部成本资本化，然后再将这些成本在这一资产的期望有效期限内摊销。重置成本法是估计重置一个企业现有人力资本的成本，包括从招聘、挑选、雇佣、培训、安置和发展新雇员直至他们达到现有雇员的能力所发生的有关全部成本。

以工资报酬为基础的计量方法。该方法建立在工资是劳动力价格的货币表现的基础上，以企业支付给员工的工资报酬折算的现值作为人力资本价值，包括未来工资报酬折现法和调整后的未来工资报酬折现法。

以收益为基础的计量方法。以人力资本给企业带来的未来收益折算的现值为人力资本价值，包括随机报酬计价法和机会价值法。随机报酬计价法：一个人对于组织的价值与其未来在组织中所处的职位相联系，而一个人在未来时期处于何种职位是不可能确切判定的，因此一个人未来为组织提供服务的过程是一个随机报偿过程。机会价值法：按照有无特定人力资本情况下自由现金流量计量的企业价值之差确定人力资本价值。该方法主要用于企业家人力资本价值计量。

人力资源价值的非货币计量方法包括工作绩效评价法、技能一览表法、潜力评价法等。一般以货币计量方法为主。还有学者（余绪缨，1999）强调：对于人力资源价值，不管是个体价值还是群体价值，不管是货币计量还是非货币计量，都应进行动态计量。①

朱明秀（2006）认为，人力资本的特性决定了其应采用不同于财务资本的价值计量方法，人力资本价值包含企业整体人力资本价值、团队人力资本价值和个体人力资本价值三个层次，应采用从企业整体人力资本价值到团队人力资本价值，最后再计量个体人力

① 葛家澍，余绪缨．会计大典第5卷管理会计．北京：中国财政经济出版社，1999.

资本价值的逆向评估法来进行计量。

2. 局限性分析

（1）不适应知识经济时代的发展。人力资源会计是工业经济时代的产物，在工业经济时代，财务资本是社会经济权利的中心，相应的会计观念以财务资本提供者为中心来构建，认为人力资本是财务资本的辅助资本或者是同等重要的资本。但在知识经济时代，由于知识（包括组织的人力资本与结构资本）成为比财务资本更重要的生产要素，所以我们可以认为人力资源会计在知识经济时代更加重要，并应该演进为视野更开阔的智力资本会计。因为，如果我们更深入地思考人力资本的价值创造问题，就会发现，除了原有的财务资本外，它还必须通过与结构资本的相互作用才能有效地创造企业价值。

（2）不能满足企业知识管理的需要。人力资源会计局限于为人力资源管理提供相关信息，重点反映人力资源的成本、价值及其补偿，不能充分满足企业进行全面知识管理的需要。因为知识管理不是一项职能管理，而是将知识管理战略融入到企业管理各层面乃至各项职能管理当中，因而它涉及企业全面、全过程的管理，需要广泛、大量、动态的相关会计信息，这当然不仅包括人力资源会计所提供的相关信息，还需要人力资源会计尚未关注的管理制度、客户关系等一系列相关信息。因此，如果说人力资源会计曾经作为管理会计的一个新领域被引入，满足了企业人力资源管理的需要，那么，IC 管理会计则由于其采用的综合与整合观念，更能适应企业知识管理的要求。

（3）自身的思路与方法的限制。人力资源会计主要局限于员工成本与收入方面，缺乏对组织知识给予全面关注的视角。另外，主要运用货币计量手段来提供货币信息，缺乏对管理者所需的大量非货币计量信息的提供。因此，客观地讲，人力资源会计系统不能作为一个非常有用的管理信息系统来监控企业的运作与发展。

（二）智力资本管理会计对人力资源会计的继承与拓展

人力资源会计首次超越了传统的财务资本观念，将人力资本引人会计领域，并取得了大量、丰富的理论与实践成果。IC 管理会计在借鉴与吸收人力资源会计研究成果的基础上，为了适应知识经济时代的知识管理的需要，在研究视角以及计量范围与方法方面对人力资源会计进行了进一步的拓展。

1. 研究视角

人力资源会计从人力资本理论出发，强调人是企业最重要的经济资源，企业会计应计量、分析与评价企业员工的投入成本与产出价值，以提高企业的人力资源管理与决策效率。人力资源会计存在的问题是：假定对人力资源投入就有产出，而且，一般情况下，有高投入就有高产出。而现实是，撇开实物资本不谈，如果没有组织结构资本的支撑，人力资本能有产出吗？或者说，能有预期的高效率的产出吗？这显然是不可能的。

而 IC 会计集中在人与组织创造知识的能力以及知识存量上，主要从战略管理的角度来思考企业核心竞争力的增强问题，不仅仅是关注人自身的投资成本与价值的计量，而是将人、组织及其相互作用所创造的知识综合起来考虑。目的在于促进 IC 的生成、共享与价值实现。

2. 计量范围与计量方法

智力资本外延较人力资本大，是企业核心竞争力的标志。因此，IC 管理会计在计量范围上超越现有的人力资源会计，包括了企业所有的无形资产。计量方法上，在借鉴人力资源会计计量方法的基础上，创新和采用了大量的非货币计量方法，如 BSC、Scandia 导航器等。

二、IC 管理会计与战略管理会计

（一）战略管理会计的产生与发展及其本质特征

1. 战略管理会计的产生与发展

1981 年，英国特许管理会计师协会会员肯尼思·西蒙兹（Kenneth Simmonds）在其论文《战略管理会计》中最先提出战略管理会计（strategic management accounting，SMA）的概念，西蒙兹认为管理会计正在向一个新的、尚未被多数人士认知的、更高形式的方向发展，这就是战略管理会计。

西蒙兹在提出SMA这一术语后，进一步阐述了它不同于传统管理会计的主要特征。西蒙兹认为应将公司战略中发现的较新研究对象并入管理会计中，并强调管理会计应更多地向外看，应关注竞争对手的成本、价格、市场份额等信息，以便于公司评估其相对竞争地位。而且，管理会计还应突破只考虑短期成本习性的局限，关注公司成本的长期习性。因此，他将战略管理会计描述为提供并分析有关企业和其竞争对手的会计数据以发展和监督企业战略。

继肯尼思·西蒙兹之后，欧美有许多会计学者致力于SMA的理论与方法体系的构建以及实际应用研究。

1988年，英国的Bromwich在《管理会计的定义与范围：从管理角度的认识》一文中阐述了自己对SMA的观点，他认为SMA是管理会计的发展（而不是分支），是未来处在高级管理岗位的管理会计人员所必须掌握的。与Simmonds相比，Bromwich更进一步地认为SMA不仅仅是收集企业及竞争对手的信息，而更应该是（1）研究相对于竞争对手，企业自身的竞争优势和创造价值的过程；（2）研究企业产品或劳务在其生命周期中所能实现的、客户所需求的“价值”，以及从企业长期决策周期看，对这些产品及劳务的营销能给企业带来的总收益。可见，Bromwich认为SMA不仅应关注外部信息，而且也应关注企业内部价值创造过程的相关信息，并且应具有长期视角，提供产品或劳务全生命周期的相关信息。

1989年和1994年，Bromwich和Bhimani合作，分别发表了《管理会计：发展还是变革》和《管理会计：发展的道路》两篇论文，进一步讨论了SMA，并给出了SMA的如下定义：

“战略管理会计（SMA）是这样一种管理会计，它收集并分析企业产品在市场和竞争对手方面的成本及成本结构的信息，并在一定时期内监察企业和竞争对手的战略。”

此外，较有影响的对战略管理会计（SMA）含义的解释还有：

管理会计师特许委员会（CIMA）的正规定义：“战略管理会计（SMA）是这样一种管理会计形式：在战略管理会计理念下，企业在重视其非财务信息和内部提供的信息的同时，涉及企业外部因素的信息也受到同等程度的重视。”

国内的余绪缨教授（1999）认为，SMA是为企业战略管理服务的会计，它从战略的角度，围绕本企业、顾客和竞争对手组成的“战略三角”，既提供顾客和竞争对手具有战略相关性的外向型信息，也对本企业的内部信息进行战略审视，帮助企业的领导者知己、知彼，进行高屋建瓴式的战略思考，进而进行战略的制定和实施，借以最大限度地促进本企业价值链的改进与完善，保持并不断创新其竞争优势，以促进企业长期健康地向前发展。

美国会计学者 Shank 和 Govindarajan（1989）从历史的角度分析了 SMA 产生的必然性。他们认为，20 世纪 40 年代盛行的成本会计未能把 20 世纪 50 年代已开始流行的决策分析框架纳入其体系中，因而缺乏决策相关性。这导致管理会计取代成本会计成为一种新的决策框架。战略管理这一新的决策分析范式的蓬勃发展，使人们开始重新审视现行管理会计的理论与方法，并普遍认为其缺乏战略相关性，不能为战略管理提供强有力的决策分析信息支持。因此，自 20 世纪 80 年代以来，特别是 80 年代末期以来，人们开始将战略的因素引入管理会计理论与方法中，从而将其逐步推向战略管理会计的新阶段。当然，两位学者对 SMA 的贡献不止于此，他们以波特的战略管理思想为基础，提出了极具洞察力的战略成本管理思想与方法。

综上，20 世纪 80 ~ 90 年代是战略管理会计形成并蓬勃发展的时期，而此时正是波特的战略管理思想兴起之时，SMA 的思想观念与方法体系明显地受到了波特的战略管理思想的影响或者启发。①

2. 战略管理会计的特征

我们认为 SMA 具有如下三大特征：

（1）战略管理相关性。从 SMA 的产生与发展过程可以得知，SMA 从产生之时起，就深受当时的战略管理思想的启发并具有明

① 至于 SMA 为什么没有产生在 20 世纪 60 或 70 年代的安索夫等学者的战略管理思想的兴起之时，我们推测原因在于管理会计相对于管理思想的滞后，并且当时的会计研究者们忙于现代管理会计理论与方法体系的构建，自然无暇全面思考新兴的战略管理思想所带来的影响。但客观地说，当时的部分战略管理思想如环境不确定性等，已为会计研究者所重视，并体现在诸如利润敏感性分析、概率预算等管理会计方法之中。

显的战略管理相关性。战略管理会计的形成和战略管理的产生有着密切的关系。正是随着企业管理由传统的仅注重内部管理发展到现代的既重视内部经营、又重视外部竞争对手行为的战略管理，并以追求持久竞争优势作为核心目标，企业管理需要的信息范围必须扩展，因而为企业管理提供所需信息的管理会计向战略管理会计（SMA）方向发展就是必然的了。所以，SMA是为战略管理服务的管理会计，是传统管理会计的适应性发展。

（2）内外关注的整体性（全局性）。与传统的专注于企业内部的经济活动分析的传统管理会计不同，战略管理会计既强调对企业外部环境及其相对竞争地位的分析，又注重对企业内部价值创造过程的反映。SMA将传统管理会计的局部分析拓展到企业整体即企业价值创造全过程，并进一步跳出单一会计主体的空间范围，将视角投向影响企业经营的外部环境，提供内外关注、事关企业全局的相关信息。这使得管理会计突破了内向性与局部性的限制，具备了外向性与整体性的特征。

（3）目标与方法的长期视角。传统管理会计的目标与方法受经营管理（战术管理）思想的限制而表现出短期特征，如追求短期利润最大化目标，采用CVP分析法等。SMA受战略管理思想的影响而表现出长期特征。SMA的目标是提供战略管理的相关信息，以获取企业的长期竞争优势。相应地形成了为实现这一目标的SMA方法体系，主要包括价值链分析法、竞争对手会计、战略投资评价、战略成本管理、顾客盈利性动态分析与产品盈利性动态分析、战略业绩评价等。长期性以及前述全局性等特征均渗透在这些方法之中。值得说明的是，虽然Kaplan教授没有将由其领衔倡导的ABC、BSC等方法称之为战略管理会计的方法，但这些方法所表现出的战略管理相关性而被国内外许多学者纳入了SMA的方法体系之中。

（二）IC管理会计是战略管理会计在21世纪的新发展

战略管理的思想与方法对战略管理会计的形成与发展产生了极大的影响。正如郭道扬教授（1999）所言，“70年代至今，另外一个值得注意的方面是适应新经济与新技术发展环境变化要求所产生的企业战略管理思想、理论及其基本方法，这方面对现代管理会计产生的影响极其深远”。① 在当今21世纪，当战略管理思想超越波特的竞争优势外生论，发展至企业资源基础与核心能力理论时（即竞争优势内生论），SMA将受这些战略管理思想的影响而进入一个新的发展阶段。我们认为这一新阶段的主要表现就是沿着SMA的产生与发展思路而进一步发展起来的IC管理会计，它是SMA的一个新发展。IC管理会计从以下方面彰显其特色，发挥其效用：

1. 拓展SMA的研究视角

学者们在提出并进行SMA的进一步研究时，已意识到了它是为战略管理服务的会计。但由于20世纪80年代以来波特的竞争优势外生论的战略管理思想盛行，迄今为止的SMA，还只是为波特所倡导的竞争战略和竞争优势服务的SMA，主要表现为当今SMA的外向性特征即对行业分析与竞争对手分析的重视，这一分析视角由内向外的转移，对管理会计而言是一个十分重大的突破。但随着知识经济时代的到来，在全球经济一体化进程中企业进行知识管理与构建核心竞争力的重要性日益显现，倡导竞争优势内生论的企业资源基础与核心能力理论的战略管理思想逐步占据主流地位。为战略管理服务的SMA当然不会无视其影响，进一步拓展SMA的研究视角，将其深入到企业内部的无形资源与核心能力中，应该说是SMA适应战略管理发展的需要，当今国内外学者提出的IC管理会计顺应了这一要求。因此，IC管理会计拓展了SMA研究视角，为其增添了新的研究维度——企业无形的资源与能力，它使得SMA的视角触及了企业生存与发展的根本。

2. 完善SMA的内容与方法体系

SMA的研究视角的进一步拓展，要求其内容与方法体系进行相应的改进与完善。IC管理会计以SMA迄今尚未充分关注的无形资源与核心能力作为焦点，以对代表企业核心竞争力的智力资本进

① 郭道扬．20世纪会计大事评说（六）——20世纪管理会计的产生与演进［J］．财会通讯，1999，6.

行识别与计量、对IC相关投资进行预测与决策以及构建知识导向的业绩评价与激励系统等作为主要内容。在方法上，IC管理会计在利用SMA已有的方法储备的基础上，根据IC的不同特征，创新IC的计量、决策与控制方法。总之，IC管理会计由于其所具有的内部深入的研究视角，需要发展其独具特色的内容与方法体系，这使得SMA的内容与方法体系因其全面兼顾企业内外而更加丰富与完善。

3. 增强SMA的作用

SMA作为为战略管理服务的管理会计，其作用主要是为企业战略管理提供决策支持。当今许多企业都在推行知识管理战略，并通过构建核心能力来获得持久竞争优势，原有的重点强调企业外部分析的SMA内容与方法体系，显然难以满足企业为知识管理提供相关决策信息的要求。而IC管理会计的提出，则以服务于企业知识管理为己任，弥补了原有的SMA的不足，提高了SMA在战略管理中的作用与地位，也拓展了SMA作为一门学科的发展空间。

有一点需要说明的是，不能说IC管理会计没有外向性视角，发端于波特战略管理思想的战略管理会计的外向性，表现为关注企业外部环境如国家政策、行业发展规划、竞争对手战略等变化信息，一般与企业无直接关联，企业被动地受其影响。而IC管理会计的外向性则指站在企业角度，对企业所拥有的与外部相联系的关系资本及其变化信息的重视。一般说来，企业可以主动地影响这些外部关系资本。而且，就其内向性视角而言，IC管理会计也与传统管理会计有着本质的不同。IC管理会计将传统管理会计关注的内部有形的实物资本信息拓展到内部无形的人力资本与组织资本信息。这说明IC管理会计既超越了传统的管理会计，也补充与拓展了当今战略管理会计的内外视角，可以视为20世纪80年代中期产生的战略管理会计在知识经济时代的新发展。

总之，SMA因成功地整合企业战略管理的主题而产生，也将随着战略管理思想与方法的发展而发展。20世纪六七十年代的战略管理思想指出了战略的长期导向及其内外匹配的本质，80年代的战略管理思想对企业外部市场机会更加关注并进行了更深入的探究，90 年代的战略管理思想则聚焦于企业内部资源尤其是无形资源与能力亦即核心竞争力。与此相适应，80 年代产生的 SMA 突破了传统管理会计的内向性局限，具有十分明显的长期性与外向性特征。90 年代的战略管理思想拓展了 SMA 的研究视角，将其深入到企业内部的无形资源与核心能力，为 SMA 提供了新的研究方向——IC 管理会计。

IC 管理会计秉承了战略管理会计的本质特征，它使得战略管理会计的内容更加丰富，体系逐步完善，作用不断增强，并适应了知识经济时代的企业知识管理的需要。可以预见的是，随着全球经济管理实践的不断发展和变化，未来的战略管理思想仍将处于发展之中，未来的 SMA 作为一门交叉学科，内容与方法将更加丰富和完善。

第四章 智力资本的计量方法述评

对无形的智力资本进行可视化计量，是智力资本管理会计方法体系中首先需要解决的问题，因为智力资本的量化信息是企业进行智力资本的投资决策、预算与业绩评价的基础。事实上，从20世纪90年代初开始，不仅是国外经济管理理论界，而且还有实务界如瑞典Scandia集团的金融与保险（AFS）公司、美国道氏（DOWS）化学公司、加拿大帝国商业银行等，均对智力资本的计量问题给予了充分的关注，并探索出了许多卓有成效的智力资本计量方法。本章对迄今关于智力资本计量方法的研究成果进行了归纳与评述，并对智力资本计量方法的进一步发展进行了初步探讨。

第一节 智力资本计量的意义

一、智力资本计量的必要性——来自企业管理实践的反馈

阿瑟·安德森公司（Arthur Andersen，1997）曾经对2350家欧洲、南美和亚洲公司进行了一项关于智力资本计量的国际调查，其中368家公司对调查信函做了回复（15%的回复率）。该调查得出了这样一些结论：一是大多数公司认为，未来企业将不断增加对IC的公开报告；二是大约3/4的公司对IC计量已采用了两种以上的非财务方法；三是大多数公司认为，对IC的计量有助于提高组织绩效；四是大约一半的公司相信，从计量IC过程中得出的信息与从计量结果得到的信息同样重要；五是研究者推断IC并不包括在公司的资产负债表中，且IC计量能够成为一项有效的内部管理工具。

沃特豪斯（Waterhouse）和斯文森（Svendsen）于1998年对加拿大大型公司的调查显示，智力资本披露已成为公司一项重要的战略决策。在评级较高的9项非财务战略指标中，公司往往对IC指标状况最不满意。

休斯曼（Huseman）和古德曼（Goodman）于1999年对美国1500家最大企业中的202家企业就其与人力资本有关的智力资本披露情况进行了调查。调查表明，大部分企业在积极地收集有关员工的信息：约66%的企业采用的是它们所拥有的程序或系统来获取知识、技术和最有用的实践经验；约15%的企业采用与有关IC的文献定义基本一致的人力资本计量系统；约20%的企业认为，它们现在未用但将来定会采用人力资本计量系统。

上述三个来自企业管理实践的调查表明，智力资本在企业中占据的地位越来越重要，有必要对其进行具体的计量与分析，以满足企业的战略决策需求。正如CICA（Canadian Institute for Chartered Accountant）主任戴维·摩尔所言："多年来，信息公开的公司都使用来源于财务报表的财务绩效指标，这种以历史和交易信息为基础的绩效指标并不能涵盖企业价值的变化和内生的无形资产，且逐渐不适用于企业的战略决策，它们需要适当地补充信息甚至有必要用非财务指标来进行替换。"

二、智力资本计量的重要性——Brooking的观点①

较早进行IC计量的伦敦技术经纪人公司的创始人Brooking（1996）认为IC计量可以通过下列方式协助企业进行成功的知识管理：

（1）确认组织达到目标的能力。有时候战略目标失败的原因是因为缺乏智力资产的支撑。早期的衡量可以发现并及时采取措施。

（2）明确研究与开发计划。专利有时是为了防御的目的，而

① （英）安妮·布鲁金著，赵洁平译．智力资本：应用与管理［M］．大连：东北财经大学出版社，2003.

且维护的费用昂贵，know-how往往才是公司真正利益的来源。智力资产的计算可以使公司了解竞争优势的来源。

(3) 为企业再造提供背景资料。当组织决定裁员进行再造时，必须考虑人力资本。智力资产的计算可确保组织的know-how不会被“无意识”地牺牲掉。

(4) 提供焦点给组织的教育培训方案。公司可以通过智力资产的计算，了解哪些教育培训方案可以真正提高竞争力，哪些部分是华而不实的。

(5) 评估企业的价值。智力资产审计提供组织中无形资产的深度知识，让分析家和金融业者及持股人对公司的价值，可以更多面向的角度进行评估。

(6) 扩充组织性记忆。公司的成长历史（对自己的知识）和公司智力资产的变化有不可分割的关系（正如一个人的事业和其智力有不可分的关系）。智力资产本身的生命周期即是公司宝贵的知识。

因此，Brooking认为虽然IC计量不会取代传统的会计及财务衡量系统，但是它对组织的知识管理有很重要的意义，它让组织了解其知识存货的状态，以便对其采取必要的管理措施。

三、智力资本计量的意义——我们的总结

由于IC是企业核心竞争力的源泉，是企业价值增长的主要驱动因素，所以，为了便于有关各方理解和管理企业价值的形成过程与效率，有必要对其进行计量。综合起来，我们认为IC计量的意义可从以下两方面来理解：

其一是为了适应企业内部的IC管理要求。相对于有形的实物资产而言，无形的IC更难以管理，这种状况很大程度上归因于缺乏类似于实物资产的管理信息。因为现有的会计系统仅仅对企业实物资产进行了详尽的计量，而忽略了对企业无形的、难以捕捉的IC的计量，这使得管理者常常低估甚至忽略企业IC的价值，并且只关注实物资产的管理，而这显然不利于企业培植其核心竞争力，建立和保持其竞争优势。因此，为了加强对智力资本的管理，企业

需要全面了解其IC状况，这就需要对IC的存量和流量及其投资效率进行计量与反映。实证研究表明（Arthur Andersen，1998），IC计量是一项有效的内部管理工具，有助于提高企业绩效。

其二是为了满足企业外部的IC信息披露需求。现行对外财务报告主要反映有关企业过去财务状况和经营成果的历史信息以及有形资产存量状况。从报表信息使用者的角度来看，可以用于预测企业未来业绩和评估企业整体价值的信息量极为有限。许多研究者认为不公开披露IC信息，将会引起错误的公司估价，从而增加投资风险与资本成本，还有可能导致管理层利用IC信息来进行内幕交易（Baruch Lev，2001）。因此，从长远来看，IC信息对外披露势在必行，这就需要对IC的经济价值及其动态变化进行计量与反映。

第二节 智力资本的货币计量方法述评

迄今实务界和理论界提出的IC计量方法较多，Sveiby（2002）将其分为四类，第一类是直接计量IC法（direct intellectual capital methods），即通过估计无形资产的货币价值来直接计量IC，如技术经纪人（technology broker）模型；第二类是市场价值方法（market capitalization methods），即通过公司的市场价值与账面价值之间的差异来计量IC，如Tobin's q值；第三类是资产报酬率法（ROA），即通过比较不同公司的ROA来计量IC，如EVA、人力资源会计等；第四类是计分卡法（scorecard methods），即通过列示IC各组成部分的计量指标来计量IC。我们认为这一分类虽然将各种IC计量方法基本囊括其中，但分类的依据让人疑惑，因为除第四类方法以外，其他三类方法的界限并不明显，均涉及了IC货币价值的计量，而且计量的目标与效果也基本相似。因此，本着易于理解和操作的原则，我们从计量方式与效果的角度，将现有的各种IC计量方法分为两大类，一类是货币计量方法，主要用于计量企业IC的整体价值；另一类是非货币计量方法，主要用于详细反映企业单项IC要素的信息。本节首先介绍IC的货币计量方法，其非货币计量方法留待下节探讨。

一、按企业实际发生的 IC 成本来计量

即按照 IC 各项目的投入价值来计量单项或总体 IC 价值，这与现有会计准则所认可的无形资产的计量方法相同。这虽然使得 IC 计量客观可靠，容易为会计界所接受，但却并不反映 IC 的真实价值。更何况有些 IC 项目（如管理过程、创新精神等）未必有实际的投入价值。

率先对 IC 进行计量的瑞典 Scandia 集团的金融与保险（AFS）公司大体上采用了这一计量方法，但在具体做法上还另有一些独到之处。该公司将众多的 IC 相关的财务与非财务指标最终转化为两类核心指标：货币金额和百分率。

其中货币指标又称为智力资本净值指标，主要是指会计年度内以实际投资额反映的 IC 项目包括新业务营运的营业收入额、开发新市场的投资额、开发新渠道的投资额、产业开发投资额、在营销（销售、服务、支持）方面的信息技术投资额、在管理方面的信息技术投资额、信息技术设备的变更、支持顾客的投资额、服务顾客的投资额、培训顾客的投资额、员工能力开发的投资额、相关产品的顾客费用、给予员工在开发新产品的培训与支持投资额、不在公司上班员工的教育金额、全职员工的培训、通信及支持投资额、临时员工的培训、通信及支持投资额、合约员工的培训、通信及支持投资额、合伙及合资企业的开发投资额、（电子数据产换）（electronic data exchange）及电子网络系统投资额、电子网络系统投资额、品牌知名度的投资额、新专利、版权的投资额等 21 项，其总额用 E 表示。

Scandia 用百分率指标代表智力资本效率，主要包括市场占有率、顾客满意度指数、领导力指数、动机指数、研发资源占总资源比率、培训时数指数、员工留职率、实际绩效与目标之比、有效管理费用/营业收入等 9 项指标，求其平均值即得 IC 效率系数 I，因此，Skandia 小组建议采用以下跨产业、跨组织的 IC 公式：

$$智力资本 = \sum(智力资本净值)E \times (智力资本效率)I$$

如某公司的上述智力资本总值为 2 亿美元，而智力资本效率的

平均值为75%，则该公司的智力资本为2亿美元×75% =1.5亿美元。

二、以企业市场价值为基础的计量

在较为成熟的资本市场条件下，企业的市场价值反映了市场对企业总体价值（包括有形资产与IC价值）的判断，因此，IC价值很容易通过企业市场价值与其有形资产价值的差额来计量。为了便于各企业间进行比较，还可以通过计算二者的比率来将IC价值信息转化为相对形式。根据有形资产价值的确认方式不同，可以计算下列两类IC比率：

其一是市账率（market to book values），即企业市场价值与账面净资产价值的比率。表4-1列示了几个国际著名大公司的市账率。可口可乐公司1996市场价值为1480亿美元，同期账面净资产价值为60亿美元，则其市账率为24.67。该方法用会计账面价值来反映有形资产的价值，因而计量结果受各企业所选会计政策的影响较大，可比性较差。

其二是托宾系数即Tobin's q值。该方法用企业的市场价值与有形资产的重置价值的比率来计量IC价值。Roos（1997）计算出了如下公司的Tobin's q值（见表4-1）。这一方法克服了企业账面价值受会计政策影响的局限，从而有利于不同企业间的比较，尤其是同行业的比较。

表4-1

	公司市场价值 ①	净资产 ②	重置成本（估值） ③	隐藏价值比例 ④	Tobin's q值 ⑤=①/③
可口可乐	1480	60	150	90%	9.87
微软	1190	70	180	85%	6.61
英特尔	1130	170	430	62%	2.63
通用电气	1690	310	770	54%	2.19
艾克森	1250	430	1070	14%	1.17

资料来源：Roos，J.，1997.

市账率与 Tobin's q 值的高低反映了各企业 IC 价值的大小，这两个比率越高，说明企业的 IC 价值越大。用比率来反映便于比较各企业的 IC 价值及其增长潜力。但是，这一计量方法假定企业市场价值只受其账面有形资产价值和无形的 IC 价值的影响，忽略了影响企业市场价值的非经济因素，因而有高估（或低估）IC 价值之嫌，而且也不适合缺乏企业市场价值信息的非上市企业进行 IC 计量。

三、按 IC 的经济价值或产出价值来计量

这一计量方法的主要思路是从企业过去的盈利或预测的未来盈利中分离出 IC 的盈利贡献，即 IC 创造的盈利额，然后用 IC 创造的盈利额除以资本成本（贴现率），从而计算出 IC 的经济价值。根据分离 IC 盈利的主张的不同，主要有两类具体操作方法：

其一是 CIV 法，即计算价值法（caculated value），该方法以行业平均资产报酬率为基础，将超过行业平均资产报酬率的收益视为由企业 IC 所创造。这种方法的计算公式为：$IC=(P-Z\times R)(1-t)\div r$，其中，$P$ 表示企业近三年来的平均税前收益，Z 表示企业近三年的有形资产的平均余额，R 表示行业平均资产报酬率，t 为企业所得税率，r 为企业资本成本（或贴现率）。采用这一方法，Stewart（1997）计算出了默克制药公司的 IC 价值为 110.34 亿美元（见表 4-2）。CIV 法可以用来计算与比较同一行业内各企业的 IC，但应用该方法时是有一个前提条件的，即企业资产报酬率（P/T）应高于行业平均水平，否则就会出现 IC 是负值的结果，这显然违背了每个企业均存在着有价值的 IC 的事实。在本例中，默克制药公司的有形资产收益率为 29%，远远高于行业平均水平 10%。

表 4-2

税前收益	36. 94
年末有形资产	129. 53
有形资产收益率	29 %

续表

同期制药业平均资产收益率	10 %
行业平均水平下税前收益	12. 953
超额收益	23. 987
税后超额收益	16. 551
智力资本价值（公司资本成本 15%）	110. 34

资料来源：Stewad ，T. A. ，1997

另一种方法为美国纽约大学的 Baruch Lev 教授所发明和倡导，我们将之简称为知识资本收益（knowledge capital earning，即 KCE）法。他认为，有形资产、金融资产与知识资本共同成就了公司盈利水平，因此，KCE 可按下式来计算：$KCE = P - T \times 0.07 - F \times 0.045$，然后，知识资本（或 IC）$= KCE \div 0.105$。其中，$P$ 代表企业过去三年实际盈利和未来三年预测盈利的平均值，T 表示有形资产，F 代表企业的金融资产。Lev 认为 T 与 F 的平均报酬率一般为 7% 和 4.5%，IC 的预期报酬率（亦即贴现率）一般为 10.5%。若某公司预计今年盈利 100 亿美元，其有形资产价值 500 亿美元，金融资产为 200 亿美元，则其 $KCE = 100 - 500 \times 0.07 - 200 \times 0.045 = 56$（亿美元），那么该公司的智力资本 $IC = 56 \div 0.105 = 533.33$（亿美元）。Lev 教授的这一方法显然克服了 CIV 法的局限性，适用范围更广，但他所估计的有形资产、金融资产与 IC 的报酬率对各企业是否普遍适用还值得进一步探讨。

总体来看，按经济价值来计量 IC 反映了 IC 的未来价值，与投资理念相一致，适应了企业家和投资者的决策信息需求。但其价值计算依赖于对未来报酬率的主观估计，因而难免不准确。

在上述三种 IC 货币计量方法中，按实际发生的成本来进行 IC 计量的结果较为可靠，适合企业在业绩评价中使用，由于缺乏未来视角，其他方面的决策相关性较弱。而其他两种方法显然提高了决策（如投资决策等）相关性，但计量过程中的主观赋值问题较为突出，计量结果具有较大的不稳定性，某种程度上可能会影响决策的正确性。比较而言，IC 按经济价值或产出价值计量的方法的适用性更广。

四、VAIC 法亦即智力折算率法

VAIC 法 是由澳大利亚智力资本研究中心的 Ante Pulic 和同事开发的一种智力资本评价系统，其思路是：企业资本由财务资本与智力资本组成，企业业绩取决于企业运用财务资本和智力资本的能力。对业绩的评价包括对实物资本增值效率的评价及智力潜力增值效率的评价两部分，二者分别用财务资本增值系数和智力潜力增值系数来表示，将企业运用财务资本与智力资本进行增值的能力称为“智力能力”，用智力增值系数（VAIC）来表示，等于各智力潜力增值系数（VAIP）之和。其计算过程是：

（1）计算企业增值 VA = O U T − I N。其中：VA 表示企业增值；O U T 表示企业产出，包括所有产品和服务在市场上的总收入；I N 表示企业投入，包括企业扣除人工费用后的所有费用。

（2）计算财务资本增值系数 VACA，VACA = VA/CA。其中：C A 代表所有财务资本之和，VACA 表示每单位财务资本创造的价值增值，其越大，表明企业财务资本的运用效率越高，反之亦然。

（3）计算智力潜力增值系数 VAIP，VAIP = VA/IP。其中：I P 代表企业智力潜力，以员工的工资总费用表示；VA I P 表示每元工资创造的价值增值，其越大，表明企业智力潜力发挥作用的效率越高，反之亦然。

（4）计算企业智力能力 VA I C = VA C A + VA I P。选择 VA I C 的主要原因是在一定程度上能够反映企业的整体实力。首先，VA I C 提供了测量的一个标准和一致性，可以采用大样本和不同行业部门之间进行横向比较。其次，VA I C 所用的数据都是基于审计的信息，计算的结果可以认为是客观和可信的，其他 IC 测量受到质疑是因为指标的客观性问题。采用 VAIC 指标设置简单明了，取数也容易，但是该方法为了追求计量的准确与客观，却把公司的人力资本等同为公司员工的工资和薪水的投资，这就会出现对问题的简单化处理。

从总体上说，VAIC 能够在一定程度上反映企业的整体实力，其指标设置简单明了，并且容易取得数据。当劳动力市场比较成熟和完善，能够准确反映人力资本的价值时，该方法能很好地反映企业尤其是知识型企业的智力资本的情况。但是在目前，该方法将企业智力潜力用员工的工资总费用表示，不是很合适，理由不是很充分。

第三节 智力资本的非货币计量方法述评

一、对 IC 进行非货币计量的主要原因

前述所有货币计量方法都是对企业 IC 价值的整体与综合计量，没有提供企业 IC 管理所需的各个具体的 IC 要素信息。而且，部分学者认为，由于智力资本具有很强的组织依赖性和路径依赖性，其整体价值是各 IC 要素的有机合成而不是简单叠加的结果，因而难以从整体 IC 货币价值中分拆出单个 IC 要素的货币价值。但是，智力资本的管理则须从各智力资本要素着手，这又有赖于对智力资本各要素进行计量，为解决这一矛盾，只能用非货币计量方法来反映各 IC 要素相关信息。

国外许多专家倡导利用非财务指标来计量 IC，他们认为，IC 是未来的导向并且集中在质量方面，在本质上是非货币的，因此，如果关于 IC 的信息对经理们的实际工作是有用的，一个全面的、综合的非财务系统是必需的，而传统的以货币为计量单位并且反映历史成本的会计系统却不再合适（Sveiby，1997；Bornemann，1999）。受这些观念的指导与启发，IC 的非货币计量盛行，在 IC 管理的理论与实践中先后涌现出许多以非货币计量为主的 IC 计量模型（也称 IC 计分卡法）。

二、主要的 IC 非货币计量方法（模型）

1. 瑞典 Edvinsson and Malone（1997）的 Scandia 导航器（navigator）

该导航器模型共采用 93 项指标来计量 IC，其中包括顾客（20

项)、流程(19 项)、创新与发展(32 项)、人力资源(22 项)(具体指标见表 4-3)等，绝大部分是非财务计量指标。模型被设计成一座房子的形状(如图 4-1 所示)，房顶是财务方面，顾客和流程为两面墙，创新与发展是房子的根基，而人力资源则是房子的核心和灵魂。该模型强调了 IC 业绩及其对企业的重要价值，并且设计和运用了更系统、更全面的 IC 非财务计量指标。

表 4-3　　　　瑞典 Scandia 导航器计量指标(节选)

	指　　标
顾客资本	年度销量/顾客总数、顾客平均规模、信息技术投资/销售人员总数、信息技术投资/服务与支持人员总数、支持费用/顾客总数、服务费用/顾客合约总数、市场占有率、顾客满意指数、顾客评分、顾客数/员工数、首次接触到销售完成的比率、顾客关系平均持续时间 、从接触顾客到有销售响应的平均时间等
流程资本	信息技术设备的投资变化、管理费用/员工总数、信息技术费用/员工总数、信息技术费用/管理费用、管理费用/总营业收入、公司表现/品质目标、信息技术容量/员工总数、信息技术容量、信息技术绩效/员工总数、额外付出的处理时间、合约管理无失误、个人电脑数/员工总数等
创新资本	电子数据交换(EDl)系统的价值、升级到 EDI 系统的投资、对新产品支持与设备的投资、培训时间比率、研发费用/管理费用、培训费用/管理费用、开发时间比率、信息系统开发费用/信息技术费用、业务开发费用/管理费用、信息技术培训费用/信息技术费用、公司之研究与开发资源/总资源、基础研究费用/总研究与开发费用、员工满意指标值等
人力资本	员工每人每年的培训、通信、支持计划的成本、员工流动率、经理人高学历的百分比、领导力指数、动机指数、授权指数、员工平均年龄、员工信息技术熟悉度、员工人数、平均年薪、经理人数、每年培训总时数、全职员工平均年龄、全职员工平均年薪、平均聘期等

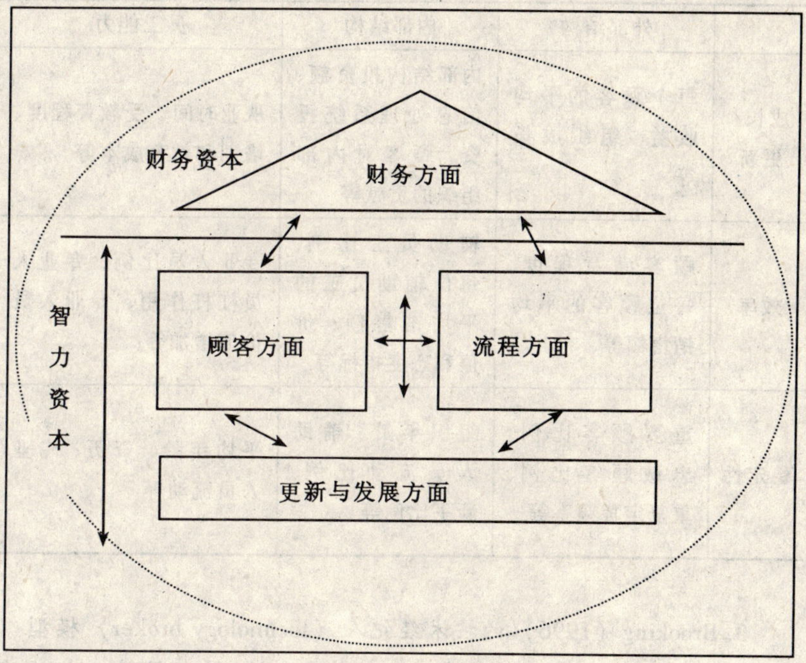

图 4-1　Scandia 导航器

2. Sveiby（1997）的无形资产监控器（intangble asset monitor）

该模型由三部分构成：外部结构、内部结构与雇员能力。其特色之处在于对 IC 各个部分均从成长与创新、稳定性、效率三方面来进行计量，因而涉及的 IC 非财务指标亦较多（具体见表 4-4）。该模型从不同角度提供的 IC 存量（稳定性）、流量（成长与创新）以及效率信息对于进行成功的知识管理十分有用。该模型的另一特色之处是假定人是企业中的唯一的利润驱动力量（profit generators），认为当员工的知识库被应用于企业外部或企业内部时，将能够产生相应的外部结构或内部结构。因此，该模型比其他模型更加突出了雇员能力（人力资本）的计量。

表 4-4　　无形资产监控器主要计量指标

	外部结构	内部结构	员工能力
成长/更新	每个顾客的平均收益、组织成长等	内部结构投资额、信息处理系统投资、顾客对内部组织的贡献等	从业时间、受教育程度、培训和教育成本等
效率	顾客满意程度、每位顾客的平均销售额等	辅助员工比例、每位辅助员工的平均销售额、价值和态度指标等	专业人员比例、专业人员杠杆作用、专业人员价值增加等
稳定性	重要顾客比例、忠诚顾客比例、重复定货频率等	组织年龄、辅助人员流动比例、新手比例等	平均年龄、资历、专业人员流动等

3. Brooking（1996）的技术经纪人（technology broker）模型

又称 IC 审计计量模型，Brooking 将 IC 分为市场资产、知识产权资产、人力资产以及基础结构资产四大部分。该模型首先根据计量企业 IC 的非财务指标（如经常性客户、销售渠道、研发技能、员工建议、管理程序等）设计了 20 个相关的 IC 审计问题，来测度企业 IC 现状。如果回答否定的问题越多，就越需要加强企业的 IC 管理。然后，针对企业 IC 的四大构成设计了近 180 个审计问题（见表 4-5）。这些具体详尽的审计问题，实际上是对企业 IC 状况进行全面的、详细的非财务计量与考核。如 9 个组织学习审计问题分别是：你的公司中谁负责公司的学习课程？学习课程如何为公司的目标服务？你公司的知识过时失效的平均周期有多长？你公司怎样鼓励雇员参加学习课程？公司如何对参加学习的雇员加以肯定？你鼓励雇员上班时阅读与业务有关的书籍、刊物与其他资料吗？你公司在每个工作地点都设有图书馆吗？是否通知雇员图书馆所到的新书、论文和报告等？高级管理人员是否参加培训并一同上课？显然，与其他模型相比，该 IC 审计计量模型采取的角度有所不同，它从外部审计者或咨询公司的角度，对企业 IC 设立详尽的审计问题，对企业内部的 IC 管理过程与效率进行审核与诊断。其效用不仅在于全面地计量与反映了企业 IC 状况，而且也在于找出了企业 IC 管理不足以及改进方向与路径。

表 4-5　　智力资本审计问题

市场资产	知识产权资产	以人力为中心的资产	基础结构资产
15 个品牌审计问题 14 个客户审计问题 7 个名称审计问题 5 个订单审计问题 6 个协作审计问题	9 个专利审计问题 6 个版权审计问题 3 个设计审计问题 4 个商业秘密审计问题	5 个员工教育审计问题 5 个职业审计问题 12 个工作相关知识审计问题 8 个职业估价审计问题 8 个工作相关能力审计问题 9 个组织学习审计问题 3 个人力资本管理审计问题	6 个管理哲学审计问题 4 个组织文化审计问题 31 个组织文化协调审计问题 7 个信息技术系统审计问题 6 个数据库审计问题 4 个 IT 经理审计问题

4. 丹麦的工业与贸易发展委员会倡导的 ICA（intellectual capital account）模型（1997），即智力资本账户模型

该模型吸收了上述 BSC 模型的基本思想，联系企业的愿景及战略目标来设计 ICA 或 IC 计量指标，并将企业的 IC 分为人力资本、顾客、技术和过程四大组成部分。其特色之处在于对每个部分均从三个角度来计量，分别是存量计量（what there is），相关管理行为计量（what is done）和效果计量（what happens）。存量计量旨在反映企业当前的 IC 拥有量，一般使用员工学历结构、顾客数量等非财务指标。相关管理行为计量主要是针对公司在提升内部 IC 水平方面的行为与信息，如人力资源开发、引导顾客关注、改进业务过程效率等，一般使用培训天数、参与研究项目的顾客数等

非财务指标来计量。至于效果计量，主要是从员工、顾客、供应商而非管理者的角度来计量和评价公司 IC 管理效果，即是否为企业带来了更好的产品和服务，一般使用员工满意度、顾客满意度等非财务计量指标。值得注意的是由于企业发展战略与相应的 IC 管理目标的差异，在 IC 具体计量内容及指标的选择上应体现出其组织依赖性，各企业的侧重点应有所不同。如较早运用该模型进行 IC 计量的丹麦咨询企业 PLS Consult 公司（Mouritsen，1998），根据其战略与 IC 管理目标（雇员的知识与经验是公司的生存基础，应努力维持雇员资历、专业质量与合理的年龄结构，同时关注技术、过程以及客户的知识），设计了如下具体 IC 计量指标（如表 4-6 所示）。这一实务界使用较多的 IC 非货币计量模型关注了企业内部的 IC 管理行为及其结果（包括存量与效果），有利于提升组织的 IC 管理水平。

表 4-6　　**PLS Consult 公司的智力资本计量**

	存量（有什么）	管理行为（做了什么）	效果（发生了什么）
人力资本	咨询专家数量、其他雇员数量、咨询专家的教育与资历	雇员更新率、教育成本	每位雇员增加的价值
顾客	每种客户类型的营业额、大客户营业额所占份额、每种客户类型的营业额增长情况	参与咨询项目的顾客数，访问公司的顾客数	整体顾客满意度，已有顾客关系持续时间、当年新增战略性顾客数量
技术	每位雇员拥有的 PC 数量、知识库数量	IT 投资在营业额中所占的百分比	雇员公司办公设施的满意度、知识库使用次数
过程		研究与开发成本	项目平均完成时间

5. Lev 的价值链记分板①

价值链记分板的创始者 Baruch Lev 认为，当今投资者与管理者被剥夺了知晓关于企业业绩与能力的无形资产信息的权利，如知识产权的利用、新产品的市场化、互联网的使用等重要的决策相关信息，因此，应建立反映企业创新过程与结果的新信息系统，即价值链记分板。Lev 所称的价值链主要是指创新的基本经济过程，在他看来，企业的价值链分为三个阶段，即创新观点（如新产品、新服务、新流程等）的发现、创新发现的开发和执行以及新产品和新服务的商业化。他以医药与软件公司为例创建了如下价值链记分板，见图 4-2。

发现和学习	执行	商业化
1. 内部更新 研究开发 人力资源培训与开发组织结构与流程	4. 知识产权 专利、商标、版权 特许协议 编码的专有知识	7. 顾客 市场价值 品牌价值 顾客价值 在线价值
2. 获取能力 购买技术 技术外溢使用 资本费用	5. 技术可行性 医疗测试、食品与药品管理局的批准 小规模试验 先行者	8. 业绩 收入、盈利与市场份额创新收益 专利与特许权知识收益和资产
3. 网络 研发合作伙伴 供应商和顾客一体化 工作实践社区	6. 互联网 临界通讯量 在线买卖 主要的网络伙伴	9. 成长 产品路线和市场投放数据 期望效率和储备金 计划创制权 期望平衡点和“烧钱”时间

图 4-2　价值链记分板

① （美）巴鲁·列夫，王志台等译．无形资产：管理、计量和呈报［M］．北京：中国劳动社会保障出版社，2003.

在图 4-2 中，框 1、框 2、框 3 反映了新知识、新思想以及新发现的来源及其具体计量指标。创新观点的发现可能来自于企业内部的研发投入和雇员之间的信息共享系统；也可能来自于外部收购（如收购在途研发项目）或者是对他人创新的学习和模仿；创新观点的另一个重要来源是企业的积极有效的网络关系，研发联盟、合资企业、供应商和顾客对企业经营过程的参与都能给创新观点的发现和改善提供有价值的信息。

框 4、框 5、框 6 反映了进入创新价值链的执行阶段的表现或标志性的相关信息，这一阶段是创新观点向有效产品的转变阶段，企业的知识产权、技术可行性以及基于互联网的相关信息，均表明了企业将新设想变为新产品的可能性与能力。这一阶段的信息和指标能为经理人员和投资者对风险的评估提供有力的依据。

框 7、框 8、框 9 表明了企业新产品进入商业化阶段的市场表现与财务效果以及相应的计量指标。在这一阶段，产品和服务通过市场产生收益和利润，新产品的市场占有率与财务业绩是反映创新成功的重要指标。而且，框 9 基于已实现的市场与财务业绩进一步提供了新产品未来成效的前瞻信息。

上述价值链记分板提供了一个既可供内部决策使用又可服务于外部投资者的信息系统。Lev 认为企业应根据实际情况选取相应的创新价值链指标，并指出一般选用 10～12 个价值链指标即可。所选的具体记分板指标应该满足三个标准：首先，它们应该是定量化的。价值链中的定性因素（比如员工的工作业绩，专利的交叉授权）可以为记分板提供一种附注信息。其次，它们应该是标准化的（或者是容易被标准化的）。这意味着它们可以用来进行公司间评估比较。最后也是最重要的，它们需要用与使用者相关的经验证据来证实，一般通过在业绩指标和公司的价值指标诸如股票收益和生产力的提高之间建立一个显著的统计分析来完成。

Lev 的价值链记分板针对企业创新过程来构建新的信息系统，其中包含了大量的非货币计量信息，虽然这些非货币信息不是按照前述 IC 的分类来进行计量与列示的，但就其所反映的具体信息而言，却包括了前述 IC 的主要项目，如研发、专利、品牌、联盟、业务网络等，因此也可以将其作为 IC 的非货币计量方法。Lev 的价值链记分板提供了一个综合和深入的企业能力框架，构建了一幅创造企业价值的成功画面，是传统会计信息系统的重要补充。但从企业内部管理的角度来看，Lev 的创新价值链不同于管理者按照业务流程对企业内部价值链的通常理解，因而价值链记分板未能对企业内部价值链各环节进行具体的、有针对性的 IC 非货币计量。

6. Patricia Ordoñez de Pablos（2005）提出的智力资本账户体系

Patricia Ordoñez de Pablos 将智力资本分为人力资本、结构资本和关系资本三大部分，通过总结欧洲和亚洲先进企业的智力资本计量与报告实践提出了如下计量智力资本的指标体系：

（1）人力资本计量指标体系（human capital index system）。人力资本显示企业雇员的知识、经历和技能，而且分别反映了雇员的认同感和激励程度，揭示了人力资本对企业绩效的影响。指标归纳为 8 类，共 59 个指标（见表 4-7）。

（2）结构资本计量指标体系（structure capital index system）是企业价值创造的支持性部分，企业拥有的知识、技能和能力等关键资产都镶嵌在结构资本之中，凭借结构资本发挥作用。指标可归纳为 12 类，共 58 个指标（见表 4-8）。

（3）关系资本计量指标体系（relational capital index system）。通过衡量与企业有联系的社会机构的关系来表示其价值，包括顾客、当前和潜在的供应者、股东，其他机构，甚至整个社会。指标可以归纳为 9 类，总计 46 个指标（见表 4-9）。

综上所述，使用 29 类 163 个指标对企业智力资本进行衡量，以系统描绘企业智力资本开发情况，从而更好地管理企业智力资本。但值得注意的是，这些企业是在收集整理企业内外部信息的基础上建立智力资本报告的，并不是所有的指标对任何企业都具有同等价值，不同的企业根据自身不同的环境和需要，可以设立不同的指标体系。因而这些指标可以按两个维度（价值和唯一性）简单分为 4 类：核心指标（高价值，高唯一性），辅助指标（低价值，低唯一性），特性指标（低价值，高唯一性），必要指标（高价值，低唯一性），不同的企业可以根据实际情况具体选择确定。

表4-7　　人力资本指标体系

类别	指标	类别	指标
雇员情况	职员总数;职工分布(生产,分销,IT部门,销售和营销,行政管理,产品开发、环境和质量);经理人数;研究人员百分比;年龄结构;雇员平均年龄;性别结构(男性,女性);全时雇员人数	认同和激励	个人目标实现比例;平均年薪;长期合同;有股份和可自由兑换红利的雇员;流动职工占总职工比例;获奖职工数;建议系统(货币奖励,积分奖励);提升雇员占总人数比例;认为建议得到考虑的职员比例;得到明显认可职员比例;对工作环境满意雇员比例
不同环境下工作能力	长期在国外工作的雇员人年内参加国际项目的雇员人数	长期培训(时间,投资)	年内获得培训人数比例;每人培训天数;每人每年平均培训小时数;培训时间/工作时间(年);每人每年培训投资;培训成本/工(年);培训满意指数;日常工作中培训知识应用平均指数;顾问数量
职员流动	初始人数;辞职人数;人员循环率;多余人员循环率		
教育	不熟练人员数;熟练人员数;办公室人员数;贸易人员数;IT人员数;学士人数;研究人员数;博士人数;教育年限;获奖数量;国际经历(旅行活动);每名员工专业出版物数量;熟练掌握英语雇员数;能力开发计划数目;运输工具开发计划数目	结果(积极的,负面的)	对在职工作技能开发机会的总体满意程度;雇员满意指数;因病缺席情况(天/日);计时工;行政职员;个人伤害损失的工作时间;对身体伤害较小的个人伤害;外部错误造成的成本;对在职工作技能开发的机会的满意度
		与外部机构长期学习关系	与研究中心和科研机构合作和联盟的数量

表 4-8　　结构资本指标体系

类别	指标	类别	指标
基础设施（办公室、计算机容量、电话设施等）	办公室面积；办公设备、计算机设备投资；每一个办公室 PC 数；每位员工 IT 费用；使用 Email 联系的雇员数；每个工人的服务者数；每天网站的点击数；公司主页的每月平均点击数；软硬件的可靠性；选择网上工作的雇员数；使用团体移动电话、移动电脑的雇员数	创新	产品或服务数量；新产品或服务数量；与去年引进的新产品或服务有关的销售量；共享的经历和想法的数量；平均每个员工的想法数量；产品开发投资；流程提升投资；I + D + I 项目投资；创新总量；资金周转率；杰出研究中心数；进行中的项目；平均周转项目
		商业机会获利的能力	每年的增长率
以知识为基础的设施	局域网上的最佳实践数量；进入局域网的雇员数/总数；局域网上共享的文件数；局域网上知识文件的更新率；企业拥有的数据库数量；进入互联网的雇员数/总数；共享的知识仓库数；最佳实践流程中的参与者数；知识管理项目数；数据库搜索	质量和改进	立案和授权（环境和质量）；ISO9000 证书号码；质量委员人数；改进组数量；参与圆桌会议雇员数；全面质量组织的雇员数；参与内部改进和技术革新项目雇员数；因为 EFQM 评估而开发的改进项目数
		领导和凝聚力的利润最大化	行政团队的平均经历
		共享的组织价值观	接受关于公司价值观的特殊培训的雇员数
		事业和先进管理模式	管理模式投资；事业模式数量

续表

类别	指标	类别	指标
为顾客提供的支持	国内、国外服务点数量	共享的战略管理	战略计划系统的使用者数;参与组织战略计划制定的雇员数
管理流程	总机来电的平均应答时间;同一天处理询问的比率	社会和环境义务	商业环境投资;企业设备的劳动审计数量;文化支持和团结项目上的投资

表 4-9　　关系资本指标体系

类别	指标	类别	指标
顾客情况	公众顾客数;半公众顾客数;私人顾客数;国外顾客数	公众形象	自发形成的知名度指数;不情愿的申请者、小时工数量
顾客组合	合同数量;销售点数;新顾客数;新利益相关者;企业的顾客印象;顾客忠诚指数;国际国内市场份额;最接近的竞争者的市场份额(国际和国内);顾客建议数量;从事顾客满意测量体系的人数;顾客满意指数;年内最大5家顾客;顾客关系保存时间;可能推荐本企业的顾客比例;年内新的战略性顾客;关系市场的投资	投资者资本	与投资者和分析家的合同数;来自分析家的满意的建议;来自股东信息办公室的咨询数量
		与供应商整合水平	由供应商整合系统支持的材料和服务的获取量比例;与顾客合作开发的新产品和服务
		网络关系	参加的商业会议数量;在科学会议上演讲次数;捐赠协议数;专业网络;参与董事会的雇员(商界、政界、科学界)
		强度、合作和联系	通过电话完成的经营数量;企业经营所在国家数量;每个办公室的平均雇员数;与商业学校联盟数量;商业联盟数量;群团数;研究机构数;商业群体内交换的雇员数;跨学科合作数;跨部门项目数(%)
顾客质量	来自同一事业部门的顾客数量		

续表

类别	指标	类别	指标
公众形象	为顾客提供的价值;媒介的曝光率	结果(积极的、负面的)	职员拥有的公司股票额

第四节 智力资本计量方法的改进与创新

不可否认，上述各种 IC 货币计量与非货币计量方法均具有一定的创造力与适用性，也值得我国 IC 管理理论与实践加以借鉴。但客观地说，IC 计量这一难题还远未解决。三种 IC 货币计量方法各有其优缺点与需要改进之处。各种非货币计量方法（或模型）由于各自使用众多的、不同的非财务指标，不仅使用成本较高，而且对于不同的企业（或分部）而言，缺乏可比性。因此，目前有许多研究者正在为克服这些 IC 计量问题，提高 IC 的货币与非货币计量方法的规范性与推广价值而进行着不懈的探索。这里，我们针对当今企业知识管理实践的 IC 信息需求，提出如下改进与创新 IC 计量方法的思路。

一、IC 按投入成本计量的改进

在企业知识管理实践中，常常需要对某些 IC 项目（员工培训、知识库建设、开拓市场渠道等）的投入成本进行详细的追踪与计量，以分析其相应的产出效益，更好地服务于 IC 相关的投资决策、资源分配、管理控制与业绩评价，提高知识管理效率。但现有的 IC 投入成本计量方法只是笼统地提出了计量原则，尚未进一步深入地分析各 IC 项目的形成、使用与维护（或发展）过程，并对这一过程中相应的资源耗费进行细致地辨认与计量。另外，由于各 IC 项目的投入成本实际上已计入到了现有的管理费用、产品销售费用、无形资产等各账户信息之中，二者之间的相互联系也应加以关注。

二、IC 按产出价值计量的改进

前述 IC 按产出价值计量的方法均假定由当前的 IC 所带来的超额收益在未来无限长的期间内持续存在，实际上使用的是超额收益资本化价格法。而随着知识管理实践的发展，企业的具体 IC 项目及其价值在不断发生变化，由此所引致的企业超额收益在未来可能是变化的、波动的，因此，有必要按照一定的时期（如 10 年）来预测超额收益及其所引致的 IC 价值，然后每年根据企业知识管理的相关变化进行滚动预测，调整 IC 价值。这样能使所确定的 IC 价值更符合企业实际情况。基于此，我们提出如下改进的 IC 价值计量模型：

$$V_{(IC)} = \sum_{t=1}^{n} \frac{\text{EBIT}_t - Z_t \times R_t}{(1+r)^t}$$

上式中，$V_{(IC)}$ 表示企业 IC 的产出价值或经济价值，n 为其预期的平均经济寿命，EBIT_t 为企业第 t 年的预期息税前收益。从 IC 所创造的经济价值的角度来看，我们认为使用 EBIT 这一收益指标更为合适。EBIT 的预测方法，总体上来讲，应采用定量预测与定性预测相结合的方法，定性预测时需要综合考虑国家经济形式的发展，市场总体趋势的演变，技术的发展与运用，企业的发展规划等一系列因素，以对企业收益的未来发展趋势作出性质与程度上的判断。在进行定量预测时则可通过对企业前几年的收益变化状况进行分析，采用回归预测法、指数平滑法、趋势外推法等进行较为客观的分析与计算。Z_t 为企业第 t 年的会计账面总资产中的有形资产数额，鉴于许多企业的账面无形资产数额较低，一般直接使用企业的账面资产总额。R_t 为第 t 年的行业平均资产报酬率目标值，可以综合近三年或五年的行业平均资产报酬率以及行业发展前景来确定。注意在计算该资产报酬率时应使用 EBIT 收益。r 为贴现率，一般以企业平均报酬率为基础，并考虑风险因素进行调整。显然，在上式中，（$\text{EBIT}_t - Z_t \times R_t$）即表示由企业 IC 带来的第 t 年的超额收益。

三、单项智力资本价值的计量思路

前述货币计量方法主要是对IC整体价值进行计量，但在企业知识管理实践中，有时候也需要了解某些单项IC要素的价值信息，如为了评价某IC要素的投资效益，需要了解该IC要素所创造的企业价值。从理论上来讲，由企业IC所创造的经济价值作为一个整体是难以分开的，因为单个IC要素不可能脱离其他IC要素而独立发挥作用，所有的IC要素实际上是相互作用、相互影响的。因此，要想精确地计量单项IC价值存在很大困难。然而实际上并不需要精确地计量单项IC要素的价值，只需对其进行大致的估计，以为企业内部管理决策提供参考依据。因此，我们建议采用以下两种思路来大致计量单项IC要素的经济价值：

1. 权重思路

即提供确定在由企业IC所带来的超额收益中，各单项IC要素所占的贡献比例（即权重）来计算单项IC要素的价值，也就是按照确定的权重在整体价值中分离出一部分作为单项IC要素的价值。可以采用如下计算公式：

$$V_i = \sum_{t=1}^{n} \frac{(\text{EBIT}_t - Z_t \times R_t) \times W_{ti}}{(1+r)^t} \qquad (i = 1,2,3,\cdots)$$

上式中，V_i 表示第 i 项IC的经济价值。为计算该价值，关键是要确定单项IC在第 t 年时给企业所带来的预期收益中所占的权重 W_{ti}。但如何确定权重，则是一个较为复杂的问题，目前国内外尚无有效且简明的方法，我国部分学者建议运用层次分析法（AHP）来计算各具体IC项目的权重（徐程兴，2003）。这种方法首先构建企业IC层次结构模型，该层次结构模型依次由目标层、准则层与方案层所组成。其中，目标层是指整体IC所创造的预期期望收益，将影响期望收益的价格优势、成本节约与产量增加的三个方面作为准则层，将各单项IC作为方案层。然后，假设在 t 年的情况下，依据AHP原理，构造两两比较判断矩阵，再用方根法或和积法求矩阵的特征向量与特征根，并进行一致性检验，求出 W_{ti}。

我们认为，虽然利用这一方法在评价过程中能与企业各级管理部门以及员工进行对话，能够较为客观地评价单项 IC 的贡献权重，使得评价结果具有一定的可靠性，并且，通过这一方法计算的各单项 IC 价值之和将会等于整体 IC 的价值，也表明这一方法的合理性。但是，这一方法的实际操作过程相当繁琐，何况对企业内部管理而言，并不需要了解每一个 IC 项目的货币价值，因而采用 AHP 分析法来计算各 IC 要素的权重不必要，也不合算。这一方法在需同时计算多个单项 IC 项目的价值时使用。

2. 增量思路

即根据各 IC 要素的价值创造机理以及 CVP 关系模型，来分析计算当其他 IC 要素不变，该 IC 要素存在与否时所造成的企业产品利润增量，然后以此为依据来计算由该 IC 要素所引致的 IC 价值。

遵照这一思路，首先需要分析 IC 要素的价值创造过程与效果，并分析其对 CVP 关系模型，即“利润 = （单价 - 单位变动成本）× 销量 - 固定成本总额”中的相关因素的影响。如由于企业拥有生产某项产品的专有技术，致使该产品比同类产品的功能更加优越，因此与同类产品相比，可以将售价提高 30%，同时 CVP 模型中的其他因素保持不变。又如，由于企业具有良好的工艺流程与生产管理制度，致使企业与同类产品相比，制造费用降低，因而单位变动成本可能降低 20%，同时 CVP 模型中的其他因素保持不变。再比如，由于企业具有庞大而又有效的营销网络，因而与同类产品相比，市场占有率更高，销量可能提高 25%，同时 CVP 模型中的其他因素保持不变。

然后，根据 CVP 模型，计算出由该 IC 要素（如专有技术）所引致的企业利润增量。此时，$\Delta P = P_1 - P_0$，P_1 为当企业拥有该项 IC 要素时，根据 CVP 模型所计算出的利润值，P_0 为假定企业没有该项 IC 要素或者该项要素在同行业中并无独特之处时，所计算出的该企业利润值。依照上述举例，P_1、P_0 以及 ΔP 均很容易求出。

最后，我们将 ΔP 作为由该 IC 要素所创造的经济价值。另外，再假设该项 IC 的经济寿命为 n 年，由此可以给出这种思路下的单项 IC 要素的计算公式：

$$V_i = \sum_{t=1}^{n} \frac{\Delta P_{ti}}{(1+r)^t} \qquad (i = 1,2,3,\cdots)$$

上式中，ΔP_{ti}为第 i 项 IC 要素在第 t 年时所带来的利润增量，各单项 IC 要素在各年均可通过 $\Delta P = P_1 - P_0$ 的公式与思路来确定。

四、IC 货币与非货币计量方法的综合运用

虽然在前面两节中，我们对 IC 的货币与非货币计量方法进行了分别介绍，但在企业知识管理实践中，这两大类方法各自具有不同的优势，IC 货币计量方法能够量化整体 IC 价值，便于管理者与投资者进行企业价值比较与 IC 相关的决策；而 IC 非货币计量方法可以反映 IC 各组成部分（人力资本、组织资本与关系资本）的存量与流量信息，能够为 IC 管理提供具体的思路与业绩评价信息，更适用于企业进行运作层面的 IC 管理。因此，这两类 IC 计量方法不是相互替代，而是相互补充，这样才能客观全面地反映企业的 IC 状况，满足不同目的的 IC 信息需求。

因此，为了全面、有效地服务于企业的知识管理，我们将这两类计量方法联系起来，设计了如下企业 IC 的综合计量框架（见表 4-10）。这一框架吸收了前述以非货币计量为主的各 IC 计量模型的优点，并将各 IC 要素的计量内容简要概括为本期流量（行为计量）与期末存量（结果计量），以便理解和操作。而且，该框架还将整体 IC 货币价值的存量与流量计量融入其中，便于管理者、投资者以及其他利益相关者较为全面地了解企业 IC 整体价值及其各组成要素的现状（期末存量）、变化（期初与期末比较）及其原因（本期流量）。在计量 IC 整体价值时，各期应采用相同的货币计量方法以便比较与决策。在计量各项 IC 要素时，应联系企业战略与具体 IC 管理活动来设计具体的 IC 非财务计量指标。

表 4-10　　企业 IC 的综合计量框架与方法

	本期流量（行为计量）	期末存量（结果计量）
整体 IC 价值	货币计量：按实际 IC 相关的投入金额计量	货币计量：运用 CIV 法、KCE 法、Tobin's q 值以及改进的方法等
人力资本	货币与非货币计量：如培训和教育成本等	非货币计量：联系企业战略与具体 IC 管理活动来设计具体人力资本非财务指标
组织资本	货币与非货币计量：如信息技术设备的投资变化等	非货币计量：联系企业战略与具体 IC 管理活动来设计具体组织资本非财务指标
关系资本	货币与非货币计量：如服务费用/顾客合约总数等	非货币计量：联系企业战略与具体 IC 管理活动来设计具体关系资本非财务指标

第五章 智力资本投资决策分析

对企业而言，智力资本不是从来就有的，高素质的人才、顺畅的组织结构、良好的企业文化、出色的产品创新机制、以及融洽的客户关系等都是经过企业大量的要素投入和长时间的积累而形成的。也就是说，企业在创建智力资本的过程中，不可避免地要进行相关投资。本章主要讨论智力资本的投资特征，以及这些投资特征对智力资本的投资项目选择与投资决策分析方法的影响，并具体阐述了智力资本的主要投资决策分析方法。

第一节 智力资本投资特征及其影响

一、智力资本投资分类

智力资本投资可以从对象、形式、顺序等方面进行分类。按照智力资本投资的对象不同分为内部构建投资和对外投资；按照投资渠道或形式不同分为直接购进投资、自行开发投资和吸纳投资；按照投资时间不同分为初始投资和后续投资。

1. 内部构建投资和对外投资

内部构建智力资本的投资是指企业在根据其发展战略在人力资本、组织资本与关系资本方面的投资，比如在员工培训、研究开发、信息技术、战略联盟等方面的投资，在高科技技术迅速发展的今天，一个成功企业的标志往往是看它拥有多少专利技术、商标等智力资本。据有关资料显示，国外发达国家一些企业，特别是高新技术企业所拥有的无形资产价值已远远超过其有形资产价值，如在计算机相关的行业内领先的美国微软公司、IBM 公司等。对外投资是将本企业的智力资本投资于其他企业，以获取投资收益的行为。在激烈的市场竞争条件下，企业利用自己的资源优势，通过智力资本购并或对外投资等方式，进行资本扩张。许多企业在建立现代企业制度和建立企业集团过程中，开创出以智力资本投资作价入股，兼并亏损企业，走横向联合的成功模式。世界快餐之王“麦当劳”是靠服务商标和特许经营权等智力资本的扩散、渗透，在世界上发展了1．3万多家连锁店。本章主要分析智力资本的内部构建投资，至于智力资本的对外投资，这里存而不论。

2．外购投资、自创投资和吸纳投资

外购智力资本是企业用自己的资金直接购买或以资产交换方式取得智力资本的投资行为，如技术引进等。自创智力资本是企业利用本单位的技术力量和人才优势或与他人合作的方式研制、开发智力资本的行为。这需要企业有一定的开发实力。例如商标权的独立开发、生产或管理技术的开发、工艺流程或销售网络的开发、专用计算机软件的开发等。吸纳投资是企业接受其他单位以投资入股方式或按投资比例分成方式取得智力资本的行为。如中外合资企业，外方以其商标、企业名称、专有技术、专利权、管理方法等作为资本进行投资，中方以土地使用权作价投资。特殊情况除外。由于智力资本代表着企业难以模仿的核心竞争力（Foss，1996），所以我们认为智力资本的主要来源渠道还是自创投资以及吸纳投资。

3．初始投资和后续投资

初始投资是企业在开始研制或开发智力资本时进行的投资，如商标设计费用、咨询费用、申请注册费用等；专利研究与开发费用，专利权申请费用、法律咨询费用等，以及其他智力资本的外购成本。初始投资的目的是开发、形成企业的智力资本，为企业创造经济效益。后续投资是企业取得智力资本以后，为维护智力资本而支出的各项费用，如专利年费、各项基础发明的改造、升级或再申请费用等；为提高商标的声誉而支出的广告宣传费用、商标续展费用、服务网络及营销网络的进一步拓展费用等；计算机软件的升级换代费用；特许经营权的维持费用等。

二、智力资本投资特征

与投资于有形的实物资产相比，智力资本投资一般具有以下特征：

1. 智力资本投资具有高收益性

智力资本投资的高收益性体现为企业的市场价值数倍于其账面价值，高新技术企业更是如此，这源于智力资本的收益递增性。对企业而言，随着知识存量的增加，其所蕴含的生产能力将呈现倍增扩展趋势或质的飞跃，当某种知识存量发展到一定程度而出现创新时，往往会带来生产方式的重大变革和生产能力的成倍增长。

2. 智力资本投资收益的长期性与滞后性

大部分智力资本的投资不像物质资本的投入一样能够在短时期内收到明显的效益，企业在研究与开发方面的投资，一般需要 3～5 年甚至更长的时间才能见到比较明显的经济效益。对人力资本的投资也是如此，一个高级管理人员所具备的高超的决策能力，也难以在短时间内形成。因此，智力资本的投资收益比较滞后，投资回收期较长。但一旦投资收益见效后，就能体现出收益的长期性。

3. 智力资本投资收益的多样性

智力资本的投资收益有显性收益与隐性收益之分，显性收益是指其带来的经济效益即以现金流量表示的财务收益，隐性收益则是指其带来的非财务收益，如投资于新技术、新产品的研究与开发，显性收益是指其带来的产品销售收入以及相应的现金流，隐性收益则包括企业研究与创新能力的提高、团队合作精神的形成等。而且，智力资本投资除了能够取得直接的经济效益之外，还可以获得大量的间接经济效益。因为智力资本投资后所产出的智力资本存量在一定程度上又能生产知识，创造知识，并为企业带来更多的增长与发展机会。

4. 智力资本投资的连续性

企业智力资本的发展与完善以及企业核心竞争能力的构建是一个逐步积累的过程，不可能一蹴而就。因此，企业智力资本投资不可能像有形资产的投资那样可以在一段时间内完成，而需要基于企业知识管理战略，对IC各相关要素给予连续的、不断的投资。而且，尽管智力资本具有相对稳定性，但是智力资本也会贬值，如果没有后续的支持，品牌将会老化，技术诀窍将会过时，组织结构也会变得呆板，以至于难以适应新的环境，因此有效的企业战略必须包括对智力资本的持续投资，以维护和发展企业的核心能力。

5. 智力资本各要素投资的互补性

与传统有形资本不同，智力资本内部存在更加强烈的互补性。由于智力资本是无形资源，难以定量估计和表述，因此智力资本之间互补的特性常常被人们忽略。应该说，企业价值不仅是智力资本独立作用的结果，更是互补作用的结果，某种智力资本的短缺将导致整体效益下滑，而且很难用其他资源加以弥补。以人力资本和结构资本的关系为例，企业内部顺畅的信息传递机制和企业文化增加了结构资本，但如果没有高素质的人力资本加以支持和配合，智力资本给企业带来的总体收益将大受影响。在互补作用的过程中，低质量的人力资本不仅不能增加企业价值，反而会给企业带来负效应。因而对某项智力资本的投资必定连带性地要求对其他智力资本各项目进行相关投资，否则，将会由于投资瓶颈的存在而导致整体组织价值增值目标难以实现。

6. 智力资本投资的风险性

无形资产具有高效性，但有时也必须付出高额代价。企业研制与开发无形资产项目的前景如何，能否顺利投产、达产，产品销路如何等一系列关键问题难以了如指掌，因此风险极大。主要包括决意外风险、投资主客体风险、投资成本沉没风险等。或投资过度对企业的正常发展造成不利影响；总之，智力资本投资决策十分困难，充满着风险。意外风险。主要是因为外部投资环境的变化给投资主体（企业）带来的风险。例如有关不确定性因素引起的风险、突发性事件使智力资本投资损毁；或者因为科学技术上的突破导致早期的智力资本投资加速折旧，难以满足企业需求等。这类风险一般因不可抗力作用而产生。投资主客体风险。因投资主体（企业）造成的风险有：企业人力资源配置不合理，投资内容选择不合理，缺乏激励和约束机制，影响智力资本投资的回收率。因投资客体引起的风险主要体现为客体选择上的偏差，导致投资无效等。投资成本沉没风险。企业对智力资本进行投资后，没有加以有效的使用，此即经济学中的沉没成本。不切实际需要而盲目引进智力型人才或是将其引进的人才闲置而不能充分发挥他的价值；或者盲目投资信息管理系统，而缺乏相应的网络管理人才；或者过量投入广告而忽视技术创新和产品开发等，都会造成大量的沉没成本。

三、智力资本的投资特征对投资观念的影响

互补性是智力资本最重要的经济特征之一，它不仅体现在三类智力资本之间，也体现在每类智力资本内部。一般来说，同种有形资本之间的关系是替代的，使用某种资本就减少了使用另一种资本的机会，比如企业购买了某条生产线，就不会再使用另一条功能相似的生产线。而智力资本则不同，以人力资本为例，蕴含在员工头脑中的知识是不一样的，其他员工无法完全替代某一员工在企业中的地位，只能相互配合相互合作发挥作用，并且越高级的人才，互补现象越明显。因而，在企业价值创造中，不同类型的智力资本分别对企业价值起增值作用，智力资本间的互补性也会为企业价值做出贡献。

恰当的互补关系能够促进企业价值增加，且效果相当明显，有时会超过单个智力资本的作用。同样，智力资本间不恰当的互补关系（如某一智力资本存量较多，另一种存量较少，两者间存量的差距没有达到互补要求，影响了整体效用）可能对企业价值造成负效用，甚至抵消单个智力资本给企业价值带来的增值。

另外，智力资本之间互补的特征还会产生一种“阀值”效应。在组织中，各种智力资本不断变化着，智力资本的存量有时候增加，有时候减少，在创造企业价值过程中，所有智力资本都有一个最低的数量限制，这个数量限制叫做“阀值”。只有超过了阀值，每种智力资本才会在与其他智力资本互补作用中发挥效用，如果某种智力资本的数量低于阀值，该种智力资本将阻碍所有其他智力资本发挥价值增值作用。

智力资本的表现形式很多，人力资本、结构资本和关系资本，

属于三个大类，大类下还可细分为许多小类，小类智力资本间同样具有互补的特性，也存在“阈值”效应，只是众多小类智力资本的关系更加复杂。只有当智力资本超过了各自阈值，对企业价值的作用才能够体现出来。智力资本在价值创造中的作用是不一样的，其阈值也有所差异，有的要求较高，有的要求较低。而且，行业的差别将导致同类智力资本不同行业内截然不同的阈值，甚至同一行业中的不同企业，相同智力资本的阈值也千差万别，如信息产业中各类智力资本的阈值普遍较高，装备制造业相对较低，在信息产业内部，从事信息服务的企业需要更多的关系资本，而从事信息技术研发的企业则需要更高素质的人力资本。

智力资本的“阈值”效应是值得重视的问题，管理者经常会遇到这样的困惑，即无论如何加强智力资本投资和管理，预期效益经常达不到，造成这种状况的原因很可能是某种智力资本没有达到阈值，解决的方法为：寻找智力资本的薄弱环节，加大投资力度，突破瓶颈，以改善智力资本投资效率低下的状况。

当今企业管理者们虽然逐渐意识到智力资本的存在，却往往忽略了智力资本的不同分类，尤其是智力资本之间互补的特性，结果导致对某一种或某几种智力资本的盲目投资。无论是有形资源，还是无形资源，企业投资都应该是理性的。企业拥有的智力资本多种多样，管理者应该合理使用有限的资金，将其投入到最有效的地方去，以最大限度地发挥智力资本的企业价值增值作用。

因此，对企业来说，应该避免两种投资误区：一是不重视智力资本的作用，严重缺乏智力资本投资，远远没有达到最优投资标准；二是夸大智力资本作用，进行盲目投资，没有真正进行智力资本的理性投资。所以，在智力资本管理实践中，企业应调整智力资本的投资结构与投资数量，提高智力资本的组合投资效率。

四、智力资本的投资特征对投资决策分析方法的影响

由于创建智力资本的投资存在着高收益性，而且其投资收益具有长期性与多样性，从观念层面来看，企业应适应知识经济时代的发展，更新投资观念，选择创建企业 IC 的相关投资项目，尽可能

超前地在人才开发、技术开发和流程改进等有助于企业智力资本形成与发展的各个方面，不断地投入必要的资金。

但从运作层面来看，由于当今企业在具体选择投资项目的时候，常用的投资决策方法是 NPV、IRR，对投资方案的效益评价，主要考虑投资项目的静态的财务效益，而对投资项目的非财务效益（或非货币计量效益），以及对由投资项目的动态的不确定性所产生的广泛的财务收益，尚未给予充分考虑。因此，现有的投资决策方法与投资效益评价标准倾向于选择那些短期财务效益最优的投资项目，而放弃那些短期财务效益一般，而非财务效益显著的投资项目，或者放弃那些投资成本很高，而相应的静态财务收益又难以弥补其投资成本的投资项目，而 IC 投资项目恰恰是那些非财务效益显著或者投资成本很高的项目，如某些开支巨大的研发投资、信息技术投资等。也就是说，使用通常的投资决策方法与投资效益评价标准将会抑制对智力资本相关项目的投资。所以，本章建议采用战略投资评价法来进行智力资本项目的投资决策分析与评价，以促进企业智力资本的创建与核心竞争力的培植。

第二节 智力资本的主要投资决策方法

关于 IC 的投资决策分析方法，目前对之进行探讨的较少，亦尚未形成明确的结论。而且，由于 IC 投资涉及的具体投资项目很多，而各具体投资项目所涉及的具体投资决策方法也可能不同。在本节中，我们综合考虑了有形资产的投资决策方法、无形的 IC 的投资特征以及现有的有关 IC 投资决策的相关研究成果之后，提出如下三种比较具有代表性的 IC 投资决策方法，即净现值（NPV）法、战略投资评价法与实物期权法，并对各种方法的优缺点作一简要分析。

一、净现值（NPV）法

NPV 法是目前应用最为广泛的投资决策分析方法。运用该法进行 IC 投资决策的关键在于计算出 IC 项目的投资成本与产出价值，这里可以充分利用前述 IC 计量方法中有关 IC 成本计量与 IC 价值计量的研究结果。

值得注意的是，在进行具体的 IC 投资项目分析时，应区分其相关成本与非相关成本。相关成本是指与特定投资决策相关的，在分析评价是必须加以考虑的成本。而与特定投资决策无关的，在分析评价时不必加以考虑的成本是非相关成本。例如，在进行人力资本投资中，对于短期培训来说，培训者与受训者的工资是相关成本，而教室的建筑费用就是非相关成本。但是如果企业为培训职工而建造了培训中心，由于培训中心是为培训员工建造的，培训中心的建造费用就成了人力资本投资的相关成本。另外，对各具体 IC 投资项目的产出价值或经济效果的分析，亦应遵循相关性原则，尽量估算出由于该 IC 投资项目所引起的收益或现金流入增加额，利用前述第四章第四节中的“单项 IC 价值的计量思路”，可以较为准确地估算出该值。

下面以员工培训投资例示 NPV 法在 IC 投资决策中的运用。员工投资培训的 NPV 可用下式来计算：

$$NPV = \sum_{t=1}^{N} \frac{I_t}{(1+r)^t} - \sum_{t=1}^{n} \frac{Q_t}{(1+r)^t}$$

上式中，N 为该项投资获得投资收益的年限，n 为进行该项投资的年限，r 为预定的贴现率。Q_t 为第 t 年的投资额或现金流出量，这里指员工培训成本，培训成本可以按照每人培训费乘以培训人数计算，它包括受训员工工资，培训讲师的工资或劳务费，占用设备费用，教室的租金，对生产经营活动的影响损失以及该项投资的机会成本等。I_t 为第 t 年该投资项目引起的收益或现金流入量，可按照第四章第四节中的思路将 I_t 表示为：$I_t =（EBIT_t - Z_t \times R_t）\times W_t$ 或 $I_t = \Delta P_t$，其中，ΔP_t 表示每批培训员工各人培训前后工作成果的差值。

通过上式的计算，如果 $NPV > 0$ 或者高于其他投资项目的 NPV，则可以选择该 IC 投资项目。

使用净现值（NPV）法进行 IC 投资决策的优点在于容易理解，较为简便，并且已为多数管理者所熟知。如果利用该法得到的

NPV 值较高的话，当然有利于 IC 投资项目的推行。但是，这种方法的缺点也是显而易见的，它将决策依据的重心放在了过于狭义的财务分析上，也未能站在战略的高度，采用发展的观点去评价 IC 投资项目，因而往往会导致企业 IC 相关投入不足。正如余绪缨教授（2000）所言，这种方法是导源于劳动密集或低技术密集型的生产条件，而知识经济是以知识为核心生产要素的经济，应以智力投资作为基本的投资取向。与此相适应，投资方案的效益评价，就应站在时代的高度，面向国际大市场体系，从整体观和长期观来观察、认识和处理问题，由此而取得投资效益，是一种高屋建瓴式的全方位效益，它是传统的、狭隘的财务效益根本无法比拟的。因此，在知识经济体系中，投资方案的评价与选优，应以方案可能产生的全方位效益作为基本的出发点。①

二、战略投资评价法（strategic investment appraisal）

（一）战略投资评价法的产生及其运用现状

20 世纪 80 年代以来，在企业管理实践中，管理者对传统的投资决策方法如 NPV 法等越来越不满意。主要原因在于传统投资决策方法过分强调短期的财务收益，没有将投资项目与企业的总体发展战略、企业的整体价值联系起来分析，低估了战略性投资的价值。因而导致了短期投资行为和反对战略投资（如采用先进制造技术）的倾向。而且，传统的投资决策与管理更注重体现节约理念，新生产技术中的战略好处（如更高的质量，增加生产弹性，对未来发展的选择权）难以定量，因而得不到体现。

由于对企业管理实践中以财务收益为基础的投资决策方法日益不满，管理会计研究人员对战略投资评价问题给予了更多的关注。部分研究者认为，企业战略投资评价不应受现有会计信息系统的控制。例如，Hayes 和 Garvin（1983）都赞同“行为信念”方法（acts-of-faith），即认为战略投资决策取决于经理人员的信念而不是

① 余绪缨．简论工业经济向知识经济转变及其对现代管理会计的冲击［J］．财会通讯，1998，4.

分析程序。这种观点认为，财务评价依然有价值，不过应更恰当地使用资本预算方法。而 Kaplan（1986）则认为，先进制造技术投资的合理性不应仅仅取决于信念。他认为评价无形的战略利益是否比折现现金流量更有价值是高级经理的职责。Bromwich 和 Bhimani（1991）则率先把 Kaplan 的战略决策评价思想推进到量化与具体操作阶段。他们认为，对企业在 AMT、研究与开发、营销方面的投资应进行战略投资评价。因为这些投资项目的利益常常难以量化，需要从长远的角度来全面评价其投资收益。并且，他们开发出了相应的战略计划矩阵来用于具体的战略投资项目的评价。

在英国，战略投资评价方法被许多咨询公司采用。通过对比利时公司的计算机集成制造（computer integrated manufacturing, CIM）技术的资本预算实践的调查表明，相当一部分企业也在使用战略投资评价法（郭永清，1999）。样本中 41% 的公司没有规定最小可接受的报酬率和回收期的标准，另外，尽管 47% 的公司把必要最低报酬率或最高回收期作为投资是否可行的分界线，但其中超过 80% 的公司承认在进行战略投资评价时运用财务指标比较宽松。也就是说，一项预期报酬没有满足预设标准的投资，亦可能由于战略原因而进行，这些原因包括投资与公司明确的竞争战略一致、取得行业领先地位、在行业内生存的压力等。

（二）Bromwich 和 Bhimani 战略投资评价法的主要理念与运作过程

1. 主要理念

战略投资评价法认为，在进行长期投资决策时，应该在对投资项目进行量化分析的同时，评估其战略利益。其目标是要全面评价该项目所带来的收益，不仅要考虑其产生的可以量化的现金流，而且，还要考虑难以量化的长期战略利益。

2. 过程

（1）找出投资项目带来的全面利益，包括内部利益与外部利益。并弄清这些利益贡献于企业哪些具体战略目标的实现。

如某投资项目可能会带来提升公司形象、及时满足顾客需求、改进质量、满足成本降低的需求等一系列利益，这些利益促进了公司产品更新换代的战略目标的实现。

（2）详细调查与计量该项目所带来的全面利益。

具体可列出一张全面利益的清单，并将这些利益分为三方面：能够直接用货币单位表示的利益（增加收入、降低成本等），能够被大致转换成用货币单位表示的利益（新产品带来的收入增加、改进产品质量等），不能用货币项目表示的利益（新产品带来的新技能、新形象、及时反应、与其他产品的匹配等）。第一、二类可以用货币量化的项目，可以仍然采用传统的投资评价法（NPV 法等），第三类不能用货币量化的利益可以通过不同方式的记分法来计量，如可以用 1～10 分来反映利益的大小。

（3）综合企业战略目标与投资项目的全面利益构建一个战略计划矩阵。①（Bromwich & Bhiman，1991）（如图 5-1 所示）。

战略/利益	收入增加	更低的成本	更高的可靠性	更敏捷的供应反应	满足客户要求	与其他产品的匹配	改进公司形象	新技能	更好的信息	非投资风险	投资成本	经营成本	组织计划	合计
产品升级	X*						X**							
新产品	X*			X*			X**	X**						
风险降低				X**										
成本优势		X		X										
完善组织结构														
公司的广泛影响														
货币性项目														
可以用货币性项目表示的项目*														
打分的项目**														
合计														

* 可以转换成货币性项目的项目

** 不能用货币性项目表示只能用点数（1～10）打分的项目

图 5-1　战略计划矩阵

① BROMWICH MICHAEL, BHIMAN AL. strategic investment appraisal, Management Accounting, March 1991, Vol. 72, Iss. 9.

在图的上部列示 AMT 投资的潜在利益，左边列示组织的战略目标，“X”表示贡献于不同战略目标的、量化的投资利益，包括货币金额与非货币的记分。在这张表上可以确定与汇总各项投资利益的得分，以便于下一阶段进行决策。首先对可以用货币量化的项目，按照 NPV 等传统投资评价方法测算结果，并对这一结果进行评分，然后对非货币投资利益的记分来汇总，最后由管理层根据该项投资产生的各类投资利益的重要程度来判断各类记分的权重，这样便总计出该项目的综合评分。

（4）全面评价该项目的投资效果，并进行决策。

（三）战略投资评价法运用于 IC 投资决策的一个简要实例

战略投资评价法的原理与过程并不复杂，但也许是由于资料所限，现尚未获得运用这一方法的完整实例。这里只能以日本某公司的计算机集成制造技术投资为例，对这一方法的实际运用给予一个大致的说明。

该公司认为，计算机集成制造技术投资的诸多因素不能量化，所以综合考虑各战略因素的总体评价要优于仅考虑可量化经济因素的分析方法。在计算机集成制造中，一些无形收益是极其重要的，如灵活性、提高质量、竞争优势及学习效应。

该公司在对被选方案进行评价时，表 5-1 反映了这些主要投资评价标准及其分值安排。第二阶段考虑无形收益，表 5-2 反映了这些次要投资评价标准及其分值安排，这些投资评价标准包括为提高质量、灵活性和竞争力所作投资产生的效果。显然，该公司以 NPV 法所得出的投资项目 NPV 作为选择的依据之一，在此基础上，综合考虑难以量化的战略相关的无形收益，最终通过两方面的综合评分来加以确定。

表 5-1　　计算机集成制造系统中投资评价的主要标准

描述项目	数据					
盈利性	20%～30%	15%～20%	10%～15%	5%～10%	0%～5%	负数
重要程度	30	25	20	10	5	0
回收时间(年)	1～2		2～4		4～6	≥7
重要程度	30		20		5	0

资料来源：日本式的企业成本管理，（日）樱井通温等著，邹青等译，机械工业出版社，P55

表 5-2　　计算机集成制造中投资评价的次要标准

描述项目	数据				
未来展望	发展 30	成长 25	成熟 15	饱和 10	衰退
质量		很好 25	好 15	一般 10	
重要程度		十分重要 25		重要 10	一般
灵活性		高 20	中等 15	低 10	极低 5
送货			很好 15	好 10	一般
竞争力			很强 15	较强 10	一般

资料来源：日本式的企业成本管理，（日）樱井通温等著，邹青等译，机械工业出版社，P55

按照该公司的投资计划，在主要投资评价标准栏中得分超过 30 分，同时在次要投资评价标准栏中得分超过 75 分的投资项目很容易被通过。当然，这些投资项目并非自动被通过，而是由公司总裁、相关决策者、负责经理或部门主管人员根据企业的战略最终作出决定。

虽然战略投资评价法在决定那些转换成货币金额的投资利益以及在对不能用货币金额来表示的投资利益进行评分时，较为主观，而且不太准确，但它却比传统的投资评价法更为全面地涉及了投资项目的成本与利益。并且，主观地量化，也胜于对全面投资利益的完全忽略。因此，这一方法所表现出的战略视角及其对项目投资利益的全面计量，使得其成为企业 IC 相关的战略投资决策中值得推未来的市场状况，盈利或亏损尚不确定，投资决策也只能根据目前状态估计未来各种可能性的概率。

（4）非交易性。不仅其标的资产——投资项目几乎不存在交易市场，而且实物期权本身也不可能单独进行市场交易。当然，个别（如与专利有关）的投资机会或实物期权可能存在交易，但由于市场的不完备性，相应的交易成本会很高。

（5）先占性。与实物期权的不可交易性相对应的另一个概念是实物期权的先占性。所谓先占性，是指由于可共享性或竞争性的存在，首先执行实物期权往往可以获得先发制人的效应，既取得了战略的主动权，又实现了实物期权的最大价值。

（6）先后关联性。对于实物期权，这种独立性一般会不复存在。在大多数场合，企业所拥有的各种实物期权之间存在着先后关联性，即一个实物期权的执行价值不仅仅取决于自身的特征，而且与其他尚未执行的实物期权的价值有关。从期权分析的角度看，具有先后关联性的实物期权是一个复合期权，即对于前一个实物期权来讲，其标的资产为后续的一个实物期权。因此，实物期权往往具有复合性。

（三）智力资本投资项目的期权特性

智力资本项目投资，如人员培训、研究与开发投资、管理方法与制度建设投资、信息技术与网站建立投资、新的市场渠道开拓投资等，在执行过程中受许多不确定因素的影响，这些不确定因素包括投资价值的不确定性、资本成本的不确定性以及经营环境的不确定性等。正是这种不确定性为决策者带来了更多的选择机会，决策者可以根据企业的资源禀赋状况、项目不确定性的演变趋势等对智力资本投资作出合理规划，以便获得各种投资机会价值。智力资本投资的这种不确定性越高，投资机会价值就越大，所以，可以运用实物期权法来对智力资本投资项目进行合理的分析与评价，为决策者的投资战略规划提供科学依据。

下面以企业信息技术与网站投资为例来说明IC投资项目的期权特性：

1. IC 投资项目蕴含着增长型期权（growth options）

增长型期权是指投资项目可以为企业今后的发展创造机会。如G公司准备在互联网上建立一个网站为本公司的产品作广告宣传，采用净现值法分析，该项目很可能不可行，因为网站建立后的日常更新维护需要投入大量的人力和物力，付出的成本很高，而其宣传效果可能不如在其他媒体上进行同样规模的广告投资。但按照实物期权理论，该网站的建立为公司将来进一步开展网上交易和网上结算等一系列电子商务活动提供了一个技术平台，也就是说，该投资项目具有增长型期权。

2. IC 投资项目蕴含着转换型期权（option to switch）

这是指企业对投资项目的各种要素和产品进行转换的能力。比如海尔在全面推进企业信息化过程中，在集团范围内实施了 CIMS（计算机集成制造系统），其生产线可以实现不同型号产品的混流生产。海尔电脑建成了国内首条 FIMS（柔性电脑生产线），为使生产线的生产模式更加灵活，海尔还针对性地开发了 EOS（商务系统）、ERP（企业资源计划）系统、DM（磁盘管理）系统、PTM（产品跟踪管理）系统、TM（自动测试）系统、J IT（准时制生产）、三定配送系统等辅助系统。由于采用了柔性制造系统，海尔不但能够同时生产千余种标准配置的电脑，而且还实现了单台电脑的客户定制。虽然海尔投资这种柔性生产线的成本大大高于只能生产单一型号产品的生产线，但根据实物期权的观点，这种具有转换型期权的生产线是非常值得投资的。

3. IC 投资项目蕴含着学习型期权（learning options）

是指投资本身能够使企业获得通过其他方式无法获得的决策信息。例如，L公司计划利用互联网在全国范围内开展网络营销活动，考虑到市场接受程度和潜在的代理商抵制情况，该计划只有50 %的成功机会，所以公司决定先在某个区域性市场启动在线销售试验计划，根据试验的结果，公司便可以决定是否在全国范围内实施这一计划。传统分析工具未能对每一阶段投资所产生的新信息以及做出下一阶段决策的期权进行分析，实物期权分析方法则能够量化分阶段投资产生的价值即学习型期权的价值，因此该公司能够在启动全国网络营销计划之前获得更多的市场数据和经验。

4. IC 投资项目蕴含着放弃型期权（option to abandon）

是指企业在投资项目进行过程中，当项目继续发展下去有可能导致更多的损失时，投资者可以放弃对该项目的投资。一般的贴现现金流方法忽略了这种放弃型期权，因此往往会低估投资项目的价值。假定 A 公司打算自行开发适合本公司情况的管理信息系统（MIS），按净现值法该项目不可行。但按实物期权方法分析，在该项目进行过程中，如果 A 公司发现在市场上购买类似产品的成本会低于继续自行开发所需的成本时，A 公司会考虑马上停止该项投资，此时节省的成本以及研发过程中获得的信息的价值共同构成了该投资项目中所含放弃型期权的价值。通过对 A 公司放弃型期权进行估价，提高了该项目的投资价值，于是 A 公司开始了对管理信息系统的研究开发。

5. IC 投资项目蕴含着复合型期权（multiple options）

当一个投资项目包含多种不同的期权时，则形成复合型期权。比如 M 公司准备分阶段投资实现企业信息化，若该公司实施第一阶段投资购买了一些基本的电脑设备后，就获得了进行第二阶段投资建立公司内部管理信息系统的权利即增长型期权，如果它执行该增长型期权，则该公司又获得第三阶段投资建设基于互联网的电子商务系统的期权；而当市场条件不利，企业资金紧张时，它可以考虑暂时延迟第三阶段的投资，从而获得延迟型期权，可见企业信息化投资项目包含多种不同的实物期权。

（四）运用实物期权法进行 IC 投资决策分析

如果我们把智力资本投资机会看成期权，用期权定价方法定量研究智力资本投资项目的期权，那么智力资本投资项目的价值就可以划分成两部分：一部分是不考虑投资项目期权价值的价值，这正好是传统投资决策方法中的净现值 NPV；另一部分是投资项目的期权价值 C，则智力资本投资项目的价值可以写成：

智力资本投资项目价值 = 净现值（NPV） + 实物期权（投资机会）价值（C）

因此，利用实物期权法进行企业智力资本投资决策时，拒绝或接受决策的决策标准应为：如果净现值与期权价值之和大于零，则接受该项目；如果净现值与期权价值之和小于零，则拒绝该项目。排序决策的决策准则应为：净现值与期权价值之和大的项目优于净现值与期权价值之和小的项目。这里，净现值仍然运用上述净现值法来确定，关键是要确定实物期权的价值，一般运用 Black-Scholes 期权定价模型来确定该价值。

下面以假设的简化例子对实物期权法在 IC 投资项目决策中的运用给予说明。

某公司考虑一项 R&D 投资项目，需投入 100 万元进行研究工作，时间约需 3 年，3 年后如果研究成功，需投入 1.2 亿元进行商业化生产与市场开拓，投资后预计未来 3 年内市场有 3 种状况，分别以等概率获得 1.4 亿元，1.2 亿元和 0.88 亿元的净现金流。假定公司采用的贴现率为 10%。

如果运用传统的 NPV 法来分析该项目，应拒绝它，因为：

该项目的 NPV = $[(1.4+1.2+0.88)/3-1.2]\div 1.1^3-0.01=-0.04$（亿元）$<0$

但是，该 R&D 投资项目价值应该包含其期权的价值：

按照 10% 的贴现率，该项目商业化净现金流价值的现值为 $[(1.4+1.2+0.88)/3]\div 1.1^3=0.8715$（亿元），由此得到标的资产的当前价格。另外，该商业化项目的执行价（即 R&D 投资项目后续投资额）为 1.2 亿元，假定该项目价值的变动率为 20%，无风险利率为 5%，应用 Black-Scholes 公式可计算得期权的价值为 0.1044 亿元。

因此，综合起来看，该 R&D 投资项目价值 = 净现值 NPV + 实物期权价值 $=-0.04+0.1044=0.0644$（亿元）>0，

这一结果表明，显然该 R&D 投资项目的 NPV 为负，但如果考虑到该项目的期权价值，则投资该项目对企业来说还是有价值的，不应拒绝它。因此，在进行 IC 投资项目评估时，如果采用传统的 NPV 分析法而不考虑期权价值，将可能导致低估投资项目的价值，从而影响投资项目的正确评估。

显然，运用实物期权法可以增加智力资本投资项目的价值，使

得有些按净现值法决策可能被淘汰的智力资本投资项目，而按实物期权方法决策则应该采纳。换言之，实物期权方法 可以促进企业进行智力资本投资，使企业避免了许多投资机会的丧失。

实物期权是一种较为普遍存在的客观实在。期权理论的诞生，使人们对以前无法准确估算的各种机会、灵活性能够定价，从而定量地对其进行评估决策，这是人类对复杂的不确定性世界认识的一大飞跃。实物期权方法突破了传统决策分析方法的束缚，它不是对传统决策分析方法（如 NPV、决策树等）的简单否定，而是在保留传统方法合理内核基础上，对不确定性因素及其相应环境变化作出积极响应的一种思维方式的概括和总结。它给出的适合期权价值的净现值判别标准与实际情形更为吻合。将这一方法运用于 IC 投资项目的决策分析，不仅可以定性地分析识别 IC 投资中包含的各种类型的实物期权，而且能够对这些期权的价值进行定量地计算评估。通过对 IC 投资期权的合理估价，可以大大增加 IC 投资项目的价值，从而避免不少企业因为 IC 投资的直接效益低下而放弃投资的现象。

虽然实物期权法是决策分析工具研究中的一次革命，摒弃了 NPV 方法中的不足，为 IC 相关项目投资评价提供了一种更为合理的方法。但实物期权方法还远不完善，在实践推广运用中也还面临着较大障碍。因为在实际应用中情况复杂，一方面难以用 Black - Scholes 公式计算；另一方面，简单地将一些数值插入 Black-Scholes 公式计算，其结果的可信度或者意义又如何还难以判断。因此，由于这一方法的模型复杂，求解困难，目前一般管理人员可能难以理解、接受并运用它。

总之，在上述三种 IC 投资决策方法中，净现值（NPV）法虽然操作较为简便，但对 IC 投资效益的考虑并不全面，有着自身难以克服的缺点。战略投资评价法与实物期权法均以 NPV 法为基础，不同之处在于战略投资评价法进一步对 IC 投资项目所引致的无形的战略利益进行了主观评分，实物期权法则考虑了 IC 投资项目所引致的其他投资机会及其按照期权计价法所得出的量化收益，二者均从战略角度来考虑 IC 投资项目的长期与全面收益。就目前看来，战略投资评价法虽然相对粗略，但更简化、形象与直观，更容易为管理人员所接受。因此，战略投资评价法是一种较好的替代纯粹的NPV法的智力资本投资决策方法。

第六章　纳入智力资本要素的管理控制系统构建

根据前述企业知识理论，创新企业的管理控制系统，以促进企业知识的生成、共享、使用与增值，也是智力资本管理会计在方法体系的创建中需要解决的重要问题。本章认为企业应构建一个知识导向的、纳入智力资本要素的管理控制系统，并结合迄今有关管理控制系统的研究成果，设计了这一新型的管理控制系统的基本框架。然后，针对这一框架内的重要内容即纳入智力资本要素的战略导向预算与战略业绩评价体系等问题，进行了较为深入的探讨。

第一节　纳入智力资本要素的管理控制系统的主要特征与基本框架

一、管理控制系统的内涵与一般框架（内容）

（一）管理控制系统的内涵

长期以来，研究者们对管理控制系统内涵主要有两类理解，一类强调其发挥的最终作用，认为管理控制系统是企业执行战略的工具。如 Anthoney（1998）将管理控制定义为：管理者影响组织中的其他成员以落实组织战略的过程，他还对管理控制与战略规划、任务控制进行了区分。另一类则强调其对组织行为的影响，如 Kenneth Merchant（1986）认为管理控制系统的控制重点应该是行为控制，他将管理控制系统界定为一个控制系统，它使事物保持它自己的轨道并影响人们按照组织的意愿来采取行动。他详细描述了不同的控制选择如注重结果控制、注重流程控制、注重人员控制以及紧控制和松控制等是如何影响人们行为的。虽然这两类界定的侧重点不同，实则相互联系，因为管理控制系统实际上是通过影响组织成员的行为来推动或激励其执行组织战略并实现组织目标。

虽然对管理控制系统的上述理解在过去是适用的，但当今许多研究者却认为，上述理解误将战略目标作为管理控制系统发挥作用的一个前提条件，从而忽略了管理控制系统与战略之间的互动关系。比如，Otley（1999）认为要适应90年代商业环境的变化，管理控制系统的概念应有所改变。他认为，在战略形成和实施过程中，管理控制系统的角色正变得越来越重要，因而对管理控制系统的理解应该更加宽泛。并且，目前对于员工授权的关注使以往该领域研究中只关注高层经理的做法渐渐不适用，许多人相信将低层员工包括在管理控制系统中是很自然的事。因而 Anthoney 在战略控制、管理控制和任务控制之间所作的人为划分就不再适用了。

综上，我们认为管理控制系统是运用一系列方法来引导组织行为以保证战略执行进而影响战略制定的管理装置或工具。在这一界定中，我们强调以下四点：

第一，应广义地理解管理控制，不应局限于管理者的控制或对管理者的控制，而应理解为企业的一个全面的、综合的管理控制系统，原有战略控制、管理控制和任务控制皆被囊括其中。

第二，管理控制系统与企业战略之间具有密不可分的关系，并且相互影响。任何管理控制系统的设计目标首先是为了执行既定的战略，但在战略执行的过程与结果反过来又会影响下一轮战略目标的制定，因而二者动态关联。

第三，管理控制系统还应该是一个计量系统，通过计量组织活动来影响组织行为。

第四，评价管理控制系统优劣的主要标准是该系统所引导的行为是否与企业战略一致。

（二）管理控制系统的基本框架（内容）

关于管理控制系统的基本框架，或主要过程与内容，国内外许多学者对其进行了研究。

张先治（2003，2004）在对管理控制系统的关键要素进行研究的基础上提出了我国的管理控制系统框架。他认为，管理控制系统包括十大要素，即控制环境、控制变量、控制标准、信息报告、执行评估、纠正偏差、业绩评价、激励机制、沟通交流、监督控制等。并指出我国的管理控制系统框架包括制度控制系统、预算控制系统、考评控制系统、激励控制系统。

池国华（2004）提出了一个基于组织背景的管理控制系统设计的理论框架。他认为一个有效的管理控制系统的设计需综合考虑组织背景关键变量（如外部环境、组织战略、文化等）、管理控制系统模式以及管理控制系统结果。并认为管理控制系统由预算、信息与沟通、业绩评价和激励四个子系统构成，不同的管理控制系统模式下这些子系统具有不同的内容和特征。

贺颖奇（2004）提出了一个管理控制系统的基本框架，这一框架将战略规划作为战略决策系统排除在外，主要包括预算制定、预算执行与分析、业绩评价与改进等内容。

Otley（1999）提出了一个被广为引用的管理控制系统的研究框架，① 实际上也反映了管理控制系统的主要运作过程，该框架包括以下五个核心部分（问题）：

（1）引领组织未来成功的核心目标是什么？它如何决定和影响其他目标？

（2）组织所采用的战略和规划是什么？需要哪些流程和活动来保证它的成功实施？如何计量与评价这些活动？

（3）在由以上两个问题所定义的领域内，组织应该达到何种绩效水平，如何为它们设立恰当的绩效标准（或目标）？

（4）达到这些绩效水平，管理者（与其雇员）能够得到哪些报酬？如果他们没有达到，将受到哪些惩罚？

（5）组织需要何种信息流以保证它能够从过去的经验中学习，并基于这些经验来改进现在的行为？

上述第一个问题表明，在一个管理控制系统中，首先需要根据

① DAVID OTLEY. Performance management: a framework for management control systems research [J]. Managemengt Accounting Research, 1999, 10.

企业愿景来制定战略目标。第二个问题则表明，管理控制系统应根据企业总体战略目标来确定各方面（如财务、市场表现等）具体战略目标以及实现这些目标所需的具体流程与活动，并且还应进一步设计计量这些流程与活动的具体指标。第三个问题则表明应确立战略目标、各方面具体战略目标以及计量流程与活动的各项指标的目标值或标杆。这些相互联系的目标值（标准值）的确立，还需以着眼于企业资源配置的预算编制活动为基础。第四个问题则表明了管理控制系统的又一重要内容即设立支持绩效目标实现的计量机制。最后一个问题说明了在管理控制系统中信息充分流动的重要性。

Otley 的这一管理控制系统基本框架，提出了一种研究企业管理控制系统的系统观与动态观，这一观念及其相应框架的提出，有助于我们将当今各种管理控制的技术与方法如全面预算控制、EVA、BSC、薪酬管理等进行整合，在对各种方法扬长避短的基础上，建立一个协调统一的管理控制系统。我国也有一些专家学者认为，鉴于当今理论上各管理控制技术与方法不断涌现，实践中一些企业也在不断运用，但各种方法之间的联系与衔接尚未引起足够的重视，因此，建立一个整合的管理控制系统是当务之急（王斌，2004），而且也有些专家深入企业管理实践，进行了设计协调统一的管理控制系统的实践探索，如清华大学的于增彪教授（2004）为北京亚新科 BYC 公司设计了预算管理与绩效考核集成系统。

另外，我们认为在 Otley 的这一管理控制系统基本框架中似乎还有两点需要补充：其一是应突出预算在管理控制系统中的重要性，使业绩目标具有可实现的基础。其二是还应补充绩效评价信息对下一轮战略目标制定的影响，这样使得管理控制系统无论是从实际运作过程，还是从信息流动过程来看可以真正构成一个封闭环路，一个环环相扣、动态调整、协调统一的管理控制系统才得以最终形成。

基于上述认识，管理控制系统实际上已成为上接战略制定、下连流程与活动的计量与监控且伴随企业战略管理全过程的一个基本控制体系或制度。因而可以将管理控制系统的一般框架与基本内管理控制系统的一种必不可少的控制方式。

(2) 边界杠杆。它以一种否定或最低标准的形式体现，明确了现代企业组织内员工所不能超越的行为准则和伦理标准的界限。人类是富于创造性的，当面临新的机遇或挑战性的环境时，人们就会设法寻求克服障碍并创造价值的方法；另一方面，人们想要按照既定的道德标准去做正确的事，但是，实现优秀业绩的压力与严格的行为标准发生冲突的可能性随时都会存在，而边界杠杆的目的正是协调二者之间潜在冲突的发生。对于现代企业组织而言，企业信誉和外界信任度是关键的 IC，边界杠杆是企业实施相关控制的有力工具，以防员工行为超越边界杠杆所规定的界限而损害企业信誉。显然，纳入 IC 要素的管理控制系统中也需要边界杠杆这一控制方式来生成与培育企业 IC。

(3) 互动杠杆。当组织的规模比较小，主要管理者及雇员可以直接在一起探讨市场环境变化对组织战略的影响，但是随着组织规模的不断扩大，高层管理者亲自与组织所有员工接触的机会越来越少，因此，必须创造一种分享即时信息、开发新战略的正式系统，这种系统机制就是互动杠杆。互动杠杆是组织内部重要的沟通渠道，它使高层管理者能够及时掌握下属获得的影响组织战略的信息，并亲自参与到下属的决策中去，互动杠杆的目的是根据环境的变化及时调整组织战略或提出新战略。纳入 IC 要素的管理控制系统需要采用互动杠杆这一控制方式，来促进组织知识管理战略执行过程中的各种信息的及时沟通与分享。

总之，纳入 IC 要素的管理控制系统需要采取诊断杠杆与信念杠杆、边界杠杆和互动杠杆相结合的综合控制方式。我们认为，任何一定规模的企业均需要有一套量化的控制系统（即传统的诊断控制系统），以作为资源分配的方向与业绩评价的依据。纳入 IC 要素的管理控制系统仍应以此为基础，但应在该系统中尽可能地融入另外三种控制方式，并应将这些控制观念尽可能地体现在控制体系及其评价标准的设计之中，以促进员工创造能力的提高。

3. 采用创新的预算控制方法与业绩评价系统

纳入 IC 要素的管理控制系统遵循新的控制理念，以促进企业

IC 的生成与共享，提升企业核心竞争力为主要目标，新的控制理念与控制目标要求创新现有的预算控制方法与业绩评价体系。

（1）创新的预算控制方法。在纳入 IC 要素的管理控制系统中，对现有预算控制方法的创新主要体现在以下四个方面。其一是将知识经济时代的主要生产要素——知识要素明确纳入预算控制体系，充分考虑企业 IC 的资源配置状况，以支持企业 IC 相关业绩目标的实现。其二，将预算与企业知识管理战略目标动态联系，编制 IC 导向的战略预算，并同时运用财务预算指标与非财务预算指标。其三，为了支持员工与团队的知识创新活动，需要改变传统的预算视角，编制作业预算，让从事具体生产经营的业务单位或各项目团队乃至员工拥有预算。传统的预算控制方法因其传递的是功能导向的、繁多的、专业化的财务分类项目信息，难以为基本业务单位和员工所理解和运用，因而传统的体系完整、内容全面、费时费力的预算往往被大多数管理者和员工束之高阁。为了改善这一状况，提高预算控制效率，必须改变传统的预算视角，编制作业预算（activity budgeting）。该预算着眼于业务单位、项目团队或员工的具体活动，以具体的作业分类以及相应的作业动因为主要项目来编制，以便为管理者和员工所理解和运用。第四，简化预算编制内容，编制总括预算（global budgeting），与滚动预算一起来提高预算控制的灵活性。总括预算是指用少量的、简洁明了的、总括性的项目类别来编制预算，以满足经理们希望很容易地得到各项总体预算数额的愿望。它允许经理们不被详细的项目预算数额所限制，可在总括预算框架内，根据内外部顾客的需求，为实现组织的战略目标而灵活自主地开展生产经营活动。总括预算方法对难以详尽罗列具体 IC 项目的 IC 预算尤为适合。

（2）创新的业绩评价与激励体系。这一新的业绩评价与激励体系表现在以下三方面：

第一，增添了新的业绩评价对象。在传统的管理控制系统中，业绩评价对象与等级制的管理层级相适应，并按下级管理人员的职责分为成本中心、收入中心、利润中心、投资中心等四个主要类型，根据不同类型设立了不同的评价考核指标，主要强调各级管理人员的责任。在纳入IC要素的管理控制系统中，由于倡导知识的生成与共享的学习型文化，因而业绩评价系统应关注团队整体而非个人绩效，以鼓励团队内的知识交流、共享与创新。

第二，业绩评价指标创新。由于IC导向的业绩评价系统鼓励企业创新与知识的交流与分享，因而应将这些要求融入业绩评价系统，以避免为提高当前的业绩水平而抑制创新。行之有效的办法是在原有的财务考核指标之外，增加反应组织创新与知识共享活动的IC指标。如可增加团队的教育水平、培训费用、培训时间、员工参与企业参与团队管理程度、企业内部网站建设投资等一系列相关指标。另外，传统的责任会计系统重在考核各责任部门的经理与员工的业绩，其导致的结果可能阻碍各部门之间知识的转移与共享，因此可能需要增加一些反映各责任部门知识流动的指标。

第三，激励制度的相应改变。在IC导向的管理控制系统中，应根据业绩评价体系的要求创新现有的激励制度，在激励形式和激励手段方面加以相应改变。一般应针对项目团队的整体业绩给予集体激励性报酬，以强调合作与团队贡献。另外还应对员工积极参与知识、技能共享的突出个人行为予以奖励，以引导员工参加组织知识的积累、传递、共享与创新。奖励要制度化，以使团队成员明确团队和个人的行为如何影响其报酬。至于激励的具体手段，除了奖金、利润分享计划和股票期权等货币性手段之外，尤其应注重非货币性手段的运用。因为，项目团队的知识型员工具有很强的发展与自我实现意识，他们需要成就感和受人尊重，因而应为业绩优异的项目团队提供更好的办公条件，委托更重要的工作任务，给予更多的培训机会以及特别的荣誉等。

三、纳入IC要素的管理控制系统的基本框架

为了支持企业知识管理战略，需要纳入IC要素的管理控制系统具有新的控制理念、控制方式与方法，因而它是一个创新的管理控制系统。我们根据前述管理控制系统的基本框架以及这一创新的管理控制系统的目标与主要特征，提出如下纳入IC要素的管理控制系统的基本框架（内容）见图6-1。

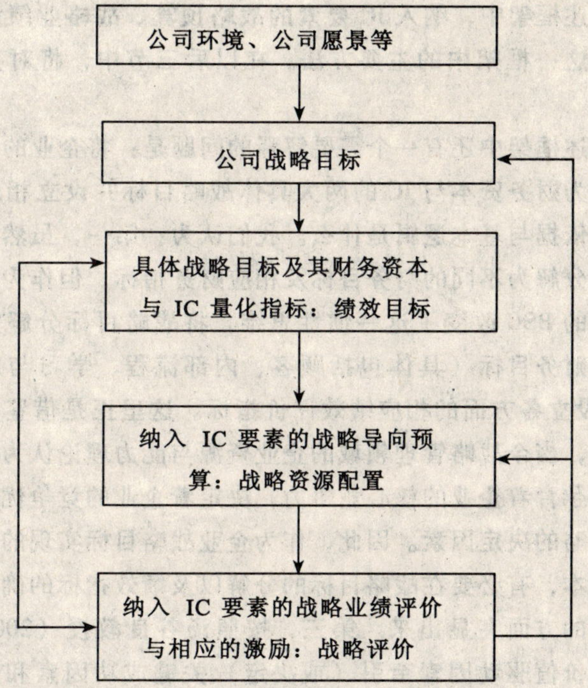

图 6-1　纳入 I C 要素的管理控制系统基本框架

上述纳入 IC 要素的管理控制系统的基本框架表明，首先应基于公司愿景以及对公司所处环境尤其是市场环境的分析结果来制定公司的（总体）战略目标，然后将其分解为财务资本方面的具体战略目标与 IC 方面的具体战略目标，并进一步对这两大方面的具体战略目标制定绩效目标及其相应的具体量化指标，接下来需要对这些绩效目标与具体指标的达成提供相关的资源支持，即需要编制纳入 IC 要素的战略预算，进行战略资源配置。然后，需根据财务资本与 IC 的具体绩效目标以及战略预算的相关指标来进行纳入 IC 要素的业绩评价，并给予知识战略导向的激励。最后，对这一战略评价的相关信息给予逆向反馈，以对业绩目标与具体指标的设置以及战略预算编制中的问题进行调整。当然，战略评价的结果也将影响下一轮战略目标的制定，并由此引发管理控制系统各环节的动态调整。

在上述框架中，纳入 IC 要素的战略预算、战略业绩评价与激励构成了这一框架中的主要方法。在以后三节中，将对其加以详述。

在上述框架中还有一个需要解释的问题是：将企业的总体战略目标分解为财务资本与 IC 的两大具体战略目标并设立相应量化指标的理论依据与基本逻辑是什么。我们认为：第一，虽然传统上将战略目标分解为不同的财务目标及相应财务指标，但作为战略管理执行工具的 BSC 改变了这一惯性思维，将战略目标分解为财务目标以及非财务目标（具体包括顾客、内部流程、学习与成长三方面），并设立各方面的相应绩效评价指标。这里正是借鉴了这一思路。第二，当今战略管理领域的企业资源与能力理论认为，无形的知识资源孕育着企业的核心竞争力，决定着企业的竞争优势，是实现企业战略的决定因素。因此，作为企业战略目标实现的决定因素的知识资本，有必要在战略目标的分解以及绩效指标的确立中作为一个独立的方面突显出来。第三，按照汤谷良教授（2006）的观点，关键价值驱动因素牵引（或决定）关键成功因素和关键绩效指标，在知识经济时代作为企业价值最重要的价值驱动因素的智力资本，理应在具体战略目标的分解以及相应绩效指标的确立中与原有的财务目标并驾齐驱。

由于智力资本可以划分为相互联系的人力资本（human capital）、组织资本（organizational capital）和关系资本（relational capital）三部分，则在将战略目标分解为财务目标以及非财务的智力资本目标之后，可继续将智力资本目标进一步分解为人力资本、组织资本、关系资本三个方面的具体目标。这样的目标分解思路表面上看上去与 BSC 相似，实则不同。BSC 的四大方面有列举之嫌，理论逻辑不甚清晰。而将战略目标分解为原有的财务方面与新纳入的智力资本方面，并以智力资本这一核心概念统驭非财务绩效目标的三个具体方面即人力资本、组织资本、关系资本，既突出了智力资本这一决定企业战略实现的关键因素，又具有清晰的理论逻辑性，并且也能够在确立企业绩效目标与指标时保持财务与非财务、短期与长期、结果与原因的平衡。

第二节 纳入智力资本要素的企业战略导向预算

标准成本和预算控制是管理会计产生初期的两大支柱。预算作为一种管理控制方法在 20 世纪 20 年代初已经产生。正如 Johnson 与 Kaplan 教授（1987）所言，“到 1925 年为止，现今我们运用的所有管理会计实践都已经发展起来了：人工、材料和制造费用的成本计量，现金、收入和资本预算，弹性预算，销售预测，标准成本，差异分析，转移价格和部门业绩的评价等，这些实践是为了满足越来越复杂和多样化的企业中管理者的信息与控制需要”。① 目前，国内外企业广泛应用的全面预算体系完全脱胎于 20 世纪初的预算控制方法，虽然较之于早期的预算控制在体系上更完整，在方法上更严谨，但就当今变化巨大的企业环境来讲，具有明显的局限性，主要表现在未能将预算与战略联系起来，编制依据片面等。因此，我们认为，在当今知识经济时代，与前述纳入 IC 要素的管理控制系统相适应，企业应相应编制纳入 IC 要素的战略导向预算。

一、纳入 IC 要素的企业战略导向预算的主要特征

与传统的全面预算相比，纳入 IC 要素的企业战略导向预算具有预算范围更广、知识战略导向、深入作业层次、财务与非财务预算指标相结合等主要特征。

纳入 IC 要素的企业战略导向预算在原有的企业全面预算的基础上，还对企业 IC 的形成与发展从战略角度作出了相应的筹划，因而是一个包括了企业财务资本与 IC 的范围拓展的预算。它把传统上企业 IC 无意识地形成变成当今积极主动地培植。事实上，企业 IC 的形成与发展是一个累积的过程，每期的 IC 都是当期的 IC 存量再辅以必要的货币资本投入而形成的，因此，对其形成与发展

① 托马斯·约翰逊，罗伯特·卡普兰著，金马工作室译. 管理会计兴衰史：相关性的遗失［M］. 北京：清华大学出版社，2004.

预算是企业经营计划以及预期经济活动的一种数量表现，是以货币或现金流量的形式对企业未来某一特定时期生产经营活动所作的系统而详细的表述，是为了完成特定目标而对所拥有的有限资源进行合理安排，对各项经济活动进行有效控制的一种工具。因而预算在合理配置企业资源以及提供具体控制目标或具体绩效指标方面发挥着独特的作用。传统的全面预算已经在提供财务资本的具体控制目标及相应资源配置方面发挥着重要作用，其编制思路与方法也亦相当成熟，这里主要探讨 IC 预算的编制思路。

考虑预算的本质作用，借鉴传统的全面预算的编制思路，我们认为针对 IC 要素的编制思路是：

首先根据前述企业 IC 目标，规划在目前情况下，企业需要经过哪些努力、进行哪些具体活动才能实现这些 IC 目标。

然后估算这些努力与活动需要哪些资源（资金、人员等）支持，投入多少。这些估算构成了 IC 方面的资源配置的依据。

最后，为了促进 IC 绩效目标的实现，须将企业 IC 方面的整体绩效目标，按照纵向的组织结构层次与横向的价值链各环节进行分解，并对各层次各环节为实现其 IC 目标所需的主要活动与资源耗费进行估算，以进一步编制出企业组织各层次，价值链各环节的 IC 预算。应该注意的是，价值链（VC）各环节的资源配置总额等于企业整体的 IC 投入总额。

（2）基本框架。

遵照原有的全面预算与上述 IC 预算的编制思路，我们设计了如下基于战略目标的、纳入 IC 要素的企业预算框架，如图 6-2 所示。该框架表明，应首先根据战略目标设立公司的整体财务资本与 IC 方面的绩效指标及其目标值，然后分析实现这些目标所需的行动并为其配置相应的资源。再进一步将公司层次的财务资本与 IC 方面的绩效目标值分解至 VC 各环节，可按照波特的价值链框架进行分解，这里为了方便列示，将其简化为研究与开发、采购与生成、营销与售后服务、基础管理四个 VC 环节，并为实现这些目标配置相应的资源。最后，还可将这些财务资本与 IC 方面的业绩指标与目标值细分至公司的各项目团队、小组乃至个人，也同样分析实现目标所采取的行动并分配相应的资源。

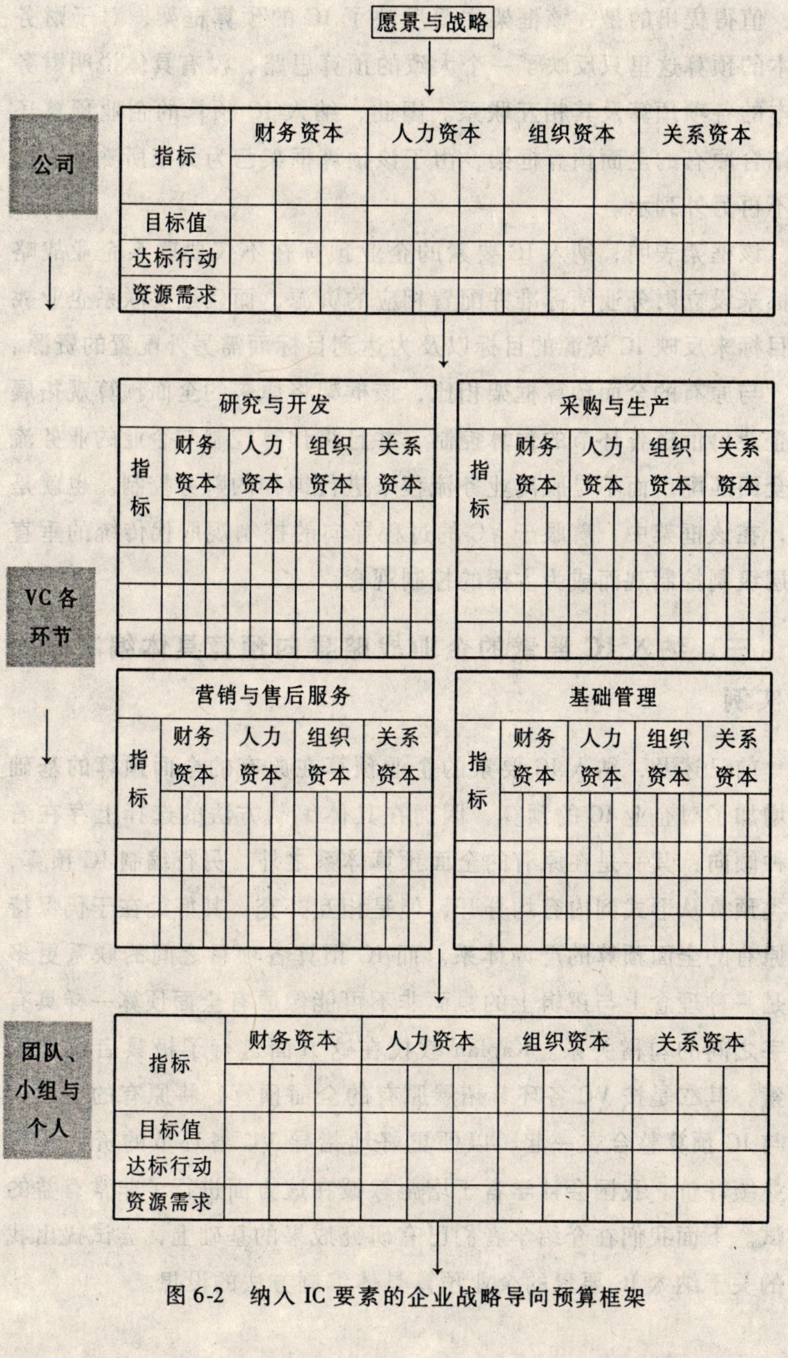

图 6-2 纳入 IC 要素的企业战略导向预算框架

值得提出的是，该框架主要反映了IC的预算框架，对于财务资本的预算这里只反映了一个大致的预算思路，没有具体说明财务资本的各项预算及其相互联系。因此，纳入IC预算的企业预算还需结合原有的全面预算框架，由于该预算框架已为大家所熟悉，这里不再另外列示。

该框架表明，纳入IC要素的企业预算在不仅要联系企业战略目标来设立财务业绩标准并配置相应的资源，而且还要联系企业战略目标来反映IC资源的目标以及为达到目标而需另外配置的资源。

与原有的全面预算框架相比，该框架将原来的全面预算观拓展至企业价值链各环节的预算控制，并且将预算控制与企业的业务流程全面匹配，而不是脱离业务流程来进行纯粹的财务控制。也就是说，在该框架中，着眼于VC的过程导向的控制观取代传统的垂直的层级制控制观而成为主要的控制观念。

三、纳入IC要素的企业战略导向预算具体编制方法与实例

前已述及，纳入IC要素的企业预算在原有的全面预算的基础上增加了对企业IC的预算，因而在具体编制方法的选择上存在着两种倾向：其一是在原有的全面预算体系之外，另行编制IC预算，两类预算从形式到内容均分开，但是相互补充。其好处在于仍保持了原有的全面预算的严谨体系。而IC预算各项目之间的联系更多的是一种理念上与逻辑上的，而非不可能像原有全面预算一样具有数字之间的勾稽关系。Kaplan教授在这方面进行了极具启发性的探索。其二是按VC各环节拓展原有的全面预算，将原有的全面预算与IC预算整合在一起，以便更好地指导VC各环节的资源配置与业绩评价。我国会计学者于增彪教授在这方面进行了非常有益的尝试。下面我们在介绍学者们已有研究成果的基础上，尝试提出我们的关于纳入IC要素的企业预算具体编制方法的设想。

（一）独立于传统全面预算的IC预算编制方法

Kaplan教授（2004）以消费者银行为例①，对他们所认定的三类重要无形资产即人力资本、信息资本与组织资本的战略准备度分别进行评估，在思路与方法上，突出了组织的战略性流程与相应的战略性岗位对这三类资本需求的决定作用。表6-2反映了消费者银行的人力资本战略准备度的确立方法。首先银行按照其价值主张，确立关键内部流程，接着确立那些对内部流程有重大影响的工作即战略性岗位，然后确定每种战略性岗位所需要的能力，并估算公司需要的具备这些技能的人员数量。最下面一行列示了消费者银行的人力资本是否已为其新战略储备好了。总的来看，该表估计了银行所需的为实现新战略的IC拥有量，可以作为IC预算的编制方法加以借鉴。

表6-2　　消费者银行的人力资本储备

战略性流程	营运管理		顾客管理		创新		法规与社会
战略性流程	使问题最小化	作出迅捷回应	交叉销售产品	转向恰当的渠道	了解顾客细分市场	开发新产品	员工队伍多元化
战略性岗位	品质经理	电话中心接待员	注册财务计划师	电话销售人员	客户营销人员	合资企业经理	社区招募人员

① ROBERT S. KAPLAN and DAVID P. NORTN. Measuring the strategic readiness of intangible assets [J]. Harvard Business Review, 2004, 2.

续表

战略性流程	营运管理		顾客管理		创新		法规与社会
能力描述	·六西格玛划	·顾客互动中心	·解决方案	·电话销售	·市场调研	·关系管理	·社区基础
	·问题管理系统	·问题管理系统	·销售关系管理	·产品知识	·市场沟通	·谈判	·公共关系
		·团队建设	·产品知识	·订货管理系统	·跨业务流程	·电子商务知识	·法律知识
			·专业资格证书				
所需人数	30	20	100	20	10	30	10
战略性岗位储备度	100%	90%	40%	50%	20%	70%	80%

（二）将IC预算与传统的全面预算整合在一起的预算编制方法

于增彪教授（2004）为亚新科BYC公司设计了预算管理与绩效考核集成系统，在预算编制的思路与方法上，其特色之处在于联系战略目标所要求的财务与非财务指标来进行预算，因而在其所设计的各具体预算（成本预算、利润预算等）中，不仅包括了传统的全面预算所反映的内容，而且还包括了传统的全面预算所没有反映的非财务指标的预算，这些非财务指标如内部客户满意度、新价值观的认可度等大部分与IC相关，因此我们将之作为将IC预算与传统的全面预算整合在一起的预算，下面列示的BYC公司油嘴喷油器分厂的成本预算体现了这一预算编制特色见表6-3。①

表6-3　　2002年油嘴喷油器分厂的成本预算　　单位：千元

项　目	季　度				年度总额
	1	2	3	4	
直接材料	8012	10359	8689	9263	36323
直接人工	2324	3023	2559	2927	10833
变动制造费用（可控）	2342	3054	2557	2902	10855
固定制造费用（不可控）	4141	5343	4473	5077	18992
合　计	16776	21779	18279	20169	77004
其他关键绩效指标（KPI）					
喷油器产量（万支）	377	481	418	434	1711
喷油嘴产量（万支）	484	349	232	349	1414
内部客户满意度	每季度均为95分				
按时完工率	每季度均为100%				
产品调试一次交检合格率	85%	86%	88%	90%	90%
5S综合指标	每季度均为95分				
实施新的管理控制系统	3月31日以前完成				
员工对亚新科价值观的认可程度	每季度均为80分				

（三）我们所设想的纳入IC要素的企业战略导向预算编制方法

借鉴上述IC相关的预算编制方法，我们按照VC各环节来编制预算，并同时编制VC各环节的包括三大IC项目的IC预算。表6-4纳入IC要素的销售预算（营销与售后服务环节）反映了我们的具体预算编制方法。这一预算编制方法具有三个特点：

① 于增彪，闫凤祥等．预算管理与绩效考核集成系统设计——亚新科BYC公司案例研究（下）［J］．财务与会计，2004，3.

第一，将原有的经营预算分别纳入各业务流程与 VC 各环节，如将销售预算纳入营销与售后服务环节，将成本预算纳入采购与生产环节等，其好处在于可以全面估算 VC 各环节的资源耗费与价值创造情况，不仅将企业整体的资源耗费与价值创造要求进行了分解，而且更便于各环节自身进行有效控制。

第二，将各环节原有的全面预算的内容与 IC 预算整合在一起。整合之后的各预算均包括财务资本与 IC 预算。整合之后的预算代表着企业生产经营观念的变化，不仅重视财务目标的预算与资源配置，而且同时关注支撑财务目标实现的 IC 重要性及其培植需求。

第三，在编制 IC 预算时，不仅提出了 IC 预算指标及目标值，而且还进一步估算出为完成这些预算目标而需相应配置的资源，并估算出了各环节的 IC 相关的支出总额，也就是说对各环节 IC 培植所需资源也给予了相应的预算。

如果企业 VC 各环节均使用这一预算编制方法，如在采购与生产环节均编制的类似的纳入 IC 要素的成本预算等，可以预计的结果是：原有的全面预算成果即预计的销售收入、生成成本、现金收支、资产负债表、损益表等等依然可以获得，而且，还可以另外得到企业的 IC 预算目标及资源需求状况。为企业进行包括财务资本与 IC 在内的绩效评价奠定了基础。

由于纳入 IC 要素的企业预算与原有的全面预算毕竟不完全相同，在编制该预算时还有两点值得注意。其一是对原有全面预算中的某些指标如销售费用（营业费用）、管理费用等的核算口径应作一些修改，因为部分销售费用、管理费用与企业 IC 相关，应纳入 IC 预算之中，不在原有的销售费用、管理费用之中进行预算。其二是在原有的全面预算中多了一部分 IC 预算，那么在预计的资产负债表中也应反映该项目及其金额，建议将其在无形资产项目中给予反映。

纳入 IC 要素的企业战略导向预算编制方法其实并不复杂，我们认为，如果企业编制纳入 IC 要素的预算的话，则可以将构建核心竞争力的努力落实到日常的经营活动之中，并大大提高其知识管理效率，促进企业战略目标的实现。

表 6-4　　纳入 IC 要素的销售预算（营销与售后服务环节）

单位：万元

<table>
<tr><td colspan="3" rowspan="2">项　目</td><td colspan="4">季　度</td><td rowspan="2">年度总额</td></tr>
<tr><td>1</td><td>2</td><td>3</td><td>4</td></tr>
<tr><td colspan="3">销售量</td><td>100</td><td>200</td><td>240</td><td>300</td><td>840</td></tr>
<tr><td colspan="3">单价</td><td>10</td><td>10</td><td>10</td><td>10</td><td></td></tr>
<tr><td colspan="3">产品销售收入</td><td>1000</td><td>2000</td><td>2400</td><td>3000</td><td>8400</td></tr>
<tr><td colspan="3">现金收入</td><td>500</td><td>1500</td><td>2200</td><td>2700</td><td>6900</td></tr>
<tr><td colspan="3">一般性销售费用</td><td>30</td><td>60</td><td>72</td><td>90</td><td>252</td></tr>
<tr><td rowspan="5">IC预算</td><td colspan="2">指标</td><td colspan="2">目标值</td><td colspan="2">所需行动</td><td>资源需求</td></tr>
<tr><td>人力资本</td><td>经验丰富的营销人员数</td><td colspan="2">增加 50 人</td><td colspan="2">营销人员的培训与交流</td><td>33</td></tr>
<tr><td rowspan="2">顾客资本</td><td>顾客忠诚度</td><td colspan="2">提升到 80%</td><td colspan="2">建立顾客信息系统</td><td>28</td></tr>
<tr><td>新增战略性顾客数</td><td colspan="2">100 个单位或个人</td><td colspan="2">建立有效的联系渠道</td><td>47</td></tr>
<tr><td colspan="6">本环节预计的 IC 相关的支出总额</td><td>108</td></tr>
</table>

第三节　纳入智力资本要素的企业战略业绩评价体系与运用案例

业绩评价是管理控制系统中的重要内容。长期以来，管理会计一直把业绩评价问题作为内部管理控制研究的重要组成部分。但在传统管理会计中，只有责任会计在责任预算的编制和责任报告中才对此有一些说明，却不清晰和系统。随着经济管理理论（如委托-代理理论、战略管理理论等）的发展，管理会计有必要重新审视与进一步研究业绩评价的理论和实务问题，以完善管理会计的理论与实务。本章我们所构建的知识导向的管理控制系统，要求企业业绩评价体系与其知识发展战略相结合，并将体现这一发展战略的智力资本要素纳入到评价指标体系之中。

一、企业业绩评价系统概述

(一)业绩评价系统及其构成

企业业绩评价系统是指为达到一定的目的、运用特定的指标、比照统一的标准、采取规定的方法,对评价对象的业绩作出判断,并与激励结合的考评制度。

一般可将企业业绩评价系统可以分为两个层次和四个方面的内容:第一个层次是企业整体层次的业绩评价,按评价对象的不同又分为企业业绩评价和管理者业绩评价;第二个层次是企业内部各层级、各子公司、各经营单位的业绩评价,按评价对象的不同又分为分部业绩评价和员工业绩评价。

无论对哪一个层次的评价,业绩评价系统都由以下几个要素构成,即评价主体(评价者)、评价客体(评价对象)、评价目标、评价指标体系(评价指标、评价标准、评价方法)以及相关的激励机制。评价主体是业绩评价的行为主体,可以是特定的组织机构,也可以是自然人;评价客体是评价的行为对象,是根据不同的需要和目的而确定的;评价目标是评价的立足点和目的地;评价指标体系是评价系统的核心部分,其中评价指标是对评价客体实施评价的重要依据,评价标准是评价的参照系,评价方法是具体实施评价的技术规范;激励机制是评价行为的延伸和反馈,有利于评价客体行为的改善。

(二)企业业绩评价体系的历史沿革

对企业业绩真正进行评价是在人类社会进入资本主义社会,尤其是现代意义上的公司出现以后。导致公司业绩评价产生的根本原因是公司所有权与经营权的分离。一方面,19 世纪上半叶,随着机器大工业的发展,个人和合伙企业在技术和资金上都无法适应当时的经济发展需求,由此引起了股份公司的迅速发展。随着企业规模扩大,企业所有者不得不聘请专业人士来经营企业;另一方面,随着资本市场的发展,公司股东越来越分散,对管理者监督越来越难,所以必须借助有效的评价方式来考核经营者是否称职。企业业绩评价系统的发展大致经历了三个阶段:

1. 成本业绩评价阶段(19 世纪初~20 世纪初)

早期业绩评价思想还过于简单,仍处于成本会计低级阶段,主要以成本计算为中心,是一种很简单的将本逐利的思想。随着成本会计第一次革命和资本主义商品货币经济的产生,原有的在一般商品经济条件条件下的将本逐利思想已逐渐被如何提高生产效率,以便尽可能多的获取利润的思想取代,于是在早期简单成本业绩评价的基础上开始了较为复杂的成本计算和业绩评价。但事实证明,这种较复杂的评价制度仍然是事后的分析计算,反应迟钝,不便于成本控制。直到 20 世纪初,科学管理之父泰勒建立标准成本制度,才实现了成本会计的二次革命。标准成本及差异分析制度的建立,标志着人们观念的转变,由被动的事后系统反应转变为积极主动的事前预算和事中控制,标准成本成为该时期评价企业经营业绩的主要指标。

2. 财务业绩评价阶段(20 世纪初~20 世纪 90 年代)

到了 20 世纪初,从事多种经营的综合性企业有了发展,多元化经营和分权化管理为企业业绩评价指标体系进一步创新提供了机会。1903 年,杜邦公司最高层管理者设计了多个重要的经营和预算指标,他们努力扩大泰勒成本概念的应用范围,不仅用来衡量生产效率,而且也用来衡量经营总业绩。其中最为重要的指标就是投资报酬率(ROI)。此外,这一阶段运用比较广泛的主要指标有:销售利润率、剩余收益、每股收益、现金流量、内部报酬率等。尽管在这一时期,一些公司已经意识到要把着眼点更多转向企业长期竞争战略的形成和保持上,但总体来讲,这一阶段公司的注意力基本上还是集中在如何解决生产问题而不是客户的要求以及客户的忠诚度上,更为重要的是对管理者的补偿主要还是依据财务业绩而不是工作质量业绩。因此,这是一个以财务指标为主、非财务指标为补充的业绩评价时期。

3. 业绩评价的创新阶段(20 世纪 90 年代至今)

20 世纪 90 年代,企业经营环境发生了巨大的变化,由于全球范围内竞争的加剧,企业要生存和发展,就必须有战略眼光和长远奋斗目标,战略管理会计被提上日程,于是那些影响企业战略经营成功的企业特色和知识战略导向。

第二，遵循上述有效的业绩评价与激励系统的设计要求。

在当今知识经济时代，智力资本已成为企业发展最重要的推动力，因而全面地、本质地评价企业智力资本方面的相关绩效，并利用它来支持与引导企业的管理活动，成为纳入IC要素的战略绩效评价体系需要解决的关键问题。根据上述有效的业绩评价与激励系统的设计要求，我们认为在评价企业智力资本方面的相关绩效时，不仅评价知识发展战略的执行结果，而且评价执行战略的具体知识管理过程，并且将企业的持续知识创新要求融入业绩评价系统，以避免为提高当前的业绩水平而抑制知识创新。另外，为配合知识战略管理，应将财务指标和非财务的智力资本指标相结合，市场化评价与内部化评价相结合，从战略高度正确评价企业知识管理业绩，力求确立和保持企业的长期竞争优势。

第三，分解战略目标与确立不同的评价层次。

为了确保企业战略目标的实现，应将企业战略目标具体分解到经营管理各层次与VC各环节。由此我们认为企业的战略业绩评价系统可分为如下三个基本层次：第一个层次是企业董事会对高层管理人员的战略业绩评价，第二个层次是高层管理者对VC各环节的中层管理人员的战略业绩评价，第三个层次是中层管理者对受其管理的团队、小组与个人的战略业绩评价。相应地，最高层次评价主体应该是企业（公司）董事会，其次是公司管理总部，再次是VC各环节。各层次评价主体以企业知识发展战略为导向，设计一系列财务资本与IC指标，向企业各级管理人员及全体员工传递各自的知识管理目标与责任，并对其进行业绩计量与考核，才能确保企业知识发展战略目标的实现。

第四，作为纳入IC要素的管理控制系统的一个重要的组成部分，要与该系统的其他部分协调一致，比如应考虑与纳入IC要素的企业战略导向预算的预算框架与预算指标的协调。纳入IC要素的战略业绩评价体系，不是单指企业的IC业绩评价，而是综合了企业IC业绩之后的一个全面的战略业绩评价体系，以使该评价体系适应于企业知识战略导向的管理控制系统的需要。

2. 指标体系设置

(1)各层次、各环节的业绩评价指标的设立依据与步骤。

基于上述纳入IC要素的企业战略业绩评价框架与分析，我们认为在这一框架内，应根据企业战略目标从财务资本与智力资本的角度，在企业各层次、VC各环节所分解的具体战略目标来相应设立各层次、各环节的业绩评价指标，并同时注意选用的预算指标，以降低业绩指标信息（主要是目标值）的获取成本，当然也应适当考虑这些业绩指标实际值的信息计量成本。

在具体步骤上首先是根据企业愿景与战略目标，从财务资本与智力资本的角度，来设立总体的财务资本方面的绩效指标与智力资本方面的绩效指标。然后，在此企业总体战略目标与相应指标的统帅下，根据各层次以及VC各环节在进行知识管理战略执行过程中发挥的主要作用或作出的主要贡献，来设立具体的知识管理战略目标业绩的智力资本指标。如可为产品研发环节设立增强技术创新能力的具体战略目标，然后，可采用研究开发费增长率、新产品开发时间、新产品收入占总收入的比重等相应指标来评价该部门的业绩。

又如，公司层次的顾客资本方面的战略目标与评价指标可能是提高顾客的忠诚度与顾客的忠诚比率，其所属的营销与售后服务环节的顾客资本方面的具体战略目标与评价指标可能是提高顾客的忠诚度与重新设计的顾客流程与服务的数量，而该VC环节所属的信息价值组（如果有的话）顾客资本方面的具体战略目标与评价指标则可能是为本部门的员工提高有效的桌面支持与完成桌面支持服务的数量。

(2)财务方面业绩指标的局限性与IC方面业绩指标的重要性。

在业绩计量指标设立过程中应注意财务指标的局限性和误导性。按服务于财务报告目的的会计准则与程序所计量的财务会计信息来计量业绩评价指标，其局限性是十分明显的。主要体现在计算财务指标的历史成本原则，决定了其只能评价企业过去的经营效果，而无法评价企业未来的发展潜力；财务指标的货币计量属性，决

（二）评价方法

评价方法是企业业绩评价的具体手段。有了评价指标和评价标准，还要采用一定的评价方法来对评价指标和评价标准进行实际运用。首先要确定出各评价指标的权重，以此判断各评价指标相对于总目标的重要程度。各项评价指标权数，既可采用较为主观但简便的确定方法，专家意见法或特尔菲法，又可采用较为客观但繁琐的方法即AHP层次分析法。在运用专家意见法确定权数时，应具体考虑三个方面的因素：即战略、公司的特点和所处行业的特点。比如保险公司可能关心每一员工的合同数、对客户的反应速度和政策的更换频度；而消费品生产商会更重视周转时间、供应商的质量和商标形象。同一公司在不同时期因其发展战略不同，也会影响其确定智力资本项目的优先顺序。另外，运用AHP法，能很好地确定智力资本中各评价指标的权重。其次要将各评价指标的业绩量化，得到各自的业绩计分。最后汇总业绩评价计分，得到该企业的综合业绩得分。

1. 运用AHP法确定权数

在评价体系中，每个指标对实现系统的目标和功能的重要程度各不相同。权重表示各指标的相对重要程度，或表示一种效益替代了另一种效益的比例系数。合理确定和适当调整指标权重，体现了智力资本评价中各因素轻重有度、主次有别，更能增加评价指标的可比性。AHP法利用定性与定量相结合的方法，把复杂问题分解为若干有序层次，通过各层次的分析导出对整个问题的分析。对智力资本进行有序的分层次分类，结合AHP法，能很好地确定智力资本中各评价指标的权重。

AHP法的具体应用步骤：

(1)明确问题，建立阶梯层次结构。把问题中涉及的因素按性质分层排列，最上层是目标层(A)，表示系统所要达到的目标，本文中业绩评价系统的目标就是业绩评价的总目标。中间层是准则层(C)，横向排出衡量达到目标的各项准则，本文中的准则就是业绩评价的四个方面：财务资本、人力资本、组织资本、关系资本。最低层是方案层(P)，即衡量这四个方面的具体指标。在分层排列的基础上，找出层次间元素的联系，这样就建立了评价对象的递阶层次结构，如

图 6-4 所示。

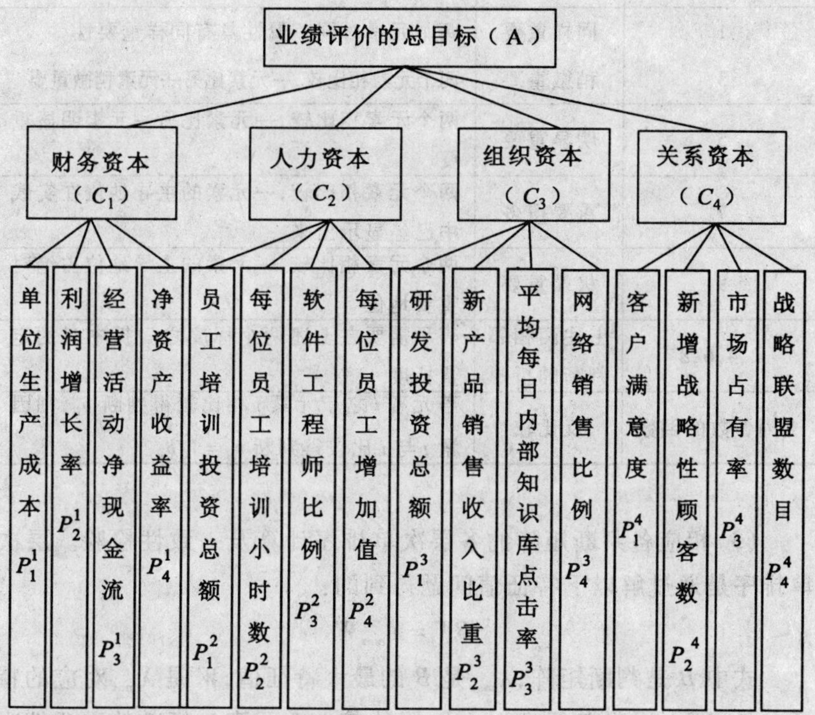

图 6-4

(2)建立判断矩阵。判断矩阵元素的值反映了人们对各因素相对重要性的认识。在建立递阶层次结构后，就可以逐层逐项进行元素之间的比较，为了使比较结果定量化，一般采用数字 1～9 及其倒数的标度方法。就每一个上层元素，对与其有逻辑关系的下层元素进行一对一的成对比较，即通过分析，判断确定下层元素就上层某一元素而言的相对重要性。除最下层元素外，对高层每个元素都要建立一个判断矩阵。判断的结果表示在判断矩阵中。对不同情况的评比给予数量标度，如表 6-5 所示。

表 6-5

标 度	定 义	说 明
1	同样重要	两个元素对同一属性具有同样重要性
3	稍微重要	两个元素相比较，一元素比另一元素稍微重要
5	明显重要	两个元素相比较，一元素比另一元素明显重要
7	重要得多	两个元素相比较，一元素的主导地位在实践中已经显示出来
9	极端重要	两个元素相比较，一元素的主导地位占绝对重要地位
2,4,6,8	上述两相邻判断的折中	表示需要在上述两个标度之间折中时的定量标度
上列各数的倒数	反比较	若元素 i 之于元素 j 相比较得判断 b_{ij}，则因素 j 与 i 比较得判断 $b_{ji}=1/b_{ij}$

(3)相应各判断矩阵的各层次单排序计算及一致性检验。层次单排序是通过解以下特征值问题得到的：

$$BW=\lambda_{\max}W$$

式中 B 是判断矩阵，$\lambda_{\max}$ 是 B 的最大特征值，W 是 $\lambda_{\max}$ 对应的特征向量，即本层次各元素以上一层的某一个元素为标准的重要性次序的权值。同时还要进行层次排序的一致性检验，需要计算一致性指标，如下式：

$$CI=(\lambda_{\max}-n)/(n-1) \qquad n\text{ 为判断矩阵的阶数}$$

对于多阶判断矩阵，还需引入判断矩阵的平均一致性指标，记作 RI 对于 $n=1,2,\cdots,9$ 阶判断矩阵的 RI 值，其数值见表 6-6。

表 6-6

阶数 n	1	2	3	4	5	6	7	8	9
RI	0	0	0.58	0.90	1.12	1.24	1.32	1.41	1.45

当随机一致性比率 $CR=CI/RI<0.10$（RI 根据矩阵的不同阶

数有固定的不同取值)，认为层次单排序的结果有满意的一致性，否则需要调整判断矩阵的元素取值。

(4) 层次总排序（即权重值）计算及一致性检验。进行层次总排序，就是确定递阶层次结构中最底层（方案层）中每一个元素（方案）在总目标（最上层元素）中的权重。经过层次单排序，已经分别得出 P^1，P^2，P^3，P^4 对 C_1，C_2，C_3，C_4 的权重，以及 C_1，C_2，C_3，C_4 对 A 的权重，现要进一步求出 P^1，P^2，P^3，P^4 对 A 的权重，计算过程见表 6-7。

表 6-7

层次 C / 层次 P	C_1 a_1	C_2 a_2	…	C_m a_m	总排序结果
P^1	W_1^1	W_2^1	…	W_m^1	$\sum_{j=1}^{m} a_j W_j^1$
P^2	W_1^2	W_2^2	…	W_m^2	$\sum_{j=1}^{m} a_j W_j^2$
⋮	⋮	⋮	⋮	⋮	⋮
P^n	W_1^n	W_2^n	…	W_m^n	$\sum_{j=1}^{m} a_j W_j^n$

2. 实际业绩的取数分析

业绩评价的指标体系包括可以从企业内部取数的财务指标与非财务指标，也包括从外部取数的市场基础指标。总括起来，可以获取信息的渠道包括会计信息系统、业务统计系统和外部市场信息。

会计信息系统可以提供计算财务指标所需要的信息。包括直接从报告的财务会计系统获取的信息和从用于内部管理的管理会计系统获取的信息。前者有统一的会计制度和会计核算模式要求，经过外部注册会计师审计，对于保证所提供信息的客观真实，以及与其他企业的可比性有帮助。例如，采用财务会计信息系统数据计算的每股收益、净资产收益率等都可以直接和同行业、类似规模的企业比较。但是，这里的信息客观真实是从反映企业的财务状况和经营成果角度来说的，并不是特别针对经营者的经营业绩，因而用于业绩评价时，是否能够客观真实地反映经营者的能力程度还取决于经营者不可控因素影响大小、经营者通过会计政策操纵信息的余地大小等因素。所以，从财务会计信息系统获取信息比较适合于经营者有较大经营自主权、对企业的整体效益负有责任，并且报酬计划也与此相适应的情况。为减少指标的噪音，我们也倾向于对指标进行适当调整，以消除会计政策的影响，如经济增加值（EVA）和利润净现金率的做法。从管理会计信息系统获取数据能更多地考虑经营者的权责范围，使指标内涵完全反映经营者可控范围内的效益。如利润，在财务会计规定了利润的一致内涵时，企业内部的核算系统则完全可以根据业绩评价的需要来确认和计量。

业务统计系统能提供业绩评价所需要的非财务信息，如有关产品质量、存货周转、顾客满意、员工流动等。业务统计数据来自业务活动的发生现场，一般较为及时和准确。但它只能提供某一方面的信息，不够全面。同时并非所有企业都有完备的业务统计系统，有些非财务指标也往往是现行业务统计系统无法提供的。

从业绩评价指标的实际完成值角度，外部市场能提供的信息是有限的，主要有股票价格、企业排名、市场占有率等。从外部市场获取的信息往往较为客观，不易受经营者的主观影响，在关键利益相关者和经营者之间存在较大程度的信息不对称时，前者会更倾向于采用市场信息。但市场信息往往包含经营者不可控因素影响，其内涵可能和经营者的权责范围存在不同程度的不对应，这是需要在整个业绩评价方法体系中考虑和协调的问题。

3. 根据权数与业绩评价标准进行业绩评价计分

从企业的会计信息系统、业务统计系统和外部市场信息中获取有关的数据后，就可以对设定的业绩评价体系的各项具体指标进行计分，衡量企业某一具体方面的业绩。在此基础上，对各项指标的得分进行汇总，还可以反映出企业财务资本、人力资本、组织资本、关系资本等四个方面的业绩状况与发展趋势，以及企业总体的业绩状况与发展趋势。我们设计按照以下几个步骤计算各个具体指标的分值：

第一，根据企业的历史业绩和行业状况确定业绩评价标准。针对每项评价指标，将每个评价指标的计分标准划分为 4 个档次，基准值分别为 $x_{j\min}$、x_{jm1}、x_{jm2}、$x_{j\max}$，并且 $x_{j\max} > x_{jm2} > x_{jm1} > x_{j\min}$。

第二，按照已确定的业绩评价标准，将评价指标的实际值与基准值比较，判断实际值所在的档次，得到其业绩得分。各档对应的得分分别为 70 分、80 分、90 分、100 分。计算公式为：

$$R_{ij} = \begin{cases} 70, & x_{ij} \geqslant x_{j\min} \\ 80, & x_{ij} \geqslant x_{jm1} \\ 90, & x_{ij} \geqslant x_{jm2} \\ 100, & x_{ij} > x_{j\max} \end{cases} \qquad (x_{j\max} > x_{jm2} > x_{jm1} > x_{j\min})$$

其中，x_{ij}为第 i 个评价维度第 j 项评价指标的本期实际值。

第三，根据权数与业绩评价标准得到各评价指标的业绩计分。计算公式为：

$$PV_{ij} = R_{ij} W_{ij}$$

其中，R_{ij}为业绩评价指标体系的第 i 个评价维度第 j 项指标的评价值；W_{ij}为业绩评价指标体系的第 i 个评价维度第 j 项指标对总目标的权数。

4. 汇总计算该企业的综合业绩得分

根据各具体指标对总目标的权数和各自的业绩得分，最终可以得出一个整体业绩综合评价计分计算公式：

$$PV = \sum PV_{ij} = \sum R_{ij} W_{ij}$$

式中，PV 是业绩综合评价得分；PV_{ij}是业绩评价指标体系的第 i 个评价维度第 j 项指标的业绩得分；R_{ij}为业绩评价指标体系的第 i 个评价维度第 j 项指标的评价值；W_{ij}为业绩评价指标体系的第 i 个评价维度第 j 项指标对总目标的权数。

四、知识导向的激励制度

对于纳入 IC 要素的管理控制系统而言，在进行上述战略业绩评价的基础上，还需进行与业绩评价结果协调一致的激励，因而企业需要制定相应的激励补偿计划。常见的激励补偿计划包括：现金奖金、利润分享、增益分享、股票期权、业绩股份、股票增益权益以及雇员持股计划等（Kaplan，2001），各企业可根据实际需要选择与设计不同的激励补偿计划。由于在上述战略业绩评价体系中，重点突出了对企业 IC 业绩的评价，因此，我们认为根据上述业绩评价结果所进行的激励补偿，具有明显的知识战略导向，或者说，具有促进企业全体员工培植其核心竞争力的作用与意义。

从制度层面来考虑，为了调动企业全体员工创建与共享 IC 的积极性与主动性，我们认为，股份期权激励与员工持股方式可能是适合我国企业需要有效的激励制度安排。

对于股份期权激励制度，目前国内外探讨较多，并在许多企业进行了实践。从这一角度而言，它似乎不是一种新的激励制度安排。实际上我们目前探讨最多的股票期权分配方式，无论是在理论上，还是在实践中运用，主要是作为一种经营者激励方式与激励制度进行制度安排的，目前这种期权激励已经起到并发挥了较好的作用，然而是否或者能否对企业智力资本也具有同样的激励效果，目前还没有得到一致的看法。我们认为，期权激励能否具有效应，主要是看它所适用的条件。在一般企业激励制度安排过程中，之所以对经营者实行股权激励主要是因为经营者是传统企业稀缺的智力资源或者智力资本，经营者在一般企业的价值增值过程中具有关键性的地位与作用。同时由于经营者实际上对企业经营具有的内部人控制特点，为了避免增大代理成本，一种最好的激励制度安排是通过对经营者的期权激励制度安排。而对于一般员工而言它不具备这些功能与作用，因此对员工的股份期权激励就不能实现激励效用的最大化。

然而，随着知识经济时代的到来，以高新技术知识企业为代表的知识型企业正在逐步成为企业的主要组织形式和经营运转方式，传统的以大规模产业生产为代表的经济范式正在逐步地被以柔性化、个性化生产和大规模定制等知识生产与知识组织形式所替代，在知识企业中，由于核心知识员工具有与传统企业或者一般企业经营者同样的价值增值功能与作用，在高新技术知识企业中，由于企业的价值主体是知识员工的智力资本，隐含在知识员工大脑内的隐性人力资本能否或者愿意转化为显性人力资本与组织资本，就成为知识企业能否快速健康发展的一个关键，对知识员工的激励具有与经营者激励同样的功能作用，在一定条件下还有超过经营者的趋势，因此，在这种情况下，传统企业的对经营者股权激励就必须转变为对智力资本股权激励。根据目前发达国家企业激励制度安排的实践经验，尤其是美国硅谷知识企业激励制度安排的经验，在现行的条件下，股份期权激励具有激励效用最大化的功能与倾向，是一种适应于知识员工激励制度安排的有效激励方式。因此，将传统企业的对经营者股权激励转变为对智力资本股权激励，不仅是知识经济发展的必然要求，也是知识企业自身发展与变化的必然结果。因而，对具有智力资本产权的知识员工进行分配激励，应该成为目前条件下知识型企业智力资本激励的一种主要激励方式。

在以高新技术企业为主体的知识型企业中，以隐性人力资本为核心内容的智力资本在企业价值增值中具有关键性的地位与作用，因此如何对知识企业的员工智力资本进行有效的激励与制度安排，就成为当前一个亟待解决的重要问题。因而我们就有必要在原来的经营者股权激励制度安排的基础上，将股份期权的激励效应扩大到知识员工激励制度安排上，即通过对知识员工的股权激励制度安排，最终实现智力资本参与剩余收益分配目标。因为在知识型企业中，也同样存在着知识员工与企业、与股东利益的不完全一致性，以及知识员工内部人控制问题，要求通过一定的激励机制安排，使知识员工自发地而非强制地、或者说从自身利益最大化出发关心企业利益，而对企业利益的关心就是对股东利益的关心，知识员工、企业与股东三者之间的根本利益应该是一致的。一是知识员工股份期权和股票期权正是适应了上述的要求，它为知识员工智力资本与知识所有者成为知识企业所有者提供了可能，使知识员工能够站在知识企业发展的角度来看待公司的发展。二是股票的价值是预期股利的贴现值，只有知识企业具有核心竞争力，并保持长期的成长，知识员工才能获利，由此将引导知识员工通过一定的激励制度安排愿意将隐性的人力资本价值转化为显性的人力资本价值，通过智力资本的价值共享实现知识企业的成长与知识员工行为的理性化。

职工持股计划应该说是股份期权激励分配方式在知识型企业中的一种延伸与继续。在这里需要区别的是一般企业与知识企业在员工持股计划上，具有不同的激励层次和激励范围要求。对于一般企业而言，员工持股计划具有的激励效用远远不及知识型企业，因为知识企业已经在许多方面具有与一般企业不同的特征。如知识企业的组织结构是一种非等级制的团队，知识企业经营者与员工的界限已经模糊，传统的经营者已经被知识主管或者知识召集人所替代，其中最本质的区别是知识企业知识员工已经替代经营者成为企业价值创造的核心，因此在一般企业与知识企业的激励制度安排上的最大的不同就是，一般企业主要关注的是对企业经营者的激励，而知识企业最为关注的是对知识员工的激励。而从产权激励的角度而言，员工持股激励制度安排无疑是一种当前条件下最为有效的一种主要激励方式。

我们认为，员工持股计划可以也应该成为高新技术型知识企业智力资本激励的一种制度安排，因为美国硅谷的成功实践已经说明它是一种有效的激励知识型技术公司与知识员工智力资本创造性的制度安排，硅谷的高科技知识型公司普遍实行员工持股计划，员工持股计划不仅包括经营者，还覆盖了所有的知识员工。通过资本市场的功能与作用，使硅谷的高新技术产业得到了快速发展，同时也产生了一批“科技新贵”，以员工的平均收入为例，一般美国员工的年收入为 3 万美元，而硅谷的员工年平均为 8 万美元。特别是对于那些高风险的高科技知识企业而言，员工持股计划不仅对于吸引、保留人才有着重要作用，而且也成为知识企业快速成长、发展的重要推动力量。如果没有一定的公司所有权，系统运转起来就没有那么有效。

五、纳入智力资本要素的战略业绩评价案例

本书所选用的案例是一个高科技制造业企业 MT 公司，其主要的业务是个人电脑（PC）的生产及相关的软件开发和系统集成。公司认为其最重要的资源是知识，公司的智力资本诸如员工专有知

识、专利权、有效的管理过程、顾客忠诚等被当作未来的竞争力和发展的决定性因素。公司将其愿景与战略表述为：通过提供顾客满意的 PC 以及开发未来导向的软件，使公司获得创造性的发展。

（一）制定具体战略目标与设置业绩指标

1. 财务资本方面的具体战略目标与业绩指标

对 MT 公司来说，为了实现其战略目标，在财务方面应该保持有竞争力的成本水平、控制间接和辅助性费用水平，提高经营利润与获利能力，并应不断提高投资回报率，以增强企业投资者的信心。最简单和明确的降低成本目标就是降低劳务或产品的单位成本。对产品比较单一的公司来说这一目标就足够了。但对本例中的企业来说还是不够的。首先，电脑不断降价的趋势，使库存成本越接近于顾客刚刚购买的价钱越好。在满足需求的情况下，库存越小风险越小，这基本都与运作速度有关系。提高运作速度的主要指标就是缩短企业供应链的周期。其次，由于科技制造行业的竞争不仅仅集中于传统制造行业的销售网络、渠道建设等方面，还有很重要的一点就是技术的竞争。这样的企业在确保丰厚的利润之外，同时还必须不断地对研发进行投资以保持其科技优势。因此控制营业成本也是很为主要的一环。总之，为这个企业所选用的财务资本指标主要有：

（1）单位成本。通过提高生产能力利用程度降低单位生产成本。

（2）利润增长率。利润增长率表明企业利润的增长情况，体现企业的发展潜力。

（3）经营活动净现金流。反映了主营业务对企业的支撑作用。

（4）净资产收益率。该指标充分体现了投资者投入企业的自有资本获取净收益的能力，突出反映了投资与报酬的关系，是评价企业资本经营效益的核心指标。

2. 人力资本方面的具体战略目标与业绩指标

人力资本是该高科技企业的竞争基础。为了实现其战略目标，该高科技企业需要增强其人力资本。为此，需要增加员工的培训投资与培训时间，以提高员工的学习与工作能力。还须增加对企业发展至关重要的知识员工本例即软件工程师的数量。另外，还须不断提高企业的人力资本效率。为此，为这个企业所选用的人力资本指标主要有：

（1）员工培训投资总额。反映了企业在提高员工能力方面的总体投入水平。

（2）每位员工培训小时数。反映了企业对提高每位员工能力方面的关注及相应投入水平。

（3）软件工程师比例。反映企业软件工程师占所有员工的比例。

（4）每位员工增加值。是员工效率指标，反映了企业在提高员工能力方面的投入与产出关系。

3. 组织资本方面的具体战略目标与业绩指标

为了提高企业的价值创造能力，组织资本也十分重要。为了实现公司战略目标，需要继续增强其组织管理水平以及新产品开发能力。同时，需要加大在信息技术与内部网络系统方面的投资，提高企业的知识共享水平。因此，为这个企业所选用的组织资本指标主要有：

（1）研发投资总额。反映了企业在自主研发方面的投入水平。

（2）新产品销售收入比重。指当年开始销售的产品销售收入占当年所有产品销售收入的比重。该指标反映了企业新产品开发能力。

（3）平均每日内部知识库点击次数。该指标反映了企业知识的共享程度。

（4）网络销售比例。该指标可反映企业的信息技术先进度以及内外部网络系统的完善程度。

4. 关系资本方面的具体战略目标与业绩指标

为了实现其战略目标，在关系资本（或外部结构资本）方面，该公司需要继续提高其现有客户满意度、不断获取新客户，提高其市场占有率，以满足企业不断发展的要求。另外，为了应对当今日趋激烈的市场竞争，需要按照双赢原则来加强战略联盟，提高企业的市场反应速度与竞争能力。因此，为这个企业所选用的组织资本指标主要有：

（1）客户满意度。留住客户和争取客户都是通过满足客户的需求来实现的，衡量顾客的满意程度可以对公司的业绩提供反馈。

（2）新增战略性客户数。通过不断获取新客户，扩大自己的市场份额，可以不断找到新的利润增长点。

（3）市场占有率。该指标反映企业顾客资本产生的效果。

（4）战略联盟数目。该指标反映从外部获取知识的能力以及效果。

将上述MT公司的具体业绩指标汇总列表如下（表6-8）。

表6-8　　具体业绩指标汇总列表

四个方面	目　标	具体业绩指标
财务资本	降低成本	单位生产成本
	提高利润增长率	利润增长率
	提高经营活动净现金流量	经营活动净现金流
	提高投资报酬率	净资产收益率
人力资本	提高员工能力	员工培训投资总额
	提高员工素质	每位员工培训小时数
	提高专业人员比例	软件工程师比例
	增强员工效率	每位员工增加值※
组织资本	增加研发投资	研发投资总额
	增强自主开发能力	新产品销售收入比重
	提高知识共享程度	平均每日内部知识库点击次数
	加强信息系统结构	网络销售比例
关系资本	提高客户满意度	客户满意度
	获取新客户	新增战略性顾客数
	扩大市场份额	市场占有率
	强化战略联盟	战略联盟数目

* 每位员工增加值＝人均销售额－（人均培训、工资及福利费等）

（二）确立各项业绩指标的具体评价标准

我们通过深入调查研究与广泛征求意见，设立如下较为简化的具体的业绩评价标准（如表6-9所示），如对内部客户满意度而言，可以设立的评价标准是：客户满意度在95%以上为100分，客户满意度≥90%为90分，客户满意度≥85%为80分，客户满意度≥80%为70分等。

（三）运用AHP法确定战略业绩评价体系中四个方面及其具体指标权数

在综合评价体系中，每个指标对实现系统的目标和功能的重要程度各不相同。权重表示各指标的相对重要程度，或表示一种效益替代了另一种效益的比例系数。合理确定和适当调整指标权重，体现了纳入智力资本要素的战略业绩评价体系中各因素轻重有度、主次有别，更能增加评价指标的可比性。AHP法利用定性与定量相结合的方法，把复杂问题分解为若干有序层次，通过各层次的分析导出对整个问题的分析。

表6-9　　**MT公司的战略业绩评价标准**

指　标		70分	80分	90分	100分
财务资本	单位生产成本（元）	≤3 850	≤3 800	≤3 750	≤3 700
	利润增长率	≥20%	≥25%	≥30%	>35%
	经营活动净现金流量（万元）	≥12 000	≥13 000	≥14 000	>15 000
	净资产收益率（%）	≥10%	≥20%	≥30%	>40%
人力资本	员工培训投资总额（万元）	≥300	≥400	≥500	>600
	每位员工培训小时数	≥75	≥100	≥125	>150
	软件工程师比例	≥64%	≥72%	≥80%	>88%
	每位员工增加值（万元）	≥40	≥60	≥80	>100

续表

指 标		70 分	80 分	90 分	100 分
组织资本	研发投资总额（万元）	≥2 000	≥4 000	≥6 000	>8 000
	新产品销售收入比重	≥20%	≥30%	≥40%	>50%
	平均每日内部知识库点击次数	≥2 000	≥3 000	≥4 000	>5000
	网络销售比例	≥25%	≥30%	≥35%	>40%
关系资本	客户满意度	≥80%	≥85%	≥90%	>95%
	新增战略性客户数	≥4	≥6	≥8	>10
	市场占有率	45%	≥55%	≥65%	>75%
	战略联盟数（个）	≥1	≥3	≥5	>7

1. 确定财务资本、人力资本、组织资本、关系资本的权数

（1）建立阶梯层次结构，如图 6-5 所示。

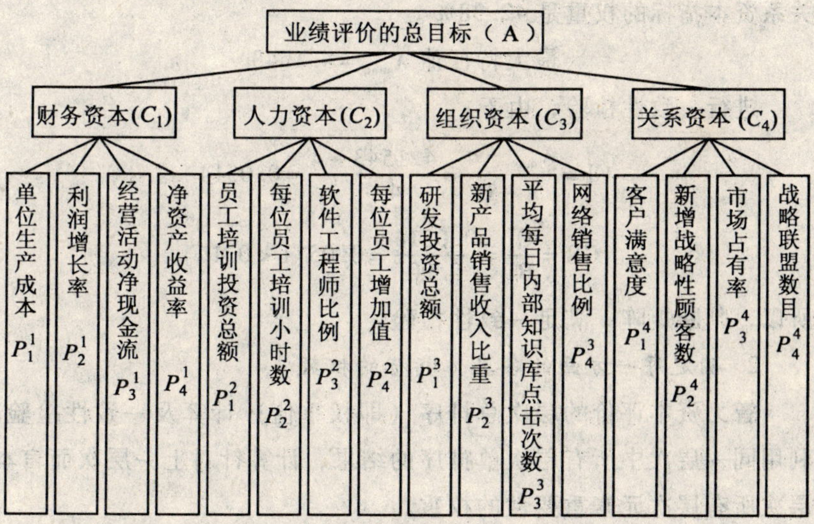

图 6-5

（2）构造判断矩阵。通过向企业的中层以上管理人员发放问卷，请他们对这四个部分及每个部分各自的具体指标的相对上一层次因素的重要性作出判断，并根据上述 1～9 的标度进行打分，综合这些问卷结果得到判断矩阵 1：

$$\begin{bmatrix} 1 & 2 & 2 & \frac{1}{3} \\ \frac{1}{2} & 1 & 2 & \frac{1}{3} \\ \frac{1}{2} & \frac{1}{2} & 1 & \frac{1}{4} \\ 3 & 3 & 4 & 1 \end{bmatrix}$$

（3）进行判断矩阵 1 的层次单排序计算及一致性检验。

据此计算出权重向量：$(0.2524, 0.1619, 0.1619, 0.4238)^T$，即对于业绩评价总指标而言，财务资本指标的权重是 25.24%，人力资本指标的权重是 16.19%，组织资本指标的权重是 16.19%，关系资本指标的权重是 42.38%。

$$\text{最大特征值 } \lambda_{max} = 4.1543$$

进行一致性检验，由于：

$$CI = \frac{\lambda_{max} - n}{n - 1} = \frac{4.1543 - 4}{4 - 1} = 0.0514$$

$$CR = \frac{CI}{RI} = \frac{0.0514}{0.90} = 0.0571 < 0.1$$

所以，判断矩阵 1 满足一致性检验。

2. *确定每一方面的各具体指标的权数*

智力资本评价的层次总排序（即权重值）计算及一致性检验。利用同一层次中所有层次单排序的结果，计算针对上一层次而言本层次所有层次元素重要性的权重。

（1）确定财务资本指标方面的判断矩阵，得判断矩阵 2：

$$\begin{bmatrix} 1 & 1 & \frac{1}{2} & 2 \\ 1 & 1 & \frac{1}{3} & 2 \\ 2 & 3 & 1 & 3 \\ \frac{1}{2} & \frac{1}{2} & \frac{1}{3} & 1 \end{bmatrix}$$

据此计算出权重向量：$(0.2379, 0.2182, 0.4151, 0.1288)^T$

最大特征值 $\lambda_{max} = 4.069$

进行一致性检验，由于：

$$CI = \frac{\lambda_{max} - n}{n - 1} = \frac{4.069 - 4}{4 - 1} = 0.023$$

$$CR = \frac{CI}{RI} = \frac{0.023}{0.90} = 0.0256 < 0.1$$

故判断矩阵 2 满足一致性检验。

所以，财务资本方面的四项指标——单位生产成本、利润增长率、经营活动净现金流量和净资产收益率，它们对这一方面的权重分别是 23.79%、21.82%、41.51% 和 12.88%。

（2）确定人力资本指标方面的判断矩阵，得判断矩阵 3：

$$\begin{bmatrix} 1 & 1 & \frac{1}{3} & \frac{1}{2} \\ 1 & 1 & \frac{1}{3} & \frac{1}{2} \\ 3 & 3 & 1 & \frac{1}{2} \\ 2 & 2 & 2 & 1 \end{bmatrix}$$

据此计算出权重向量：$(0.1442, 0.1442, 0.3324, 0.3792)^T$

最大特征值 $\lambda_{max} = 4.1512$

进行一致性检验，由于：

$$CI = \frac{\lambda_{max} - n}{n - 1} = \frac{4.1512 - 4}{4 - 1} = 0.0504$$

$$CR=\frac{CI}{RI}=\frac{0.0504}{0.90}=0.056<0.1$$

故判断矩阵 3 满足一致性检验。

所以，人力资本方面的四项指标——员工培训投资总额、每位员工培训小时数、软件工程师比例和每位员工增加值，它们对这一方面的权重分别是 14.42%、14.42%、33.24% 和 37.92%。

(3) 确定组织资本指标方面的判断矩阵，得判断矩阵 4：

$$\begin{bmatrix} 1 & \frac{1}{2} & 2 & \frac{1}{2} \\ 2 & 1 & 2 & 1 \\ \frac{1}{2} & \frac{1}{2} & 1 & \frac{1}{2} \\ 2 & 1 & 2 & 1 \end{bmatrix}$$

据此计算出权重向量：$(0.2002, 0.3290, 0.1418, 0.3290)^T$

最大特征值 $\lambda_{max}=4.0610$

进行一致性检验，由于：

$$CI=\frac{\lambda_{max}-n}{n-1}=\frac{4.0610-4}{4-1}=0.0203$$

$$CR=\frac{CI}{RI}=\frac{0.0203}{0.90}=0.0226<0.1$$

故判断矩阵 4 满足一致性检验。

所以，组织资本方面得四项指标——研发投资总额、新产品销售收入比重、每日内部知识库点击次数和网络销售比例，它们对这一方面的权重分别是 20.02%、32.90%、14.18% 和 32.90%。

(4) 确定关系资本指标方面的判断矩阵，得判断矩阵 5：

$$\begin{bmatrix} 1 & 2 & \frac{1}{3} & 2 \\ \frac{1}{2} & 1 & \frac{1}{3} & 2 \\ 3 & 3 & 1 & 3 \\ \frac{1}{2} & \frac{1}{2} & \frac{1}{3} & 1 \end{bmatrix}$$

据此计算出权重向量：$(0.2311, 0.1676, 0.4841, 0.1171)^T$

最大特征值 $\lambda_{max} = 4.1222$

进行一致性检验，由于：

$$CI = \frac{\lambda_{max} - n}{n - 1} = \frac{4.1222 - 4}{4 - 1} = 0.0407$$

$$CR = \frac{CI}{RI} = \frac{0.0407}{0.90} = 0.0452 < 0.1$$

故判断矩阵 5 满足一致性检验。

所以，关系资本方面的四项指标——客户满意率、新增战略性客户数、市场占用率和战略联盟数，它们对这一方面的权重分别是 23.11%、16.76%、48.41% 和 11.71%。

3. 确定所有具体指标对于业绩评价总目标的权重

根据权系数合成原理，可以求得第三层因素对最高层因素的权重：

单位生产成本（P_1^1）：25.24% ×23.79% =6.00%

利润增长率（P_2^1）：25.24% ×21.82% =5.51%

经营活动净现金流（P_3^1）：25.24% ×41.51% =10.48%

净资产收益率（P_4^1）：25.24% ×12.88% =3.25%

员工培训投资总额（P_1^2）：16.19% ×14.42% =2.33%

每位员工培训小时数（P_2^2）：16.19% ×14.42% =2.33%

软件工程师比例（P_3^2）：16.19% ×33.24% =5.39%

每位员工增加值（P_4^2）：16.19% ×37.92% =6.14%

研发投资总额（P_1^3）：16.19% ×20.02% =3.24%

新产品销售收入比重（P_2^3）：16.19% ×32.90% =5.33%

每日内部知识库点击次数（P_3^3）：16.19% ×14.18% =2.29%

网络销售比例（P_4^3）：16.19% ×32.90% =5.33%

客户满意度（P_1^4）：42.38% ×23.11% =9.79%

新增战略性客户数（P_2^4）：42.38% ×16.76% =7.11%

市场占有率（P_3^4）：42.38% ×48.41% =20.52%

战略联盟数（P_4^4）：42.38% ×11.71% =4.96%

（四）获得各具体指标的实际值

指标的实际值可以从企业会计信息系统（包括财务会计和管理会计信息系统）中获得。包括直接从对外报告的财务会计系统获取的信息和从用于内部管理的管理会计信息系统获取的信息。前者有统一的会计制度和会计核算模式要求，经过外部注册会计师的审计，对于保证所提供信息的客观真实，以及与其他企业的可比性有帮助。但是这里的客观真实主要是针对企业的财务状况和经营成果而言的，并未特别针对经营业绩，因而从财务会计信息系统获取的信息用于评价企业经营业绩时，还会受到经营者不可控因素及经营者通过会计政策操纵信息等因素的影响。而管理会计信息系统本身就是为提高企业的管理及经营效率而服务的，它自身就会对企业的经营业绩有一定的反映，而且管理会计信息系统的数据是根据管理的需要而来的，所提供的信息也更加灵活，更能符合业绩评价的需要。

这里特别要求管理会计信息系统能提供公司的智力资本相关信息，诸如每位员工增加值、软件工程师比例、顾客满意度、市场占有率等。可参照前述智力资本计量方法的论述。

（五）进行评价计分

从企业的会计信息系统获取有关的数据后，就可以结合前述已确立的各具体指标的业绩评价标准与权数，来进行评价计分。首先，通过各项指标得分与权数的乘积来对财务资本、人力资本、组织资本、关系资本等各方面的具体指标进行计分，然后在此基础上，对各项指标的得分进行汇总，就可以反映出企业总体的业绩状况。通过计算比较连续几年的业绩评分状况，还有便于分析企业的业绩变化趋势与原因。下面我们根据得到的 MT 公司的有关数据，评价比较其 2003 年、2004 年的业绩状况。具体计分过程如表6-10、表 6-11 所示。

表 6-10　　　　**公司业绩评价计分表（2003 年）**

指　标		权重	实际值	得分
财务资本	单位生产成本（元）	6.00	3 823.30	4.2
	利润增长率	5.51	20.87	3.86
	经营活动净现金流（万元）	10.48	14 317.29	9.43
	净资产收益率（%）	3.25	12.55	2.28
小 计		25.24		19.77
人力资本	员工培训投资总额（万元）	2.33	530.8	2.10
	每位员工培训小时数	2.33	76.00	1.63
	软件工程师比例	5.39	80.46	4.85
	每位员工增加值（千元）	6.14	52.63	4.30
小　计		16.19		12.88
组织资本	研发投资总额（万元）	3.24	6 581.37	2.92
	新产品销售收入比重	5.33	33.2	4.26
	平均每日内部知识库点击次数	2.29	3 300.00	1.83
	网络销售比例	5.33	30.45	4.26
小　计		16.19		13.27
关系资本	客户满意度	9.79	80.18	6.98
	新增战略性客户数	7.11	4.00	4.98
	市场占有率	20.52	59.00	16.42
	战略联盟数	4.96	3.00	3.97
小　计		42.38		32.35
总　计		100.00		78.27

表6-11　　公司业绩评价计分表（2004年）

指标		权重	实际值	得分
财务资本	单位生产成本（元）	6.00	3 790.90	4.8
	利润增长率	5.51	23.87	3.86
	经营活动净现金流量（万元）	10.48	13 593	8.38
	净资产收益率（%）	3.25	21.6	2.6
小计		25.24		19.64
人力资本	员工培训投资总额（万元）	2.33	560.33	2.10
	每位员工培训小时数	2.33	103.00	1.86
	软件工程师比例	5.39	89.16	5.39
	每位员工增加值（千元）	6.14	70.28	4.31
小计		16.19		13.66
组织资本	研发投资总额（万元）	3.24	5 248.13	2.59
	新产品销售收入比重	5.33	37.85	4.26
	平均每日内部知识库点击次数	2.29	4030.00	1.83
	网络销售比例	5.33	32.58	4.26
小计		16.19		12.94
关系资本	客户满意度	9.79	90.3	8.84
	新增战略性客户数	7.11	6.00	5.69
	市场占有率	20.52	62.14	16.42
	战略联盟数	4.96	5.00	4.46
小计		42.38		35.41
总计		100.00		81.65

可见，2003年企业的综合业绩评价得分为78.27，2004年企业的综合业绩评价得分为81.65，企业的综合业绩是稳中有升。具体比较四个方面：财务资本指标得分略有下降，主要是经营获得净

现金流有所减少。人力资本指标得分从 2003 年的 12.88 增加到 2004 年的 13.66，因为 2004 年加大了对员工的培训投资，增加了每位员工的培训小时数，而且每位员工的增加值也有较大提高。组织资本指标得分略有下降，由 2003 年的 13.27 下降到 2004 年的 12.94，主要是因为研发投资总额下降，新产品销售收入的比重增加也不显著。关系资本指标得分有较大的上升，从 2003 年的 32.35 上升到 2004 年的 35.41，主要原因客户指标得分有较大提高，另外，新增战略性客户数、战略联盟数等关系资本指标值得分也均有一定程度的提高，但市场占有率没有显著的提高。总的看来，该公司仍然需要进一步培育其核心竞争力，如加大研发投入，提高新产品的开发速度，进一步拓展市场销售渠道，提高市场占有率等。

需要说明的是，上述纳入智力资本要素的业绩评价体系还只是我们所设计的战略业绩评价体系中的第一个层次，即公司董事会对高级管理层进行的关于公司总体绩效的评价，至于为了贯彻和落实公司知识管理战略，高级管理层对公司价值链各环节进行业绩评价的第二层次，以及各环节针对其团队、小组与个人的评价的第三层次，还有待于根据公司价值链各环节在执行知识管理战略中的行动与效果来确定具体的业绩指标，并进行业绩评分与考核。另外，各层次的战略业绩评价结果须与具体奖惩方案相结合，才能真正发挥业绩评价的作用。

第七章 我国企业智力资本报告及其实证分析

从20世纪90年代初期开始，欧洲一些公司就致力于计量和报告IC。1995年，瑞典Skandia集团的金融与保险公司公开发布了世界第一个IC外部报告，以作为公司1994年年报的补充。尔后，欧洲的许多公司（如丹麦的Systematic公司、Carl Bro国际咨询公司、奥地利的国家中央银行Oesterreichische National bank等）相继效仿，亦纷纷精心编制本公司的IC报告。尽管如此，迄今IC报告的主流仍是服务于企业知识管理目的的内部报告。这些内部报告大多参照上述四大非货币IC计量模型提供的框架，依照各企业知识管理过程和活动选择各具特色的IC计量指标，并辅之以成本、经济价值等IC货币计量方法来综合报告IC管理绩效。实证研究表明(Arthur Andersen，1999)，IC报告是一项有效的内部管理工具，有助于提高组织绩效。

至于IC外部报告，进展却十分缓慢。虽然许多研究者认为不公开披露IC信息，将会引起错误的公司估价，从而增加投资风险与资本成本。还有可能导致管理层利用IC信息来进行内幕交易(Baruch Lev，2001)。但由于IC计量本身仍不完善，其货币计量较主观，非货币计量不可比。更为关键的是，IC计量方法超越了现行的会计确认与计量范式，因此未能被现行的会计准则所认可和倡导（部分欧洲国家除外）。这些在IC报告供应过程中存在的主要问题，使得目前的IC外部报告基本上处于各公司自愿与随意披露的初级阶段。

我国企业目前尚未编制智力资本报告，无论是作为内部知识管理工具，还是对外公开披露，但也有一定的萌芽或者是基础，如上市公司的企业人力资源以及相关的品牌、专利与组织管理特点的介绍，BSC业绩评价体系在部分企业成功运用等。本章将在实证分析我国上市公司的智力资本披露现状及其价值相关性的基础上，借鉴国外企业智力资本报告的实践经验和准则规范，对建立我国企业智力资本报告体系进行初步探讨。

第一节　我国上市公司智力资本价值相关性的实证分析

大多数学者认为，现行会计准则确认与计量的无形资产，只是组织内容广泛的无形资产或智力资本的一小部分。本书尝试突破现有会计准则的限定，按照智力资本的经济内涵与基本内容，从上市公司年报中搜寻、估算与整理其智力资本信息，以了解我国上市公司智力资本信息披露的整体状况及其效果，并在此基础上提出相关改进建议。

一、文献回顾

国外有部分研究者运用内容分析法（content analyse）对上市公司的智力资本信息披露现状及其价值相关性进行实证分析。Savcrio Bozzolan（2003）等人选取在意大利证券交易所上市的30家企业，运用内容分析法对这些企业2001年年报披露的智力资本信息的类型（内部结构资本，外部结构资本与人力资本）与数量进行了实证分析，结果发现，高盈利公司的智力资本信息披露程度大大高于低盈利公司。Mohammad J Abdolm ohammadi（2005）从美国财富500强公司中选取60家公司作为样本，运用内容分析法从这些公司1993~1997年年报中获取智力资本信息，并对智力资本信息披露与公司市场资本化之间的关系进行实证分析，结论表明公司智力资本信息披露程度对公司资本化有积极的、正向的影响。

此外，国外学者还采用其他方法来获取智力资本信息，并验证其对组织绩效的影响。Ahmed Riahi- Belkaoui（2003）使用《财富》杂志1991年评选出的美国100家“最大跨国”制造和服务公司中81家为样本，以1992～1996年企业的全部资产相对增值(RVATA)为因变量，以1987～1991年间各样本企业商标持有量（从美国专利局获取）所代表的智力资本作为自变量，并以各样本公司的资产总额，资产负债率，经营国际化程度，1987～1991年的RVATA作为控制变量，来进行实证研究。结果发现智力资本对美国跨国公司的绩效有积极的、显著的持续性影响。

上述通过年报进行内容分析或者通过公开渠道获得非货币计量的智力资本信息来进行实证分析，在国内比较少见。一般通过对会计报表的财务数据进行加工整理来获得智力资本信息。我国学者原毅军（2005）以我国15家上市软件生产企业年度报告为样本数据，利用因子分析法对样本企业的智力资本价值创造潜力进行了评估。依据评估结果的比较和分析，提出增强我国软件企业智力资本价值创造潜力的建议。

万希（2006）以《经理人》杂志社公布的2003年中国50家最佳运营绩效公司中的41家公司为样本，以2004年上市公司年报披露的会计信息为依据，计量样本企业的智力增值系数VAIC（Value Added Intellectual Coefficient）计量以及各组成部分，并进行与企业绩效的相关分析与回归分析。结果发现，物质资本与企业绩效之间存在显著的正相关关系，结构资本和人力资本对企业绩效也有正向的贡献，但在统计上不十分显著。

上述文献在进行实证分析时对智力资本计量的不足之处体现在：要么采用非货币计量，要么采用货币计量，而且在货币计量中采用经济效果（或者产出法）来计量，没有采用智力资本的投入成本来计量，因而其反映的企业智力资本状况并不完整和全面。我们拟对我国2005年上市公司年报公开披露的智力资本信息，同时运用内容分析法和其他方法，对以非货币计量的智力资本信息进行内容分析，对以历史成本计量的智力资本信息进行估算，以全面了解我国智力资本信息的披露现状，并进一步探究智力资本对企业经营绩效的影响，以及智力资本信息的价值相关性。

二、研究假设与模型构建

以沃纳菲尔特（Wernerfelt，1984）为代表的企业资源基础理论认为，企业是资源的集合体，决定企业持久竞争优势的是企业内部资源而非外部市场结构。企业内部资源既包括有形资源，如厂房、设备等，也包括无形资源如品牌、技能、组织能力等。这些无形资源由于其具备不可替代、难以易模仿等特质，而成为创造企业价值的战略性资源，并对提升企业经营业绩产生积极的、长期的影响。智力资本即为企业的战略性资源，它孕育或者代表着企业的核心竞争能力，因而可以大大提高企业经营绩效。

智力资本由人力资本、组织资本以及关系资本三大部分组成，各部分相互作用，相互影响，共同为企业创造价值。而企业当期智力资本的各组成部分及其具体项目，有些可以直接按照实际投入成本来计量，如企业的人员培训支出、研究与开发费以及信息系统建设支出等，有些则需要用非货币计量，如员工满意度、顾客忠诚度等，并且相当一部分智力资本项目如企业家能力与素质，员工的知识、经验与技能等未必有明确的相应的投入成本，而是长期以来潜移默化的结果。因此，必须对企业智力资本同时进行货币与非货币计量，才能完整地反映公司智力资本的整体状况与实力水平，而且，企业当期以货币计量的智力资本与以非货币计量的智力资本，对提高企业经营业绩同等重要，没有主次优劣之分。由此，我们提出假设 H1：

假设 H1：智力资本对企业经营绩效有重要的、积极的影响。同时，以货币计量的智力资本与以非货币计量的智力资本对企业绩效的影响没有显著差异。

由于预测智力资本会大力提升组织绩效，因此，资本市场会对这些信息产生正面反应。企业在持续经营期间内，总有其独特的智力资本与财务资本一起共同为企业创造价值。这部分信息的充分披露，当然会提升投资者对企业价值创造潜力的信心。许多学者验证了无形资产与股票价格显著正相关，市场确定对无形资产做出显著的、正向的价格反应（薛云奎，王志台，2001；邵红霞，方军雄，

2006）。与受现行会计准则约束的无形资产信息相比，智力资本信息更丰富，能更好地缓解资本市场的信息不对称问题。同时，智力资本信息的披露，传递与显示了企业的核心竞争力，因而这些信息会对股票价格产生积极影响。

由于以货币计量的智力资本，既包括了无形资产，也包括还有其他有关研发支出、广告支出等，资本市场一般会对这部分信息产生积极的反应。而以非货币计量的智力资本信息，由于目前其披露不规范，并且披露的信息量有限，加之受相关分析机构的分析能力的限制，资本市场可能会忽视这部分信息的影响，或者说对该部分信息的反映较弱。由此我们提出假设 H2：

假设 H2：资本市场会对智力资本信息作出正向的价格反映。以货币计量的智力资本信息与以非货币计量的智力资本信息对股价的影响存在显著差异。

为了检验假设 H1，我们构建以下计量经济模型，即模型 1 为：

$$Profit_{ti} = \alpha_0 + \beta_1 \times Tangible_i + \beta_2 \times Leverage_i + \beta_3 \times IntellectualI_i + \beta_4 \times Intellectual\prod_i + \varepsilon$$

上式中，$Profit_{ti}$表示，i 公司 t 年主营业务利润率。$IntellectualI_i$ 表示以货币计量的智力资本信息，即 i 公司 t 年年末无形资产与（管理费用 + 营业费用）/2 之和占资产总额的比重。由于现行会计计量的无形资产只是企业无形资源的小部分，而大部分无形资源的投入目前在会计核算中是费用化处理，且主要在管理费用与营业费用中反映，如员工培训费、研究与开发费、供应关系费、营销渠道费、广告促销费、售后服务费、企业文化建设费、管理制度建设费、信息系统和网络建设费等。虽然在管理费用与营业费用中也包括了企业纯粹的费用支出（如折旧费等）以及损失，但是，我们估计在这两项费用里有相当一部分（或者至少 50%）是属于智力资本范畴的投入。虽然这样的估算较为粗略，但由于年报中缺乏管理费用与营业费用的明细信息，目前我们只能根据这两项费用的核算内容，以及对少数几个公司的调查得出这一比例，我们认为较为合理，具有一定程度的可靠性。而且，这里估算的目的并非是了解企业智力资本的绝对准确数，而是当期智力资本占资产总额的相对水平，显然比运用现有无形资产占资产总额的比重指标更合适。至于由于这一估算所引致的对主营业务利润的影响，我们认为可以忽略，因为部分费用计入智力资本（或无形资产）之后，其摊销费用也相应增加，因而企业主营业务利润水平可以基本保持不变。

Intellectual $\prod_i$表示公司智力资本计分值，这是对以非货币计量的智力资本信息进行的汇总。这里是指运用内容分析法，按照本书所设立的统一分类标准所得出的各企业智力资本分值。

为了验证假设 2，我们参照 Ohlson（1995）的公司股票价值模型，构建以下计量经济模型，即模型 2 为：

$$P_i = \alpha_0 + \beta_1 \times EPS_i + \beta_2 \times TBV_i + \beta_3 \times Intellectual\prod_i + \beta_4 \times IntellectualIII_i + \varepsilon$$

模型 2 中，P_i 表示 i 公司 t+1 年的 4 月份最后一个交易日的股价。此时上市公司年报已公布完毕，资本市场基本上已对上年度年报所公布的会计信息作出了相应反应。$IntellectualIII_i$表示 i 公司的每股智力资产，即$\frac{\text{无形资产}+（\text{管理费用}+\text{营业费用}）/2}{\text{普通股股数}}$，用它来替代每股无形资产，这是货币化的智力资本信息。非货币计量的智力资本信息仍然是模型 1 中的各公司的智力资本计分值。

现将上述模型中的各变量及其含义，列示如表 7-1 所示：

表 7-1 研究相关变量及其含义

$Profit_{ti}$	i 公司 t 年主营业务利润率，即主营业务利润/资产总额
$Tangible_i$	i 公司 t 年年末固定资产占资产总额的比重
$Leverage_i$	i 公司 t 年年末负债总额占资产总额的比重
$Intellectual\ I_i$	i 公司 t 年年末无形资产与（管理费用 + 营业费用）/2 之和占资产总额的比重
$Intellectual\prod_i$	i 公司智力资本计分值
P_i	i 公司 t+1 年的 4 月份最后一个交易日的股价
EPS_i	i 公司 t 年年末的每股收益
TBV_i	i 公司 t 年年末的每股有形净资产，即每股净资产减去每股无形资产

续表

Intellectual III_i	i公司t年年末的每股智力资产，即 $\frac{\text{无形资产}+(\text{管理费用}+\text{营业费用})/2}{\text{普通股股数}}$

三、实证检验及结果分析

(一) 样本选取、数据来源与描述性统计

我们以2005年沪深两市所有上市公司为总体，随机抽取了223家公司，其中非高新技术企业为142家，高新技术企业81家。行业的分类采用深圳国泰安数据库CSMAR的分类。即将生物药品制造业，计算机及相关设备制造业、医药制造业、通信及相关设备制造业、计算机应用服务、电子元器件、化学原料及化学药品、电子、管理科技资讯服务业、广播电影电视业。计算机网络开发维护咨询、其他传播文化产业、生物制品业、通信服务业、通信设备制造业、信息传播服务业等16个行业。

我们运用内容分析法从样本上市公司2005年年报中手工获取非货币计量的智力资本信息。其他具体数据均来自国泰安数据库CSMAR（2005）。

为了获取样本企业智力资本的非货币信息，我们首先根据被广泛引用的Guthrie（2000）智力资本的分类框架，当今学术界对智力资本的构成及其具体内容的认识，以及我国企业年报披露的智力资本信息时用词的粗略性、概括性等特点，将我国上市公司智力资本信息的分类框架确定为人力资本、组织资本与关系资本三大部分21项具体内容，即：

人力资本：（1）人员培训或培养；（2）管理层学历与教育水平；（3）员工认同感和满意度；（4）员工的教育水平、技能与经验；（5）管理者能力与素质。

组织资本：（1）R&D项目；（2）专利；（3）管理水平或效率；（4）企业信息系统；（5）技术创新或改造；（6）组织结构或制度建设；（7）企业文化；（8）新产品认证或鉴定；（9）经营

理念。

关系资本：(1) 品牌、商标知名度；(2) 对公司有影响的大合作项目或合同；(3) 市场占有率；(4) 企业所获荣誉或奖项；(5) 营销渠道或营销策略；(6) 投资者关系；(7) 有影响力的大供应商或客户。

我们从上市公司年报中董事会报告以及企业高级管理人员的介绍两部分内容中，直接寻找与上述智力资本分类项目相同或者相近的词语，如果涉及上述21项中的某项，就为其记1分，累计相加，以公司披露的所有智力资本项目的合计得分作为该公司的智力资本分值。这种简化的计分方法可以避免在对各智力资本项目确定权数时的主观性。事实上，各公司智力资本具体内容不同，披露偏好不同，因而可以认为各公司披露的智力资本信息对各自公司而言，都具有同等重要程度。为了提高该智力资本信息的客观性与准确性，我们先后派两人对公司年报的同样部分进行内容分析，发现双方分析整理结果基本相同。

1. 上市公司智力资本货币计量信息与非货币计量信息的描述性统计

从表7-2看，223家上市公司无形资产占总资产比重不高，均值只有3.64%。考虑到现有无形资产会计准则的限制，我们估算出2005年样本企业智力资本占总资产的比重（Intellectual I_i）均值为8.21%，这一比例虽然仍不算高，但较之于3.64%可能更符合企业无形资源的实际拥有状况。我们发现，高新技术企业的无形资产比重（均值为3.47%）与非高新技术企业的无形资产比重（均值为3.74%）不存在太大差异，这主要是由于土地使用权在现有无形资产中所占比重过大，均值达到47%（邵红霞，2006），而某些非高新技术企业的土地使用权可能更高，如房地产与建筑行业等。考虑到高新技术企业的研究与开发费可能更高，并且大部分却未能计入现有无形资产中，则这种现象也算正常，这也从另一侧面验证了我们对企业智力资本的估算思路较为合理。表7-2反映出我们估算的高新技术企业智力资本占总资产的比重均值为8.77%，高于非高新技术企业均值7.89%，这一估算结果应该是更符合高新技术与非高新技术企业无形资源投入的实际情况。

表 7-2　　上市公司智力资本货币计量信息的描述性统计

	全样本			非高新企业			高新企业		
	无形资产	无形资产比重	Intellectual I_i	无形资产	无形资产比重	Intellectual I_i	无形资产	无形资产比重	Intellectual I_i
样本	223	223	223	142	142	142	81	81	81
均值	96870492	3.64%	8.21%	103692148	3.74%	7.89%	84911539	3.47%	8.77%
标准差	188047761	5.52%	6.83%	216757942	5.99%	7.39%	122852458	4.57%	5.7%
最大值	1575229989	41.98%	43.35%	1575229989	41.98%	43.35%	742972758	30.45%	36.55%
最小值	0	0	0.08%	0	0	0.08%	0	0	1.28%

从表 7-3 来看，上市公司年报披露的智力资本非货币计量信息不容乐观，在 21 分的总分中，均值只有 5.24 分，因而平均披露程度只达到了 25%。最小值仅有 1 分，仅占 4.8%，最大值也只有 12 分，也只占 57.1%。从构成来看，人力资本、组织资本、关系资本的披露情况均不太好。分行业来看，非高新企业智力资本分值均值 4.96，只比高新企业智力资本分值均值 5.73 分略低，考虑到高新企业拥有的无形资源状况，这一信息披露水平应该较低，而非高新企业的智力资本信息披露状况却相对较好。

表 7-3　　上市公司智力资本非货币计量信息描述性统计

变量	N	均值	标准差	最大值	最小值
智力资本分值	223	5.24	2.343	12	1
人力资本分值	223	1.3	0.53	4	1
组织资本分值	223	2.07	1.347	6	0
关系资本分值	223	1.09	1.340	6	0
非高新企业智力资本分值	142	4.96	2.365	12	1
高新企业智力资本分值	81	5.73	2.236	12	2

2. 具体智力资本项目的披露状况

从表 7-4 我们可以看出，上市公司按照证监会的要求一般都披露了其管理层的学历与素质情况，一半以上的企业都注重披露其组织管理水平信息，对营销渠道或策略、有影响力的大供应商或客户信息、企业所获得的荣誉或奖项、企业经营理念、R&D 项目以及品牌、商标知名度等也有 30% 以上的上市公司披露，而对员工培训、员工认同感和满意度、员工的教育水平、技能与经验、技术创新、专利、对公司有影响的大合作项目或合同、组织结构或制度建设、投资者关系等方面的智力资本信息披露得较少。看来，企业智力资本信息披露的主动性需要加强，披露的内容有必要丰富和完善。

表 7-4　　具体智力资本项目的披露状况

单项智力资本	管理层学历与教育水平	管理水平或效率	营销渠道或策略	有影响力的大供应商或客户	企业所获荣誉或奖项	经营理念	R&D 项目	品牌、商标知名度
披露的公司数	223	153	94	93	92	86	84	68
占所有公司百分比	100%	69%	42%	42%	41%	39%	38%	31%

（二）实证结果分析

1. 智力资本对组织经营绩效影响分析

表 7-5 的 Pearson 相关分析显示，样本公司以货币计量的企业智力资本比重与以非货币计量的企业智力资本分值均与公司主营业务利润率显著正相关，而且其影响程度高于 $Tangible_i$ 所代表的实物资本与 $Leverage_i$ 所代表的货币资本。运用模型 1 进一步进行的多元回归分析（见表 7-6），也验证了这一结果，其中 $Tangible_i$ 的影响不显著，智力资本的标准回归系数显著更高，货币计量的智力

资本的标准回归系数为0.308，非货币计量的智力资本的标准回归系数为0.246，这也同时表明了公司货币计量的智力资本与非货币计量的智力资本均对公司主营业务利润产生了重要的、显著的影响，验证了假设1的正确性。但分行业进一步的分析发现，高新企业货币计量的智力资本对主营业务利润的影响要高于非高新企业，这符合高新企业的知识密集型特征。但是非高新企业主营业务利润率与其非货币计量的智力资本显著正相关，而高新企业非货币计量的智力资本对其主营业务利润率的影响不显著，t值只有1.438。这可能是由于高新企业披露的智力资本信息不全面，不充分所致。

表7-5 **相关变量的 Pearson 相关参数估计值矩阵**

	$Profit_{ti}$	$Tangible_i$	$Leverage_i$	$Intellectual\ I_i$
$Tangible_i$	0.034			
$Leverage_i$	-0.204 **	-0.07		
$Intellectual\ I_i$	0.317 **	-0.098	0.033	
$Intellectual\ \Pi_i$	0.274 **	-0.069	-0.024	0.092

注：**，表示在0.01统计水平显著。

表7-6 **智力资本对企业主营业务利润率的影响**

	全样本		非高新		高新	
	标准回归系数	T值	标准回归系数	T值	标准回归系数	T值
$Tangible_i$	0.067	1.102	0.075	0.963	-0.020	-0.201
$Leverage_i$	-0.204	-3.367	-0.183	-2.367	-0.224	-2.305
$Intellectual\ I_i$	0.308	5.061	0.249	3.203	0.476	4.809
$Intellectual\ \Pi_i$	0.246	4.051	0.289	3.739	0.141	1.438
Adjusted R Square	0.194		0.175		0.254	
F	14.378		8.482		7.826	
N	223		142		81	

2. 现有智力资本信息的价值相关性分析

表7-7的研究变量的Pearson相关分析表明，每股收益与每股有形净资产均与股价显著正相关，而公司智力资本非货币信息对股价也有较显著的正向影响，但奇怪的是替代了每股无形资产之后的每股智力资产对股价的影响却并不显著。不过，利用模型2对其他干扰因素加以控制之后的进一步的多元回归分析更有说服力。多元回归分析表明（见表7-8），每股智力资产与每股有形净资产以及每股收益一样，均对股价产生了显著的正向影响，但资本市场对披露的非货币计量的智力资本信息的反应并不显著，这可能由于智力资本信息披露不充分，而影响了从理论上来讲的智力资本信息的价值，也可能由于相关机构对智力资本的分析能力较弱，或者资本市场对不规范的非货币计量智力资本信息反应迟缓，因而在4月底之前这些信息对股价影响不大。总之，上述发现基本上验证了假设2。

进一步分行业的分析发现，非高新企业的每股智力资产比每股有形净资产对股价的影响更大、更显著，智力资本非货币计量信息对股价的影响也接近显著水平，这与智力资本价值的理论预期基本一致。比较意外的是，资本市场对高新企业的智力资本信息反应并不敏感，可能是因为市场对高新技术企业智力资本的期望值更高，而这些企业披露的有限的智力资本信息，并未凸现其竞争优势与发展潜力。当然，针对这一意外现象，可能还需要细分行业来进行细致、深入的分析以探究其中的具体原因。

表7-7　　相关变量的Pearson相关参数估计值矩阵

	P_i	EPS_i	TBV_i	Intellectual III_i
EPS_i	0.483 **			
TBV_i	0.436 **	0.508 **		
Intellectual III_i	0.121	-0.047	-0.013	
Intellectual $\prod_i$	0.148 *	0.110	0.139 *	0.067

注：*，**，分别表示在0.05和0.01统计水平显著。

表 7-8　　现有智力资本信息的价值相关性回归结果

	全样本		非高新		高新	
	参数估计值	T 值	参数估计值	T 值	参数估计值	T 值
Constant	1.21	1.198	0.266	0.222	4.159	2.234
EPS_i	4.385	5.424	5.862	4.807	3.637	3.387
TBV_i	0.999	3.774	0.735	2.132	1.214	2.811
Intellectual III_i	1.209	2.419	1.817	3.203	-0.689	-0.670
Intellectual $\prod_i$	0.149	1.443	0.294	1.836	-0.160	-0.707
Adjusted R Square	0.294		0.34		0.265	
F	24.101		19.194		8.198	
N	223		142		81	

四、实证分析结论、局限性以及进一步分析的问题

本次实证分析表明，上市公司披露的非货币计量的智力资本信息不充分，相较之下，高新技术企业披露的非货币计量智力资本信息更为有限。同时，实证研究发现，除了高新企业非货币计量智力资本对主营业务利润率影响不太显著之外，以货币计量与非货币计量的智力资本对组织经营绩效均产生了积极的、正向的影响。以货币计量的智力资本信息对资本市场具有较为显著的价值相关性，而非货币计量的智力资本信息由于其披露的不充分与不规范，以及其他原因的影响而使得其价值相关性并未得到明显体现。虽然本次实证研究的结果和理论假设基本一致，但是也存在着一定的局限性。比如以货币计量的智力资本信息存在一定程度的主观性，而且分析的时间跨度太短，仅以 2005 年作为样本分析期间，并且只分析了当年的智力资本对当期经营业绩的影响，或者当年的智力资本信息对次年 4 月资本市场的影响。显然，如果延长样本分析期间，结论

将更为可靠。

因此，今后有必要收集相关数据，进一步分析当年智力资本对随后几年企业经营业绩的影响，并进一步分析不同年份的智力资本信息对资本市场的影响。另外，未来将需要分智力资本各项目（即人力资本、组织资本与关系资本）、并细分行业，来对上述问题进行深入的实证分析，以得出更有意义的结论。当然，这有赖于上市公司坦诚地披露更加充分、可靠的智力资本信息。

第二节　建立我国智力资本报告体系的初步设想

一、智力资本报告的意义

企业智力资本报告旨在通过对企业环境、企业战略、企业的智力资本和核心竞争力、拟采取的行动计划以及预期的战略执行结果等方面的描述，全面系统地向企业内、外部提供一个关于企业智力资本开发的全景图。和企业的财务报告不同，企业智力资本报告是一种新形式的会计报告，包含了那些在财务报告里没有反映出来，对企业价值创造却具有重要作用的软资产，从而对企业财务报告作了有益的补充。智力资本报告所包含的信息不仅是权益所有者和资本市场关注的对象，同时也是强化企业内部知识管理的工具。因而企业智力资本报告的重要意义可从以下两大方面来理解。

1. 对企业自身进行知识管理的意义

智力资本报表是企业知识管理战略的一部分。如果企业没有管理它的知识资源，编制智力资本报表可以开发这种资源。如果企业以一种或另一种形式管理了知识资源，编制智力资本报表可以将这种知识管理系统化，增加其他相关的举措，通过这种举措为知识管理制定一种合适的战略。在编制智力资本报表方面有着丰富经验的企业，它们的主要管理角色是控制企业的战略知识管理。企业寻找一种持续更新知识和一种系统的方法管理并分享知识，支持企业的总体战略。因此，智力资本报表是企业知识管理战略的必要组成部分。从智力资本报表上能识别企业知识管理战略，包括识别企业知识管理战略的目标、主体的行为以及二者带来的经营成果，并且能识别企业知识资源的运用和发展。

2. 对外智力资本报告的意义

智力资本报表也可用来将知识管理的目标，行为以及结果传达给一些特定的对象。智力资本报表专门披露智力资本信息，从而弥补传统财务会计技术发展与时代要求之间的差距。在过去的20年中，传统会计准则针对智力资本虽然进行了调整，在会计准则中明确了无形资产和商业信誉的确认方法，但是，传统财务会计技术的发展仍然滞后于经济的发展。首先，智力资本的概念远远大于传统会计准则中确认的无形资产概念，财务会计只能对智力资本的部分项目进行确认和计量；其次，传统会计采用历史成本法计量无形资产，由于没有考虑无形资产未来的价值创造能力，计量的无形资产价值低于真实价值。

智力资本报表对知识型企业的知识管理情况进行披露，利于企业和相关权益组织之间的交流。对企业而言，智力资本报表帮助其明确自身的定位和发展战略；对雇员而言，报表能够勾画其在企业未来发展的远景；对客户而言，报表可以提供有关企业产品和服务的详细信息；对合作者和投资者而言，报表可以说明企业的生存和发展能力。对政治制度来说，智力资本报表能明晰企业如何运作，让政府官员更好地估计企业的能力和素质。智力资本信息的披露可以促使资本市场的有效运转。智力资本报表能够提供企业未来发展的相关信息，提高企业价值估计的准确程度，从而降低企业的权益资本成本，提高企业的股票市场价值，增强证券的市场流通性。

所以，智力资本报告不仅是企业的一种知识管理工具，也是企业与外部利益相关者如雇员、顾客、经营合伙人以及投资者建立沟通的桥梁，传达给他们企业如何为他们增长利润。

二、智力资本报告的基本内容与主要特点

（一）国外企业智力资本报告的基本内容

根据2003年出版的新 Danish 准则，智力资本报告由四个部分来组成：基于智力资本的企业战略描述、管理流程分析、战略执行

概述、指标反映体系。这四项内容是企业智力资本报告必不可少的。

1. 基于智力资本的企业战略描述

一般由两部分内容构成：关于企业战略目标以及在增加利益相关者从其产品或服务中获得的价值方面的雄心壮志的描述；关于企业价值目标实现所需要的主要价值驱动力或者智力资本的描述。

企业战略目标体现利益相关者从企业知识生产活动中的获利情况，如：顾客、投资者、供应商、以及有经验的工人能获得什么利益等。它表达了本企业与其他竞争者的不同，以及在整个社会价值网络中的独特地位。

一份好的战略描述通常具备两个特征：准确描述企业的功能定位；清楚描述企业战略与智力资本之间的关系。由于企业战略描述将利益相关者和企业智力资本整合为一体，因而在内容表述上，经常使用类似“因为、因此、为了”等连词以加强叙述的准确性。需要描述的典型问题有：

公司提供什么产品或服务？公司为消费者带来什么不同？为了提供独特的产品或服务，公司需要什么样的知识资源或智力资本？知识资源或智力资本与企业价值之间的关系如何？等等。

2. 基于智力资本的管理流程分析

主要目的是通过对企业内部的审视，识别与测量企业实现战略目标的关键智力资本。企业需要根据战略目标确定哪些智力资本需要在内部开发提升，哪些需要通过加强外部合作从外部获取。管理流程的分析通常不会每年都改变，因为它是与企业战略目标相连的，只要战略目标不变，通常企业需要的关键智力资本不会发生大的变化。因此，对管理流程的分析，既可以从现有的企业智力资本的识别与测量开始着手，也可以根据企业战略需要，引入新的智力资本，或实施智力资本创新。

管理流程分析的主要内容包括两方面：识别企业的智力资本存量或需要的新的智力资本；测量企业智力资本的价值，评估其对企业战略目标的贡献。典型问题有：什么是本公司实现战略目标的关键智力资本？本公司哪些智力资本需要进一步提升？还需要什么新的智力资本？等等。

3. 基于智力资本的战略执行概述

本部分主要描述具体的管理执行活动，包括如何组成、开发和获得企业智力资本，以及如何监测其效果和范围。具体内容如：对IT的投资、雇用更多的研发顾问或软件工程师、在公司流程或程序方面设立培训项目、开展职业生涯设计和社会性活动提升雇员满意度等。原则上这些都是短期行为，年复一年地进行，通过与上年的比较，评价其效果，即使是特殊类别的指标也可以在一段时间内重复进行。同时，企业还应有长期的执行计划，以显示其长期发展的潜力，如与大型企业的联盟行为，与科研院所的合作关系的建立等。典型问题有：公司开展一些什么智力资本开发活动？哪些开发活动优先实施？等等。

4. 基于智力资本的指标反映体系

是反映企业智力资本开发和企业战略目标执行情况的指示器，通过反映企业智力资本存量及开发方面的数量、活动和效果等情况，使企业智力资本存量显性化，使企业战略执行情况可见可控。指标的设立往往具有针对性，部分指标直观地反映企业智力资本开发活动，如：培训时间长短、IT投资总额等；部分指标间接反映企业智力资本开发活动，如：研发顾问数量、新雇用的软件工程师数量等。一个好的指标体系必须具备以下特征：能将智力资本管理活动转化为指标来解释；指标之间相互关联；指标设置分布于智力资本三因素中；财务和非财务指标共同使用；所有的指标必须可检验，并对指标的产生、定义和代表性附以相关说明。

企业智力资本报告四要件从整体上描述了企业智力资本开发管理活动。必须指出的是，一方面，这四要件之间相互联系，它们之间的关系仅仅在作为一个整体来衡量时才显现出来。单个要件很难独立说明问题，比如，抛弃企业战略描述谈企业智力资本识别和测量就显得毫无意义，因为不能为企业战略目标实现作贡献的智力资本对企业来说是没有价值的。另一方面，它们共同作用，其中，战略描述对企业为客户提供价值的能力和需要的资源进行总结、交流和确定；管理流程分析是企业战略描述的后续工作流程；战略执行则针对管理流程分析提出的问题来实施；最后由指标体系来反映战略执行的实施情况。

（二）国外典型企业智力资本报告的主要特点

1. 突出企业以知识战略为特征的运作过程与结果

企业智力资本就是企业的知识资源。企业智力资本报告是对企业知识管理活动的全方位的揭示与披露。它反映企业知识战略或企业知识目标，企业知识的形态、企业知识的管理活动与过程以及结果。通过智力资本报告，反映出企业知识产生价值的过程，以及企业未来竞争优势与发展的特点。

2. 以知识资源为核心的智力资本形态必须用定性与定量方法来表征

对于由知识资源组成的智力资本，是在为实现企业知识战略的经营活动过程中企业拥有和运用知识资源。一般是根据知识资源与企业的依附性不同而划分为人力资本、内部结构资本与外部结构资本等形态。这些形态的资本具有无形性和难以直接计量的特点。因此需要先定性说明各构成资本的内容与表征特点。在此基础上，为使企业能实际应用和比较，再将这些表征内容指标化，以便定量反映。因此，企业智力资本报告必须定性与定量相结合。

3. 通过智力资本报告，说明企业知识资源与新知识的发展动态性与相互关联性

企业除提供了知识战略、知识资源（即智力资本）、知识价值的表现以及最后相应的财务与非财务结果等元素外，更重要的是反映各元素内在的关联性，即上述企业智力资本管理的结构框图。这种关联性说明了智力资本对企业价值创造作用机理，是智力资本报告的核心内容。

此外，智力资本报告从管理的角度来报告企业智力资本，注重对它所参与的作业和过程的报告，并且试图将作业和过程与公司的远景目标和战略连接起来以提供智力资本在实现企业战略目标过程中的信息，并没有在传统的财务会计报告框架内报告这些智力资本信息，而是以“导航器”模型作为框架结构的基础来报告企业的智力资本。在报告对象上，将智力资本进行适当的符合企业需要的

分类（人力、关系和结构），分别予以报告。这些报告的不足之处体现在：就报告的内容来讲，缺乏对企业整体智力资本状况的报告，仅就其组成的各个部分进行报告。就其报告的期间来说，只是对本期的智力资本状况进行报告，难以直接了解到过去的情况，更缺乏报告未来智力资本状况的预测性信息。此外，他们都过于追求量化指标的报告，剔除了许多无法量化的指标，造成不足以准确、全面地报告企业智力资本的状况。

三、我国企业智力资本报告基本框架的构建

由于进行企业智力资本报告是为了向有关的使用者提供信息以帮助他们正确进行经营管理决策，所以信息的可理解性和有用性应当是设计智力资本报告的一个根本原则。在遵循这一根本原则的前提下，来确立我国企业智力资本报告的目标、形式以及方法与内容。

（一）我国企业智力资本报告的目标、形式与方法

1. 报告的目的

在经济全球化与市场竞争日益激烈的新经济条件下，企业需要改变旧的运作观念与方法，进行企业管理的变革与创新，重视以人力资本为核心的知识资源的投入。而构建企业独特的竞争优势是全球企业包括中国企业发展与成功的关键。从企业内在管理的需求出发，建立以知识资源投入与产出为核心的评价与控制体系，是企业提高知识资源管理成效的重要基础。在进行资源配置的市场上，以知识资源为核心的智力资本投资状况与无形资产的运作效率的智力资本报告，为投资者理性决策与更有效的市场奠定基础。智力资本报告弥补财务报告仅反映历史事项以及仅重视财务资本的投资与实物资产的运作效率等缺陷。

目前的智力资本报告主要是服务于企业内部的信息使用者（如管理当局），忽视了外部信息使用者的需要。然而，不仅企业的内部管理当局需要智力资本信息据以管理企业的智力资本，创造企业竞争优势，获取更多的财务回报，而且企业的外部信息使用者也需要有关的智力资本信息。比如外部投资者需要智力资本报告来

准确地估价企业智力资本的价值以及其获利能力以便进行投资决策；顾客希望知道企业在生产过程中所运用的技术水平，对企业未来战略伙伴方向的暗示也感兴趣。这两类信息的使用者对智力资本信息的需求不尽相同，内部使用者侧重于管理活动方面的信息，而外部使用者偏重于未来的盈利能力、创新能力等非管理活动方面的信息。智力资本报告作为一种向企业内外部使用者传递、交流智力资本信息的媒介，就应当同时满足这两类利益不尽相同的信息使用者的要求。也就是说，我们在设计智力资本报告时，应做到既要考虑内部信息使用者的需要，又要兼顾外部信息使用者的需要，即对内报告与对外报告并重。

2. 报告的形式

由于智力资本的非实体性和无形性，使得它难以适用以经济交易的实现为基础来进行核算与报告，因为有一部分智力资本在没有任何经济交易发生的情况下也会发生价值的变化，比如管理者因为未能及时更新知识这一非经济交易行为将会导致智力资本价值的降低；同时智力资本创造未来收益具有较大的不确定性，其价值不易准确地计量，因而仅靠传统会计所使用的单一的货币计量方法就难以恰当地计量其真实价值。考虑到这些因素，试图在现行的财务会计报告框架内来报告企业的智力资本，就不足以有效地反映企业智力资本的真实状况。因此，不宜将它放在现行的财务会计报告框架内加以反映，而应当单独地予以报告。报告可采取表格的形式来反映，对重要内容在表内优先反映，次要或补充内容在表外附注，即实行表内与表外相结合的方式。以这种形式来报告企业的智力资本，一方面与现行的财务会计报告以表格的形式来反映其内容是相同的；另一方面也易为广大会计工作者所接受。从目前绝大多数企业智力资本报告的实践来看，其做法也是与本文的观点相一致的。

3. 报告的方法

在智力资本的报告方法上，我们认为应当以定量化的信息报告为主，定性化的信息报告为辅。这是由于定量化的衡量单位可为各类智力资本活动提供精确的瞬时固化反应，通过定量化的衡量结果可以告诉我们已经发生了什么；而定性化的衡量单位一般都是判断性的，它提示我们正在发生什么，因而定量化的信息较之定性化的信息能够更深入地反映智力资本状况。同时，定量化的信息具有可核性和客观性的特点，能有效地避免信息操纵，减少管理当局的机会主义行为，可以较好地满足对外报告的需要。

（二）我国企业智力资本报告的组成部分

1. 从基本构成来看

从基本构成来看，建议我国企业智力资本报告包括企业愿景与战略、知识战略描述、管理挑战与行动、过去与现在的具体智力资本指标、未来战略的变化以及管理行动与智力资本指标等5大部分，这是一个更具包容性的框架。

（1）企业愿景与战略。

介绍企业使命、价值观、战略目标等内容。

（2）企业各阶段的知识战略描述。

知识描述明确企业的主要价值创造潜力，是智力资本报表的基础部分。这一部分首先选定企业应该生产的产品或提供的服务；其次，为提高产品或服务的使用价值，将消费者的需求与企业的知识资源相结合，描述和解释提高使用价值所必需的知识资源。知识描述通常需要回答四个问题：企业需要生产什么产品或提供什么服务？这些产品或服务与其他企业的产品或服务相比较有什么不同？企业需要何种知识资源？使用价值和知识资源之间是什么关系？管理挑战确定企业知识管理战略的目标，明确企业需要进一步强化和开发的知识资源，是智力资本报告的核心。

（3）管理挑战与行动。

阐述企业成功所依赖的核心竞争力，分析形成核心竞争力的关键智力资本，找出企业的关键智力资本存量以及需要引进或创新的智力资本。这种知识管理挑战突出了需要通过内部发展或通过从外部获得资源来进行加强的知识资源。通过加强与创新消费者的合作，通过在特殊的领域开发更好的专门技术或者通过获取对企业控制过程更好的见解是可以达到这种知识管理的。随着时间的过去，像这种管理挑战有一定程度的永恒。由于这种管理挑战与知识叙述联系得非常紧密，因此他们和企业的个人知识资源不会每年都改变。管理挑战的起点可能与现有的知识资源有关。但是通过介绍企业目前不存在的新的知识资源也是可能的。需要解决的问题是，哪种知识资源应该得到加强？需要哪种新的知识资源？需要采取什么行动？需要制定什么样的措施？哪种措施可以优先考虑？

（4）过去与现在的具体智力资本指标。

指标体系的作用是对企业知识管理战略执行情况进行综合评价。设置的指标可以直接或间接地与管理措施相对应，并且财务指标与非财务指标并用。用继续行动来监督措施是否制定了或者管理挑战是否与这些措施相配比，指示使得这个成为可能。阐述反映智力资本的指标的构建方式，收集指标需要的数据和信息，并进行分析，最后以图表等形式展现给需要者。根据具体情况，内容可多可少。

（5）未来知识战略的变化以及管理行动与智力资本指标。

对企业未来的变革和提升，并对改进或者维持现有智力资本水平的行动提出建议，包括对这些行为结果进行监控的建议，进一步提示未来智力资本指标的可能变化。

2. 从基本内容来看

从其基本内容来看，应该是一个客观的、完整的智力资本定量与定性的发生信息呈报。目前大多数企业智力资本报告较多地注重对单项智力资本的报告，并未报告整体智力资本的状况，使用者难以从整体上把握智力资本的全貌，并且就其报告的单项智力资本而言，也不尽全面。显然，这种报告对象的狭窄性不利于信息的使用者准确、充分、全面地了解企业智力资本状况。因此，智力资本报告应当既提供整体智力资本的信息，又应该提供单项智力资本的信息，必要时还应提供对企业价值的创造和实现具有重大作用的单项智力资本的信息，做到“既见树木，又见森林”。此外，为了完整、全面地反映各企业智力资本状况，结合目前的智力资本报告实践，一般可将智力资本按类别划分为人力资本、组织资本与关系资本来分类报告。

另外，企业智力资本报告应当提供其未来的预测性信息。为了便于使用者能够一目了然地知道智力资本的历史信息，有必要在报告中披露上期的信息，这样使用者能够直接从智力资本报告中获得企业智力资本的过去、现在和未来的信息，把握智力资本的变动趋势。

除了编制企业整体智力资本报告之外，还应提供组织价值链各环节与组织各层级的智力资本信息的报告，以服务于价值链各环节具体进行知识管理。

3. 从表述形式来看

从智力资本报告的表述形式上分析，报告可采用文字叙述、图表、指标数据等形式来进行阐述。一份复式记账表格和下列元素综合形成了企业智力资本报告的表格：指标类别、指标、年度价值、长期和短期目标。其中，指标类别反映了智力资本某一组成要素的特殊维度；指标表示智力资本每一组成要素的具体指数，它们综合形成指标类别；年度价值分别反映每一指标当前和上一年的价值，这使得企业自身和外部组织可以对企业智力资本各要素逐年进化的信息（包括总体层面和个体层面）进行比较；长期和短期目标揭示企业未来的发展趋势。

（三）与现有企业财务报告的关系

财务报表记录和反映企业的财务状况和经营成果，监督和控制企业财务资产的运营活动。与财务报表的作用相对应，智力资本报表记录和反映企业智力资产或知识资源的运营状况，监督和控制企业知识资源的开发和利用活动。智力资本或知识资源与知识联系在一起，管理智力资本或智力资源的目的是拥有知识，增强人力资本、结构资本以及关系资本三者的结合，从而使企业具有更强的价值创造能力。由于知识是信息、洞察力以及思想的集合体，如个人的洞察力，储存在书本和 IT 系统中的信息，具有“无形”的特征，不能看见和描述，进而也不能计量和发展，所以要越过障碍，管理并拥有知识，就必须明确知识的存在，将知识“翻译”成知识资源。只有知识资源才能够被描述和评估，并以新的组合方式创造新的知识资源，识别和描述知识资源的工具则是使用智力资本报告。

智力资本报告不仅是企业知识管理的工具，有利于企业创建基于资源的战略，而且还是企业与外部相关的权益组织建立沟通的桥梁。与传统的财务报告相比较，智力资本报告在结构和内容方面均存在明显差异。

财务报表反映财务资产，具体包括六项会计要素，即资产、负债、所有者权益、收入、费用和利润。智力资本报表反映智力资本，组成要素由智力资本的类别确定，通常包括人力资本、结构资本以及关系资本三项。财务报表中体现的结构是借贷平衡，并且应用单一的时点数据或者时期数据描述财务资本；智力资本报告打破传统的平衡等式模式，将企业的产品或服务与企业的知识资源连成一体，应用在逻辑上相互联系的知识描述、管理挑战、管理措施以及指标体系四个方面描述智力资本。

财务报表使用定量财务指标，对企业的财务资产存量价值进行计量；智力资本报表不仅不计量智力资本的价值，而且将文字与数据相结合，使用财务指标的同时大量使用非财务指标。

由以上对比分析可知，智力资本报表作为内外信息沟通的桥梁，知识管理的工具，其设计充分体现出直观、易懂的特点；同时，智力资本报告不能代替传统的财务报告，知识经济下，会计报告体系应该由智力资本报告和传统财务报表共同组成，前者计量和报告智力资本，后者则对财务资本进行确认、计量和报告。

四、我国企业智力资本报告的具体内容（指标）

建议将智力资本信息分为两类：量化信息（定量信息）与质化信息（定性信息）。量化信息（定量信息）中既包括以货币计量的信息，又包括以非货币计量的信息。

（一）量化信息

1. 企业整体智力资本信息

(1) 量化指标。

市场价值与账面价值之差、托宾 q 值、智力资产价值、智力资本总价值、智力资产投资净值、智力资产收入、智力资产成本费用、智力资产投资损益、智力资产利润等。

(2) 定性信息。

智力资本的配置状态、企业整体竞争优势、企业的远景或战略全性与有效性、企业的创新战略、技术引进、消化与吸收能力。

（3）关系资本方面：

公司顾客数量、新增顾客数量、忠诚顾客比例、顾客参观拜访的次数、持续订单比例、前五名顾客销售额占总销售额的比例、顾客投诉率、顾客回头率、寻求新顾客的服务经费、促进公司形象的顾客、促进公司组织的顾客、促进员工能力的顾客、每位顾客的平均销售额、顾客的满意度、平均反应（response）时间、与产品销售相关的广告费、市场占有率、业务增长率、市场开发投资额、前五名供货商采购额占总采购额的比例。

已有顾客数量、产品的市场占有率、产品销售收入中5个最大的许可证销售收入所占的比重、出口销售收入比重、顾客通过通信手段与企业联系成功的概率、回头客的比例、销售网点的数量、顾客对信息技术的熟悉率、最大的5个顾客占总营业收入的比例、市场费用占销售收入的百分率、客户投诉率；访问公司的顾客数量、已有顾客关系的持续时间、当年新增顾客数量、新产品销售率、市场扩大率、顾客平均购买力、整体顾客满意指数、顾客主动与公司的接触次数/年、为顾客开展新的服务或培训方面的花费、在发展战略伙伴关系方面的投资、供应关系费用占销售收入的比例、销售渠道费占销售收入的比例。

广告促销费占销售收入的比例、售后服务费占销售收入的比例、关系资本投资占销售收入的比例、已有顾客数量、当年新增顾客数量、最大的5个顾客占总营业收入的比例、顾客对产品与服务的满意指数、客户投诉率、在发展战略伙伴关系方面的投资、产品的市场占有率、市场扩大率、出口销售收入比重、企业商标信用度等。

质化信息包括：

企业形象、企业品牌经营能力、企业的战略联盟关系、企业品牌经营能力、企业商标信用度、企业形象、企业顾客忠诚度、企业的营销体制。企业声誉或美誉、品牌优势、商标、公司形象、社会身份、公司优越的地理位置、外部环境、销售网络分布、营销机制或体系、与客户的良好关系、与有影响力的供应商或顾客签订的长期合同或协议等。

五、现阶段我国上市公司智力资本报告的改进设想

在上节实证分析过程中，我们发现我国上市公司披露的货币计量的智力资本信息受现行会计准则的限制，不充分，不明确。非货币计量的智力资本信息的内容有限，形式也不规范，为了提高上市公司智力资本信息质量，我们提出如下建议：

（一）逐步强化货币计量的智力资本信息披露

1. 按照历史成本对外披露

许多不符合现行会计准则的无形资产确认条件，而计入了管理费用与营业费用之中的开支，如研究与开发费、企业文化建设费、管理制度建设费、质量管理费、信息和网络建设、员工培训费、销售渠道费、广告促销费等等，而这些开支实际上形成了企业拥有或者控制的宝贵的无形资源，对企业持续竞争优势的提升与价值创造作出了关键贡献，因而可以将其确认为智力资产，并分别归属于人力资产、组织资产、关系资产，按照实际支出对外披露。由于在现有的资产负债表中，已披露了部分无形资产，则可以在智力资产项目下面，分设已核算无形资产和其他智力资产两大类别，并且在其他智力资产项目下面分设人力资产、组织资产、关系资产三大明细项目。与智力资产对应的是智力资本项目，亦相应分设人力资本、组织资本、关系资本三大明细项目。智力资本（按照历史成本计量）与智力资产金额相等，考虑到与现有资产负债表及利润表的衔接，还应从当期留存收益（未分配利润）中减去由于部分管理费用与营业费用确认为其他智力资产而导致的利润增加，以保持资产与权益的平衡。

2. 按照公允价值对外披露

以企业市场价值为基础来计量和报告智力资本信息时，可以编表日企业市场价值与账面价值的差额作为智力资产及其对应的智力资本金额来对外披露，原有资产负债表内的项目与金额一律不作变更。虽然简便，但对于理解智力资本的构成以及评价企业智力资本的管理效率方面则显得信息不足。

（二）大力规范非货币计量的智力资本信息披露

上市公司年报中应充分披露非货币计量的智力资本信息，成为以历史成本计量的智力资本信息的必要补充和以公允价值计量的智力资本信息的支撑基础和重要解释。为此，有必要规范智力资本信息披露的基本框架与主要内容。我们建议将智力资本分为人力资本、组织资本和关系资本三大组成部分来披露，各部分披露相关主要指标，各行业披露的内容与指标应基本保持一致，以保证智力资本信息在行业内的可比性。同时披露这些指标的上期与本期状况，以反映企业智力资本的变化。根据前述我国上市公司非货币计量的智力资本信息的披露状况，当前尤其需要增加以下智力资本信息披露：

在人力资本方面，应增加员工满意度、员工感到意见被采纳的比率、专有技术人员所占的比重、研发人员所占的比重、管理者能力与素质、员工对业务的熟练程度、人力资本结构与企业战略的适应性等信息的披露。在组织资本方面，应增加专利数量、R&D 开发成功率、正在开发的新产品数、信息技术投资额、企业文化的先进性与适应性、企业的经营思想与管理结构的优化程度等信息披露。在关系资本方面，应增加顾客数量、顾客对产品与服务的满意指数、战略伙伴关系、市场占有率与市场扩大率、企业品牌与商标、投资者关系等信息披露。

（三）披露进程建议

我们建议对于智力资本信息披露采用由简单到复杂，逐步铺开的方式。首先，可以不影响现有的会计报表体系与内容，在董事会报告中披露智力资本报告。按照规范的表格形式来集中披露非货币计量的智力资本信息，并与董事会报告的企业战略、经营活动状况等融为一体。这样，还可以大大提高董事会报告的信息含量。第二步，可在现有资产负债表内披露以公允价值反映的智力资本信息，表外披露智力资本附表，即非货币计量的智力资本信息，这样，对现有报表体系与内容的影响不大，做到这一点也不难。第三步，可在现有资产负债表内披露以历史成本计量的智力资本信息，表外披露以公允价值反映的智力资本信息以及非货币计量的智力资本信息。或者在表内同时披露以历史成本与公允价值反映的智力资本信息，表外披露非货币计量的智力资本信息，达到这一步可能还需要一段时期。

第八章　智力资本管理会计在我国企业的运用

研究智力资本管理会计理论与方法体系的最终目的还在于其实际运用。而发端于经济发达国家的企业知识管理在当今我国企业管理实践中是否存在，与知识管理相适应的智力资本管理会计在我国企业是否具有运用的必要性，就成为需要首先分析与论证的问题。本章结合我国部分企业的知识管理实践、我国企业的国际竞争力现状以及我国的国有资产管理体制改革等方面分析了我国企业运用智力资本管理会计的必要性，并对如何促进智力资本管理会计在我国企业的实际运用提出了几点建议。

第一节　我国企业运用智力资本管理会计的必要性分析

由于IC管理会计是适应企业知识管理战略需求而产生的管理会计，伴随着企业知识管理全过程，为企业知识管理服务。而知识管理是在知识经济时代首先发端于经济发达国家的管理战略与活动，因此，我国大部分企业是否也在推行知识发展战略与进行知识管理活动，直接决定了IC管理会计是否有其生存的土壤，有其运用的必要性。在本节，我们结合我国企业的实际状况来分析企业是否推行知识管理、知识管理效率如何以及企业管理者的选择动因等方面，来探讨IC管理会计运用的必要性问题。

一、我国已有许多企业正进行知识管理，智力资本管理会计在我国企业中也同样具有生存土壤

进入21世纪之后，知识管理对我国企业来说已不再陌生，通过管理创新，推行知识管理来提升企业核心竞争力的理念在许多企业业已形成，从我们所调查了解到的企业实际经营管理状况以及各大主流新闻媒体的报道可以证实这一点。如作为目前中国规模最大的生产和销售乳制品企业之一的上海光明乳业股份有限公司，在中国乳品企业竞争格局日益复杂化的今天，坚持不懈地打造独特的核心竞争优势，公司强调发挥管理优势，不断提升自身的盈利能力。在从“生产企业规模化盈利”发展到“市场销售规模化盈利”的基础上，向“资本和知识管理盈利”的模式发展。把为客户创造价值、为员工创造价值、为股东创造价值、为社会创造价值作为公司的经营理念。光明乳业充分发挥自身优势，努力建设“高科技光明”，瞄准国际乳业最新发展动态和市场需要，集聚国内外乳业英才，从消费者角度和市场需求出发，不断为满足消费者的个性化需求而努力。公司还不断完善现代化管理手段，利用ERP项目整合产、供、销体系，适时、准确、持续运作，以信息管理平台来支持公司强劲发展。

还有目前已享誉世界的青岛啤酒股份有限公司正借助知识管理炼就其“第四层能力”（杨红艳，2004）。与外资并购的热热闹闹形成鲜明对照的是，先期已基本完成战略布局的以青岛啤酒为代表的国啤们，则开始眼睛向内苦练内功，锤炼一种新的增长方式。这就是被青啤总裁金志国称为的“第四层能力”。他认为，企业是一个能力体系，能力决定了企业的规模和边界，决定了多元化和跨国经营的广度和深度。在基于能力的战略中，第一层是容易模仿的，像现金、商品等；第二层是能够被模仿的，像规模等；第三层是难以被模仿的，像品牌忠诚度、员工满意度、公平的声望等；第四层则是不能被模仿：像独特的能力、独特位置、独特资产等。啤酒业大兼并后的整合，正需要第四层能力，包括知识管理能力，市场能

平，平均排名为26.3；劳动生产率竞争力水平最低，平均排名仅为40.0。从动态变化看，竞争力总体、企业管理竞争力及其子要素都呈下降趋势，尤其是企业文化、公司绩效和劳动力成本这3项竞争力，近年来平均下降达10位以上。另外在企业总体竞争力排序中，我国企业得分仅为25.72，处于第38位，其中能力竞争力排在第31位，资源竞争力排在第39位，在市场竞争力排序中，我国列第33位，排名都比较靠后。另外，2004年我国企业500强与世界企业500强相比较，资产规模仅为后者的5.61%，营业收入为7.3%，我国企业效率与世界先进企业相比，还存在较大差距。2004年我国500强企业平均利润7400万美元，世界500强企业平均利润为61218万美元，仅相当于世界500强平均利润的12.06%。这一企业效率差距也说明我国企业的国际竞争力较低。

我国企业国际竞争力总体偏低反映出了我国企业的知识管理成效还有待改善，知识管理效率亟待提高。当然，我国企业的知识管理整体效率不高的原因是多方面的，比如部分企业可能是因为对知识管理重要性的认识程度不够，导致相关投入不足，也可能是未能联系企业实际制定合适的知识发展战略与相应的知识管理措施。某些长期从事知识管理咨询的专家也发现，虽然目前有很多企业对知识管理这个事情已经形成了共识，但如何做还不是很清楚，比如：不能够明晰影响知识管理的企业整体战略目标和关键战略举措，不能够识别企业的核心知识领域，不能够系统梳理出相关知识领域中的知识资产，不能够合理设计针对关键知识领域的知识提升行动等等。

除上述原因之外，我们认为，在企业知识管理的运作过程中，缺乏IC管理会计提供相应的决策信息，并辅之以必要的控制，也是不可忽视的原因之一。这一原因从某种程度上来讲，还带有客观性，并非企业主观使然。因为现行会计体系在这方面确实关注不够，绝大多数企业因而未能对自身的IC形成与使用过程及其效果进行全面、系统的计量与反映，未能注重IC投资决策的科学性，也未能建立与知识管理战略协调一致的业绩评价与激励系统等。IC管理会计的产生与运用将有助于改善这一状况。因此，企业运用

IC 管理会计，将有助于提高企业知识管理的效率和水平，对于增强我国企业的国际竞争力也具有重要意义。

三、当前，随着国有资产管理体制改革的逐步深化，企业管理者也具备了运用智力资本管理会计的内在动因与需求

就我国企业管理会计的运用状况而言，虽然理论上管理者们也懂得管理会计可以提高管理效率，但由于相对于财务会计而言，管理会计方法的推行缺乏强制性，而且实施成本也较高，致使管理者们认为“管理会计有用但是费劲”，进而放弃在企业中全面使用管理会计方法。管理会计方法在企业中运用不普遍的深层次原因是长期以来国有企业的所有者缺位，企业的激励和约束机制的不健全，管理者缺乏提升管理效率的内在积极性。

而当前，随着我国经济体制改革的逐步深化，我国正在进行新一轮的国有资产管理体制改革，建立了新的管人、管事和管资产相结合的国有资产监督管理机构，并于 2003 年 5 月 27 日颁布了《国有资产监督管理条例》。该条例明确规定了国有资产监督管理机构履行出资人，也即委托人的职责，应当建立健全适应现代企业制度要求的企业负责人（即代理人）选用机制和激励约束机制。具体包括建立企业负责人的经营业绩考核制度，与企业负责人签订业绩合同，根据业绩合同对企业负责人进行年度考核和任期考核，并根据考核结果给予奖惩。这说明我国现代企业制度日趋完善，企业委托代理关系逐步明晰，企业的主要管理者现已面临提高其经营业绩的巨大压力和动力，因而积极推进管理创新，提高企业知识管理效率，实现企业价值最大化，已经成为了经营管理者自发的、主动的追求，推广和运用包括 IC 管理会计在内的现代先进管理会计方法已成为了我国企业管理者的理性选择。因此在我国当今企业的知识管理实践中，运用 IC 管理会计的必要性不仅体现在企业所面临的日趋激烈的竞争环境的压力，而且也是企业管理者的自发需求。

第二节　智力资本管理会计在我国企业的初步应用案例

案例一：华润集团知识战略导向的6S管理控制系统

华润集团是隶属于国务院的一家有50多年发展历史的国有重要骨干企业。华润（集团）有限公司由中国华润总公司控股，总部设在香港。截至2005年12月31日，华润集团总资产达到1 352亿港元，营业额达752.7亿港元。

企业发展初期，华润以"从鸡蛋到导弹"式的产业整合思路，依靠资金与政府背景，在国内大肆收购零售、房地产、啤酒、纺织、电力、建材、微电子、农业深加工等等一系列不相关联的业务，并一举成为与青岛啤酒并列的啤酒业龙头，稳坐纺织行业老三的位置，也是中国地产行业中规模最大、盈利能力最强的公司之一，实现由贸易为主向多元化发展的转变。多元化带来的不仅是企业利润的大幅度增长和竞争实力的显著增强，也造成了华润集团旗下业务地域分布广、产业跨度大、业务关联度低、母子公司管理复杂化的困难局面。

为了提高企业集团的整体管理效率和竞争力，特别是资产上市后受到资本市场的约束，改变这种企业发展和管理现状，1999年，一套结合华润自身实际的管理模式——6S管理体系设计完成并开始实施，标志着华润的企业管理进入了一个新的阶段。6S管理体系是6个体系的简称，具体是指：利润中心编码体系（Profit Center Number System）、利润中心管理报告体系（Profit Center Management Account System）、利润中心预算体系（Profit Center Budget System）、利润中心评价体系（Profit Center Measurement System）、利润中心审计体系（Profit Center Audit System）、利润中心经理人考核体系（Profit Center Manager Evaluation System）等。

6S管理体系的系统化构想是：以专业化管理为基本出发点，突破财务会计上的股权架构，首先把集团及属下所有业务及资产分成多个利润中心，并逐一编制号码；每个利润中心按规定格式和内容编制管理会计报告，并汇总成为集团总体管理报告；在利润中心推行全面预算管理，将经营目标层层分解，落实到每个责任人每个月的经营上；根据不同利润中心的业务性质和经营现状，建立切实可行的业务评价体系，按评价结果确定奖惩；对利润中心经营及预算执行情况进行审计，确保管理信息的真实性；最后对利润中心负责人进行每年一次的考核，并兑现奖惩，拉开薪酬档次，同时通过实行利润中心负责人考核上岗制，逐步建立起选拔管理人员的科学程序。该体系完整的流程实际上构成了企业完整的管理控制系统。

为了推进战略执行力，集团于 2003 年引入了战略性的平衡计分卡，利用平衡计分卡的多维视角进一步完善 6S 管理体系的评价与考核，以评价和考核推进战略执行，从而将 6S 提升到一个新的高度。新的 6S 管理系统虽然仍然是 6 个 “S”，但是基本内容有了很大变化，包括业务战略体系、全面预算体系、业绩评价体系、管理报告体系、经理人考核体系、内部审计体系。于是 6S 也上升到基于平衡计分卡思想的战略导向的管理控制系统。

在改进之后的管理控制系统中，利润中心编码体系转变为业务战略体系。华润集团在专业化分工的基础上，将集团及属下公司按照战略管理的原则划分为数十类战略业务单元（SBU），例如电力、钢铁、基础建设等。所有的战略型业务类别都是华润经过研究以后圈定的一些华润有相对优势和竞争力的产业，各利润中心任何一项业务经营的好坏都能按战略进行检讨。原先每个细分的利润中心都必须是可制定的战略、可执行战略的单位。只有更加专业化符合企业整体战略要求的业务单元，才可以进入此系列。比如华润机械属下原有康贸公司利润点，它是做印刷机械及印刷业务相关贸易的。在战略型业务单元中无法归类，没法跟核心业务挂上钩，也就不能成为战略业务单元，但调整的结果就是将其变分解为制钢业务利润点，以及待研究发展的印刷利润点和贸易利润点。这样这三个利润点都是有战略型业务单元，是有相应的发展规划和产业研究的，可以横向比较，可以从战略的高度对其进行管理，这样就为企业战略目标的实现奠定了坚实的基础。

华润集团的全部业务划分为战略业务单元后，全面预算管理的基础就是各个业务单元的竞争战略，集团实行以业务战略为导向的全面预算管理制度，各个业务单元在制定战略规划的基础上，也将业务战略细化作为全面预算管理的依据。

首先，各个战略业务单元（SBU）制定并用战略图的逻辑框架描述战略，建立财务、客户、内部经营流程、学习与成长等几个方面的因果管理链，分别确定战略目标及其关键评价指标，并将评价指标分解为阶段性的目标值和保障性的具体行动计划，相应明确里程碑和责任人，同时以经营预算与资本支出预算实现资源分配，最后集团总公司财务部门审核、分析各个战略业务单元的预算，最终汇总成为企业全面预算。在预算执行的过程中，集团及各个战略业务单元的财务部门通过日常运营信息的反馈和对预算执行结果四个方面的考评对企业战略执行情况进行考评，并提出有关战略管理多方面的建议和意见。

在引入了BSC思想的管理控制系统中，各利润中心业绩评价体系也发生了变化，改进之后的业绩评价体系包括财务、顾客、内部经营流程和学习与成长四个维度的关键业绩评价指标。以前的业绩评价偏重于短期的财务结果，而引入平衡计分卡思想后，企业不仅要和过去比，还要和行业平均水平比，和行业标杆企业比，不仅要关注营业额、利润、ROE等财务数据，还要比客户和员工满意度、员工专业技能提高程度、社会贡献度、环保安全等“绿色指标”、软指标；不仅要重视短期效益，还要关注企业中长期战略目标实现程度等。这样，对企业的评价有了更加全面、更加客观的标准。在改进之后的业绩评价指标体系中，除了财务、客户、运营、学习等四个方面的量化指标之外，还包括非量化指标。非量化指标主要是指作为评价体系第五大方面的总体要求，具体由集团主管领导负责，根据利润中心实际情况和量化指标不能涵盖的方面提出若干评议要点，分别设定权重，总权重为20%。

在进行评价计分时，集团主要与自身目标进行比较，并将上年实际和本年预算综合起来计算比较目标值，同时选择按100分上下浮动50%的简易计分制，即评价结果在50~150分之间。对于量化指标，将其与目标值相比，按 50～150 分制打分，其中目标值一般包括上年实际和本年预算两项。计分时对每一项量化指标先按两种目标分别打分，再将上年实际目标得分与本年预算目标得分按一定的比例（如 70% 与 30%，可动态调整）加权平均，接着按该指标权重计算最后得分。如果目标值仅有其中一项，则直接将该项按 100% 权重计算得分，比如新设或在建的利润中心就只有预算目标。以上各项指标的得分汇总即为量化指标的得分。对于非量化指标，将其与上年情况比较，由集团主管领导、集团总经理、集团董事长及其他有关领导按 50～150 分制对每项评议要点分别打分。以上打分结果按单项权重折算计分，并将各项进行汇总，即为非量化指标的得分。需要说明的是，在对预算目标打分时，在计分上侧重预算的准确性，但同时也鼓励超预算。如预算完成 120% 以下的，按同比例计分；预算完成 120%～180% 之间的，在 120 分的基础上加上预算完成 120% 以上区间的一半合并计分；预算完成 180% 以上的，均按最高分 150 分计分。以上这种安排实际上是为预算编制者留足 20% 的误差空间。因此，那些有意压低预算的利润中心并不能从中得到评价的太多好处。

在改进之后的 6S 管理控制系统中，其激励机制也发生了相应的改变。战略执行和经营责任具体落实到各级责任人，从而考核也要落实到利润中心经理人身上。利润中心经理人考核体系主要是在业绩评价的基础上再加上经理人标准的考核，两方面共同构成经理人考核的结果。其中，经理人考核标准包括无形和有形两个层面，具体是指激情、学习、团队、诚信、创新、决断、学历、经历、智力、表达、体质、环境等 12 个方面。在考核结果中，利润中心业绩评价得分占 70% 权重，经理人考核结果占 30% 权重，两者共同形成利润中心经理人的评价。根据考核结果，决定经理人的奖惩以及进一步的任免使用建议。

[简要点评]

华润集团的 6S 管理控制体系对华润集团的总战略实施、管理架构稳定、高效业务运营起到了制度性的保障作用。它合理地调整集权与分权，解决了母公司对子公司监管过程中存在的诸多问题，在确定员工持股计划认购人时，首要考虑的是员工对公司事业的忠诚程度或者称“员工忠诚度”。如果员工不忠于华为事业，再有才能也对公司发展无益。判断一位员工是否忠于公司事业最重要的可量化指标是工作年限，可参考的可量化指标包括自觉遵守组织纪律程度，出勤率等。

确定员工认股数量是根据年限、级别等指标，这实际上是考察员工对于公司的价值或者称“员工价值度”，员工仅仅在态度上对于华为事业忠诚明显是不够的，还要看员工能否通过知识与劳动为华为事业创造价值，它通过衡量过去的贡献及将来的潜在贡献来综合评价。过去的贡献一般根据企业已有的绩效考评结果，不考虑特例情形，通常行政管理级别越高，专业技术职务越高，越能间接反映出员工过去对公司做的贡献。未来潜在贡献的可能性主要取决于员工的综合素质，包括教育背景、工作经验与结果、健康状况、性格、年龄、家庭环境以及其他诸多因素的影响，各因素的重要性也因不同企业、不同岗位有异。

认股对象表达了方向性，认股多少表达了数量性。站在华为公司的角度，在特定年份的特定员工的认股数就是一个二维员工认股向量。在某一年份某一员工可能可以认股，也可能不符合认股条件不能认股。不同员工认股数量不同，正表达了员工认股向量的差异。华为在某一年份根据需要确定的认股分配方案，等于当年在职员工认股向量的集合。同一员工不同年份的认股向量叠加后，华为所有员工（包括在职或离职未退股的员工）的员工认股向量总集正好描述华为员工持股计划的总体现实情况。站在员工的角度，员工认股向量反映了员工在华为的被认可度和受重视度。

[简要点评]

华为所推行的员工持股制是华为公司价值分配体制中最核心、最有激励作用的制度。在股权上实行员工持股，但要向有才能和责任心的人倾斜，以利益形成中坚力量。华为的员工普遍持有公司股份的机会。每一个年度，员工可根据对其评定的结果，认购一定数量公司的股份。股金的评定以责任心、敬业精神、发展潜力、做出贡献为主要的标准。通过股权的安排，使最有能力和责任心的人成为公司剩余价值的索取者。知识转化为资本，为华为这个以知识为生存根本的公司，获得了源源不绝的生命力。华为公司的股权分配强调持续性贡献，主张向核心层和中间层倾斜。员工持股的激励是短期的激励和长期的激励相结合。华为股权的分配不是按资分配，而是按知分配，本质上可以理解为知识导向的激励制度，是以智力资本业绩评价作为重要依据的员工激励机制的设计方案。

管理会计就其实质讲是一种企业内部的管理制度安排。企业现有的管理体制是否有效地使人力资本发挥最大的作用、是否有利于学习与创新，如何在复杂的管理体制下建立有效的激励机制，所有这些问题都要求管理会计从企业的核心竞争力角度去研究企业管理与组织设计问题。因此，知识经济条件下管理会计应深入研究如何构建“以人为本”，适应企业组织结构的激励机制与管理报酬计划。上述深圳华为公司知识导向的激励机制提供了可资借鉴的实践经验。

第三节　促进智力资本管理会计在我国企业运用的几点建议

目前，IC 管理会计的部分内容与方法已经在我国部分企业中已有一定程度的运用，如前述深圳华为通讯公司，早在 20 世纪 90 年代初就进行了“知识资本化”的实践，制定了 IC 相关的业绩评价与激励制度，并取得了良好的成效。另外，国内部分企业也在应用囊括了大部分 IC 业绩指标的平衡计分卡，如山东鲁能科技集团，不仅自己采用了平衡计分法，还在此基础上开发出软件产品，将平衡计分法的思想融入其绩效管理软件，该产品在云南、广西、东北的电力系统均有采用。但总的说来，IC 管理会计在实务界并未普及，方法的运用也不系统。为了进一步提升国内企业的管理水平，支持企业知识管理战略的推行，以应对当今全球经济一体化条件下的激烈竞争局面，企业应加强对运用 IC 管理会计的运用，同时政府以及社会各界也应积极支持。为此，我们提出以下几点建议：

一、政府相关部门可以对 IC 管理会计的运用给予宏观层次的政策引导与支持

首先是我国的国有资产监督管理委员会可利用自身优势加强引导，比如鼓励企业在现有国有企业效绩评价体系之外，根据企业自身发展实际设立可以反映其核心竞争力的业绩评价体系，以表明对企业培育其核心能力的关注。或者可在现有国有企业效绩评价体系之内增加 3～5 个 IC 业绩指标（如自主知识产权比重、顾客满意度、战略联盟的数量与价值等），以引导高层管理者重视 IC 管理和企业核心竞争力的构建。另外，资本市场监管机构如国家证监会，可以鼓励上市公司在现有财务报表信息之外，自愿披露企业 IC 信息，这不仅可以促进企业计量和报告 IC，提升资本市场的透明度，而且也可以促进企业强化其智力资本管理，以求以一个较好的 IC 业绩呈现于资本市场，而 IC 管理的加强与 IC 管理会计的运用总是相辅相成的。

二、学术界应深入企业实际，将 IC 管理会计的理论研究与实践研究以及推广应用研究相结合

为了不断创新 IC 管理会计，并且努力探索和解决 IC 管理会计方法在企业推广运用过程中所遇到的问题，我们可以学习和借鉴美国著名管理会计学家卡普兰教授和他的同事们在开发和推广管理会计新实践 ABC 和 BSC 时所采用的创新行动研究方法（innovation action research）。这一方法的主要特点是在相信企业现有管理方法可以改进和创新的前提下，学者们深入实践，开发出适应环境需求的创新的管理会计理念与方法，并探索这一创新方法在实践中推广应用的可能性及影响因素，最终来完善管理会计理论与促进管理会计实践的发展。在创新方法的推广运用阶段，卡普兰（1998）总结出应注意以下三方面问题：其一是评估和测试这些新的理念和方法能否为新的组织（即开发这一创新管理会计方法之外的企业）创造价值。其二是在新组织中寻求一些新的学习机会，以获取发展管理会计理念的新知识。其三是探求这一创新方法在运用过程中的

影响因素，一般主要影响因数包括培训不充分，时机不成熟，管理者对这一新概念尚未充分理解，新方法在执行过程中缺乏良好的组织和管理以及经理们固守传统，拒绝使用新的管理系统产生的信息，等等。

三、高等院校与其他培训机构应加大对实务界的管理会计理念与方法的培训力度，将包括 IC 管理会计在内的现代管理会计方法纳入到培训内容中去

当前我国企业各层次管理者所参加的培训应该说不算少，但包括高等院校和管理咨询公司所提供的培训内容却忽略了先进的管理会计理念与方法，而这些内容实际上是管理者在管理实践中所十分需要的管理方法，如前述战略投资评价、战略业绩评价等方法。我们查阅了近两年来大量的报纸和杂志（如企业管理）所提供的管理培训项目和培训内容，无论是短期的管理专题培训，还是较长期的针对实务人员的 MBA 与 EMBA 的培训，都较少涉及包括 IC 管理会计在内的当今先进的管理会计理念与方法，这与国外的同类培训中对管理会计理念与方法的重视形成了较大的反差。因此，我们建议在对各层次管理人员的各类培训课程中，应重视对包括 IC 管理会计在内的当今先进的管理会计理念与方法的培训，使之为各层次管理者充分了解，只有在为使用者所了解的基础上才能促进管理会计方法的运用。

四、企业应更新传统资本观念，为运用 IC 管理会计提供人员与信息准备，并不断探索行之有效的具体 IC 管理会计方法

应该说，前面所探讨的 IC 管理会计的内容与方法，包括 IC 计量方法、相关投资决策方法、纳入 IC 要素的预算与业绩评价体系等，均较为简明，而且大部分方法都立足于 IC 管理实践，操作性强，具有较为普遍的适用性，我国企业应用或在应用过程中发展这些方法一般不会存在技术障碍。我们认为企业应采取如下三方面的

措施来加强 IC 管理会计的运用：

第一，企业应更新其传统的资本观念，确立和接受智力资本新理念，并将计量和报告 IC 视为促进自身进行管理创新和提升管理效率的重要手段。唯有如此，才能密切结合自身的知识管理实际，紧跟时代步伐，重视并运用 IC 管理会计。为此，企业采取适当的方法与途径，如通过咨询、学习、培训、宣传等各种途径使各层次管理者以及全体员工认识到知识管理与 IC 管理会计的重要性。

第二，企业还应为 IC 管理会计的实际运用提供充分的人员配备与信息准备。据调查，当前我国大多数企业基本没有专职的管理会计人员，管理会计职能基本上由高级财务主管来行使，而他们常常因为需要全面管理各项会计、财务工作而无暇顾及管理方法在企业的运用与创新。因此，我们建议企业设置管理会计岗位，挑选具备专业能力的管理会计人员，来具体负责包括 IC 管理会计在内的管理会计方法的设计与推广运用。同时成立跨部门的智力资本管理小组（团队），其职责是保证公司在需要时拥有所需要的智力资本，其任务是定期审查、提交智力资本报告、分析和比较发展趋向和公司的需求。管理会计人员应成为该小组中的重要成员。他们不仅可以提供信息、评价方案、制定计划、考核业绩，而且其责权的履行将使其在 S 该小组中发挥组织和协调的作用。

另外，为了促进 IC 管理会计的运用，应改进现有的会计信息系统，将具体的 IC 信息计量纳入日常的会计核算之中。当然，由于会计信息量的增加，先进的信息处理系统对 IC 管理会计的具体运用也十分必要。

第三，企业应根据自身的 IC 管理实践，不断探索行之有效的、符合本企业实际的具体 IC 管理会计方法。因此，企业需要在明晰战略的基础上，分析与其核心战略举措紧密相关的核心知识领域，并结合自身流程进行知识梳理，并对其核心知识领域的知识现状和期望进行评估，从而制定出有效的知识管理方案。在制定知识管理战略与具体运作过程中，应采用行之有效的 IC 货币计量方法与简明可比的 IC 非计量指标。同时，在其相关 IC 投资决策（如企业信息化建设）中，具体选择运用战略投资评价法或实物期权法，以扭转长期以来 IC 相关投资不足的局面。另外，还应设计符合企业知识管理实践要求的 IC 导向的管理控制系统，将企业重要的 IC 要素纳入到现行的全面预算与业绩评价体系之中。尤为重要的是，企业应随着其知识管理实践的发展与变化，不断地创新与改进现有的 IC 管理会计方法。

五、政府相关部门、相关教育与研究机构、会计职业团体、会计师事务所、管理咨询公司以及企业等各方应通力合作，快速有效地推广和运用 IC 管理会计

政府相关部门为先进的管理会计实践提供公平竞争环境、信息技术等基础条件，并且可以通过组织相关力量来推广运用包括 IC 管理会计在内的先进管理会计方法。教育和研究机构、管理会计职业组织和管理咨询公司可利用各自优势大力宣传和推广典型成功案例并具体指导各企业运用包括 IC 管理会计在内的先进管理会计方法。企业实施先进管理会计实践的主体，先进的管理会计实践在被企业采用、适应、接受和认可的全过程中，企业各部门（财务、市场营销、人力资源、生产部门等）与咨询公司和专家通力合作以及企业高层领导的支持和坚持都是至关重要的。这是国外（如澳大利亚、芬兰等）成功推广先进管理会计实践的主要经验。而我国企业在创新与推广管理会计实践的过程中，尚未形成上述合力。并且企业主要依靠自主创新，较少利用理论界的知识优势，也缺乏来自其他渠道的推动和帮助，我国企业著名的管理会计实践——邯钢成本否决经验与亚星集团的购销比价管理模式基本如此。改进这种现状的思路之一是成立由实务界会计师与理论界部分人员所组成的管理会计师职业组织，当前，在我国总会计师协会下设一个创新管理会计实践推广分会应该说是较为现实可行的选择。

参考文献

1. (加) 安东尼·A·阿特金森，(美) 拉吉夫·D·班克，罗伯特·S·卡普兰，S·马克·扬. 管理会计（第三版）[M]. 王立彦等译. 北京：北京大学出版社，2004.
2. (美) 保罗·尼文. 平衡计分卡使用指南 [M]. 胡玉明等译. 北京：中国财政经济出版社，2003.
3. (美) Charles Ehin. 开发智力成本 [M]. 郭延航译，汪洱审订. 北京：机械工业出版社，2003.
4. (美) 达尔·尼夫. 知识经济 [M]. 樊春良，冷民等译. 珠海：珠海出版社，1998.
5. (美) 鲁迪·拉各斯，丹·霍尔特休斯编. 知识优势 [M]. 吕魏，吴韵华等译. 北京：机械工业出版社，2001.
6. (美) 罗伯特 N·安东尼，维杰伊·戈文达拉扬. 管理控制系统 [M]. 许锐，牛国锋，彭玉辉译. 北京：机械工业出版社，1999.
7. (美) 罗伯特·S·卡普兰，安东尼·A·阿特金森. 高级管理会计 [M]. 吕长江主译. 东北财经大学出版社，1999.
8. (美) 罗纳德·W·希尔顿. 管理会计学：在动态商业环境中创造价值 [M]. 阎达五，李勇 等译. 北京：机械工业出版社，2002.
9. (美) 马格丽特·布莱尔，史蒂文·沃曼. 无形财富——来自布鲁金斯无形资产特别研究工作组的报告 [M]. 王志台等译. 北京：中国劳动社会保障出版社，2004.
10. (美) 帕特里克·沙利文著. 价值驱动的智力资本 [M].

赵亮译. 北京：华夏出版社，2002.
11. （新西兰）斯图尔特·巴恩斯. 知识管理系统——理论与实务［M］. 阎达五，徐鹿等译. 北京：机械工业出版社，2004.
12. （英）乔治·旺·科鲁夫. 知识创新［M］. 北乔译. 北京：经济管理出版社，2003.
13. ［美］托马斯·A·斯图尔特. "软"资产——从知识到智力资本［M］. 中信出版社，辽宁教育出版社，2003 年。
14. 安妮·布鲁金. 智力资本——应用与管理［M］. 赵洁平译. 东北财经大学出版社，2003.
15. 巴鲁，列弗. 无形资产：管理、计量和呈报［M］. 王志台等译. 北京：中国劳动社会保障出版社，2003.
16. 布拉米奇，比姆尼. 管理会计——发展的方向［M］. 北京：中国人民大学出版社，2003.
17. 财政部会计司组织翻译. 国际财务报告解释委员会解释公告第 32 号——无形资产：网站成本［J］. 会计研究，2003，7.
18. 蔡继明，刘澜飚，贺京同，等. 无形资产评估——理论与实践［M］. 北京：中国物价出版社，2002.
19. 陈卫星. 知识经济与会计创新［J］. 会计研究，1998，0.
20. 陈则孚. 知识资本——理论、运行与知识产业化［M］. 北京：经济管理出版社，2003.
21. 谌新民，刘善敏. 人力资源会计［M］. 广州：广东经济出版社，2002.
22. 成树芬. 企业智慧资产管理——提升为知识企业的良方［M］. 上海：上海财经大学出版社，2003.
23. 程兆谦，徐金发. 资源观理论框架的整理［J］. 外国经济与管理，2002，7.
24. 杜荣，王安民，白晓军. 加强知识资产管理，提高国有企业竞争力——某国有企业知识资产管理个案调查［J］. 管理评论，2004，1.

25. 樊治平，孙永洪．基于 SWOT 分析的企业知识管理战略 [J]．南开管理评论，2002，4.
26. 范徵．论企业知识资本与核心能力的整合 [J]．经济管理——新管理，2001，22.。
27. 范徵．知识资本评价指标体系与定量评估模型 [J]．中国工业经济》，2000，9.
28. 方统法．企业核心能力及其识别 [J]．经济管理——新管理，2001，20.
29. 傅元略．企业智力资产效益贡献的综合评价 [J]．会计研究，2000，10.
30. 高洪深，丁娟娟 编著．企业知识管理 [M]．北京：清华大学出版社，2003.
31. 高洪深，杨宏志．知识经济学教程（第二版） [M]．北京：中国人民大学出版社，2002.
32. 葛家澍，余绪缨．管理会计 [G]．会计大典第 5 卷．北京：中国财政经济出版社，1999 年。
33. 顾乃康．现代企业理论的新发展：企业知识理论 [J]．经济学动态，1997，11.
34. 管益忻．培育、强化企业核心能力：亟待划清的十个界限 [J]．南开管理评论，2000，5.
35. 郭道扬．20 世纪会计大事评说（六）——20 世纪管理会计的产生与演进 [J]．财会通讯，1999，6.
36. 郭永清．比利时管理会计的发展及对我国的启示 [J]．会计研究，1999，12.
37. 国家财政部等四部委联合发布．国有资本金效绩评价规则 [M]．1999，6.
38. 国家财政部等四部委联合发布．企业效绩评价操作细则（修订） [M]．2002，2.
39. 洪燕云．R&D 项目投资评价的实物期权法 [J]．数量经济与技术经济研究，2003，2．第 2 期。
40. 胡玉明．21 世纪管理会计主题的转变——从企业价值增值到企业核心能力培植［J］. 外国经济与管理，2001，1.
41. 胡玉明. 高级成本管理会计［M］. 厦门：厦门大学出版社，2002.
42. 黄津孚. 资源、能力与核心竞争力［J］. 经济管理——新管理，2001，20.
43. 黄晓波，赵红娥. 经济形态变革与管理会计创新［J］. 会计研究，1999，12.
44. 江积海，宣国良. 基于知识传导的企业理论与战略管理研究的演化路径［J］. 经济管理——新管理，2004，4.
45. 雷家骕，冯婉玲. 知识经济学导论［M］. 北京：清华大学出版社，2001.
46. 李宝山，王建军：高新企业智本增值论［M］. 北京：企业管理出版社，2003.
47. 李存金，甘仞初. 国外知识资本理论研究的若干进展［N］. 北京理工大学学报（社会科学版），2000，3.
48. 李京文. 知识经济与决策科学［M］. 北京：社会科学文献出版社，2002.
49. 李苹莉，宁超. 关于经营业绩评价的思考［J］. 会计研究，2000，5.
50. 李寿文，黎文靖，谭劲松. 价值链管理与价值链会计研讨会综述［J］. 会计研究，2004，2.
51. 李心合. 知识经济与财务创新［J］. 会计研究，2000，10.
52. 廖洪. 会计理论及其应用分析［M］. 北京：中国审计出版社，2001.
53. 刘海建，陈传明. 核心竞争能力的识别：透视红太阳集团的发展历程［J］. 管理世界，2004，4.
54. 刘涛，李嘉明. 论管理会计中智力资本的价值量化评估［N］. 重庆大学学报（社会科学版），2002，6.
55. 刘运国，梁德荣，黄婷晖. 管理会计前沿［M］. 北京：清华大学出版社，2003.

56. 刘运国. 经验研究方法在现代管理会计研究中的应用［M］. 北京：中国财政经济出版社，2001.
57. 刘志远，王志红. 论管理会计创新［J］. 南开管理评论，1999，3.
58. 刘仲文著. 人力资源会计［M］. 王志忠审. 首都经济贸易大学出版社，1997.
59. 吕君奎. 国内外企业知识管理研究综述［J］. 新疆社科论坛，2004，1.
60. 迈克尔·波特. 竞争优势［M］. 陈小悦译. 北京：华夏出版社，1997.
61. 毛付根. 管理会计［M］. 北京：高等教育出版社，2000.
62. 孟焰. 面向21世纪的中国管理会计［J］. 会计研究，1999，10.
63. 孟焰著. 西方现代管理会计的发展及对我国的启示［M］. 北京：经济科学出版社，1997.
64. 潘飞，郭秀娟. 作业预算研究［J］. 会计研究，2004，11.
65. 潘飞，徐健儿，张丽萍. 论管理会计理论体系在我国的发展和展望［J］. 上海会计，1999，11.
66. 潘飞. 90年代管理会计研究成果及未来展望［J］. 会计研究，1998，9.
67. 潘飞. 管理会计应用与发展的典型案例研究——预算管理预绩效评估案例［M］. 北京：中国财政经济出版社，2002.
68. 普国安、唐韬智. 知识管理呼唤知识资本管理会计——兼论建构知识资本管理会计的十大对策［J］. 经济问题探索，2002，3.
69. 戚永红，宝贡敏. 知识管理：概念、框架与问题. 经济管理——新管理，2003，12.
70. 綦好东，杨志强. 价值链会计的目标确定与职能定位［J］. 会计研究，2004，2.

71. 芮明杰，樊圣君．“造山”：以知识和学习为基础的企业的新逻辑［J］．管理科学学报，2001，3.
72. 芮明杰，郭玉林．智力资本激励的制度安排［J］．中国工业经济，2001，9.
73. 宋远方．知识管理与企业核心竞争能力培养［J］．管理世界，2002，8.
74. 苏伟伦．企业智慧资本管理［M］．北京：经济日报出版社，2002.
75. 孙茂竹，姚岳编．管理会计学［M］．北京：中国人民大学出版社，2003.
76. 谭劲松，马军舰．知识经济与会计创新——初论建立以智力资本为中心的知识会计［J］．会计研究，1999，2.
77. 谭劲松，王朝曦，谭燕．试论智力资本会计［J］．会计研究，2001，10.
78. 谭劲松．智力资本会计研究［M］．北京：中国财政经济出版社，2001.
79. 汤湘希．无形资产会计的新发展——企业核心竞争力会计［J］．会计论坛，2003，1.
80. 唐绍欣，刘文．西方知识资本理论述评［J］．经济科学，1999，2.
81. 唐棠．智力资本研究的现状与前瞻［J］．财会通讯，2004，3.
82. 唐雪松．知识经济对无形资产计量的影响［J］．会计研究，1999，2.
83. 托马斯·约翰逊，罗伯特·卡普兰．管理会计兴衰史［M］．金马工作室译．北京：清华大学出版社，2004.
84. 王棣华．新经济条件下企业内部控制问题探讨［J］．会计研究，2001，8.
85. 王凤洲，孔丰．现代管理方法对管理会计的影响［J］．财务与会计导刊，2002，2.
86. 王光远，贺颖奇．关于现代会计科学的若干重大问题

[J]. 管理科学学报, 2000, 3.

87. 王化成, 杨景岩. 试论战略管理会计 [J]. 会计研究, 1999, 10.

88. 王立彦, 陈莹. 90 年代欧美管理会计研究——主题、方法、趋势、启示 [J]. 财会通讯, 1999, 12.

89. 王立彦, 刘志运. 成本管理会计 [M]. 北京: 经济科学出版社, 2000.

90. 王勇, 许强, 许庆瑞. 智力资本及其测度研究 [J]. 科研管理, 2002, 7.

91. 王众托. 关于知识管理若干问题的探讨 [N]. 管理学报, 2004, 7.

92. 魏明海, 龚凯颂. 会计理论 [M]. 东北财经大学出版社, 2001.

93. 夏晖, 曾勇, 唐小我. 技术创新战略投资的实物期权方法综述 [N]. 管理科学学报, 2004, 1.

94. 夏敬华, 金昕. 知识管理 [M]. 北京: 机械工业出版社, 2003.

95. 夏清华. 从资源到能力: 竞争优势战略的一个理论综述 [J]. 管理世界, 2002, 4.

96. 徐程兴, 柯大钢. 关于智力资本价值计量方法的探讨 [J]. 南开管理评论, 2003, 5.

97. 许可, 徐二明. 资源学派与能力学派的回顾与比较 [J]. 经济管理——新管理, 2002, 2.

98. 许民利, 张子刚. 利用实物期权理论评价 R & D 投资 [J]. 系统工程, 2001, 1.

99. 阎达五. 价值链会计研究: 回顾与展望 [J]. 会计研究》, 2004, 2.

100. 杨开峰等译. 哈佛商业评论精粹译丛——知识管理 [M]. 北京: 中国人民大学出版社, 2004.

101. 杨瑞龙, 刘刚. 企业的异质性假设和企业竞争优势的内生性分析 [J]. 中国工业经济》, 2002, 1.

102. 杨浩，戴月明．企业核心专长论——战略重塑的全新方法［M］上海．上海财经大学出版社，2000.
103. 杨晓云．论北欧企业的知识资本会计［N］．兰州商学院学报，2001，2.
104. 尤克强．知识管理与企业创新［M］．北京：清华大学出版社，2003.
105. 于增彪，闫凤祥等．预算管理与绩效考核集成系统设计——亚新科BYC公司案例研究（上、下［J］．财务与会计》，2004，2，3.
106. 余光胜．企业竞争优势根源的理论演进［J］．外国经济与管理》，2002，10.
107. 余光胜．企业发展的知识分析［M］．上海：上海财经大学出版社，2000.
108. 余海宗．战略管理会计论［M］．西南财政大学出版社，2004.
109. 余绪婴．半个世纪以来管理会计形成与发展的历史回顾及其新世纪发展的展望［J］．财会通讯》，2001，1.
110. 余绪缨．管理会计形成与发展的"三阶段论"［J］．会计论坛，2003，2.
111. 余绪缨．简论工业经济向知识经济转变及其对现代管理会计的冲击［J］．财会通讯，1998，4.
112. 余绪缨．企业战略管理与战略管理会计基本理论问题［J］．财务与会计，1999，8.
113. 余绪缨．现代管理会计研究的新思维［J］．财务与会计，2004，2.
114. 余绪缨．展望21世纪管理会计的新发展——知识经济的形成、发展将对管理会计体系产生重大影响［J］．财会月刊，1999，1.
115. 余绪缨．管理会计［M］．沈阳：辽宁人民出版社，1996.
116. 余颖，唐宗明，陈琦伟．能力性经济租金：国有企业绩

效评价新体系 [J]. 会计研究，2004，11.
117. 余增彪，袁国华，等. 给予集团公司预算管理系统的框架研究 [J]. 会计研究》，2004，8.
118. 虞群娥，蒙宇. 企业核心竞争力研究评述及展望 [J]. 财经论丛，2004，4.
119. 郁义鸿. 企业的性质：能力理论的阐释 [J]. 经济科学，2001，6.
120. 原毅军. 智力资本：企业价值的新增长点 [J]. 中国软科学，2001，11.
121. 袁丽. 关于智力资本基本概念 [J]. 中国软科学，2000，2.
122. 袁庆宏. 企业智力资本管理 [J]. 北京：经济管理出版社，2001.
123. 袁艺，袁一骏. 智力资本测量模型评述 [J]. 外国经济与管理，2002，24 (8).
124. 张炳发，乐菲菲，郭宪英. 基于知识资本理论的知识会计框架 [J]. 四川会计，2002，6.
125. 张炳发，万威武，徐新生. 组织知识的综合评价 [J]. 科学学研究，2000 ，3.
126. 张文贤. 人力资源会计研究 [M]. 北京：中国财政经济出版社，2002.
127. 张先治. 控制环境与管理控制系统 [M]. 北京：会计论坛，2003，3.
128. 中国会计学会. 人力资源会计理论与方法研讨会综述 [M]. 北京：会计研究，1999，6.
129. 中国会计学会. 管理会计与应用专题（1999） [M]. 北京：中国财政经济出版社，2000.
130. 中国会计学会. 中国会计研究文献摘编（1979 ~ 1999）——成本与管理会计 [G]. 大连：东北财经大学出版社，2002.
131. 周三多，邹统钎. 战略管理思想史 [M]. 上海：复旦大学出版社，2002.
132. 朱学义，黄元元. 我国智力资本会计应用的探讨 [J]. 会计研究，2004，8.
133. 左美云，许珂，陈禹. 企业知识管理的内容框架研究 [J]. 中国人民大学学报，2003，5.
134. 邵红霞，方军雄. 我国上市公司无形资产价值相关性研究 [J].《会计研究》，2006，12.
135. 万希：“智力资本对我国运营最佳公司贡献的实证分析”，《南开管理评论》，2005 年第 3 期。
136. 原毅军，孙晓华，柏丹：“我国软件企业智力资本价值创造潜力的评估”，《 中国工业经济》，2005 年第 3 期。
137. 薛云奎 ，王志台：“ 无形资产信息披露及其价值相关性研究”，《会计研究》，2001 年第 11 期。
138. 冉秋红，李晶. 董事会绩效与管理会计 [J]. 银行会计，2003，10.
139. 冉秋红，屈志凤. 智力资本会计：现状与发展 [J]. 财会通讯，2004，8.
140. 冉秋红. 论会计在公司治理中的作用 [J]. 湖北财税，2003，12.
141. 冉秋红. 论企业组织结构变化与管理控制系统创新 [J]. 江汉论坛，2004，3.
142. 冉秋红. 智力资本计量方法述评 [J]. 经济管理——新管理，2004，6.
143. AL BHIMANI，HANNO ROBERTS. Management accounting and Knowledge Management：in search of intelligibility. Management Accounting Research ，2004（15）.
144. ANGELO DITILLO. Dealing with uncertainty in knowledge-intensive firms：the role of management control systems as knowledge integration mechanisms. Accounting Organizations and Society，2004（29）.
145. B. WERNERFELT. A Resource- based view of the firm

[J]. Strategic Management Journal, 1984 (5).
146. BARUCH LEV. Sharpening the intangibles edge [J]. Harvard Business Review, 2004.
147. BIRKETT. W P. Management accounting and knowledge management [J]. Management Accounting, 1995, 77 (5).
148. BROMWICH MICHAEL, BHIMAN AL. Strategic Investment Appraisal [J]. Management Accounting, 1991, 72 (9).
149. C. SPENDER. Making knowledge the basis of dynamic theory of the firm [J]. Strategic Management Journal, 1996, 17.
150. COLLIS. D. J., C. A. MONTGOMERY, Competing on resource: strategy in 1990s [J]. Harvard business Review, 1995, 7, 8.
151. DAVE ULRICH, NORM SMALLWOOD. Capitalizing on capabilities [J]. Harvard Business Review, 2004, 6.
152. David Otley, "Performance management: a framework for management control systems research", Managemengt Accounting Research, 10, 1999.
153. Dimitrios G. Mavridis, "The intellectual capital performance of the Japanese banking sector", Journal of Intellectual Capital, Vol. 5, No. 1, 2004.
154. DOROTHY LEONARD- BARTON. Core capabilities and core rigidities: a paradox in managing product development [J]. Strategic Management Journal, 1992, 13.
155. GEORGE ROBINSON, BRIAN H. Kleiner. How to measure an organization's intellectual capital [J]. Managerial Auditing Journal, 1996, 8, 11.
156. GORAN ROOS & JOHAN ROOS. Measuring your company's intellectual performance [J]. Long Range Planning, 1997, 30 (3).
157. GÖRAN ROOS, ALAN BAINBRIDEG, KRISTINE JACOBS-

EN. Intellectual capital analysis as a strategic tool [J]. Strategy and Leadership Journal, 2001, 29 (4).

158. GUNNAR HEDLUND. A model of knowledge management and the N-form corporation [J]. Strategic Management Journal, 1994, 15.

159. INDRA ABEYSEKERA. Intellectual accounting scorecard - measuring and reporting intellectual capital [J]. Journal of American Academy of Business, 2003, 3 (1).

160. LSA KJAERGAARD. Constructing a knowledge-based ldentity: experiences from working with intellectual capital statements [J]. Corporate Reputation Review, 2003, 6 (3).

161. J. Shank & Vijay Govindarajin, "Strategic Cost Analysis - The Evolution from Managerial to Strategic Accounting", Richard D. Irwin, Inc. , 1989.

162. J. MOURITSEN, H. T. LARSEN, P. N. D. Bukh. Intellectual capital and the capable firm: narrating, visualizing and numbering for managing knowledge [J]. Accounting Organizations and Society, 2001, 26.

163. JAMES GUTHRIE, Ulf JOHANSON, P. N. BUKH and P. SA'NCHEZ. Intangibles and the transparent enterprise: new strands of knowledge [J]. Journal of Intellectual Capital, 2003, 4 (4).

164. JAMES GUTHRIE. The management, measurement and the reporting of intellectual capital [J]. Journal of Intellectual capital, 2001, 2 (1).

165. JAN MOURITSEN. Driving growth: economic value added versus intellectual capital [J]. Management Accounting Research, 1998, 9.

166. JAN MOURITSEN. Driving growth: economic value added versus intellectual capital [J]. Management Accounting Research, 1998, 9.

167. JAY CHATZKEL. The collapse of enron and the role of intellectual capital [J]. Journal of Intellectual Capital, 2003, 4 (2).

168. JOHAN ROOS. Exploring the Concept of Intellectual Capital [J]. Long Range Planning, 1998, 1 (3).

169. JOHNNY JERMIAS. Lindawati Gani. Integrating business strategy, organizational configurations and management accounting systems with business unit effectiveness: a fitness landscape approach [J]. Management Accounting Research, 2004, 15.

170. KARL ERIK SVEIBY. Get a grip on your intangibles [J]. Information World Review, 2000, 164.

171. KARL M. WIIG. Integrating intellectual capital and knowledge management [J]. Long Range Planning , 1997, 30 (3).

172. KARL ERIK SVEIBY. A Knowledge-based theory of the firm to guide in strategy formulation [J]. Journal of Intellectual capital, 2001, 2 (4).

173. KARL-HEINZ LEITNER, CAMPBELL WARDEN. Managing and reporting knowledge-based resources and processes in research organizations: specifics, lessons learned and perspectives [J]. Management Accounting Research, 2004, 15.

174. KURT A. IC measurement and reporting: establishing a practice in SA mining [J]. Journal of Intellectual Capital, 200, 34 (2).

175. LEIF EDVINSSON, PAT RICK SU LLIVAN. Develop a model form anaging in tellectual capital [J]. European Management Journal, 1996, 114 (4).

176. LEIF EDVINSSON. Developing Intellectual Capital at Scandia [J]. Long Range Planning, 1997, 30 (3).

177. LEIF EDVINSSON, BRENDAN KITTS, TORD BEDING.

The next generation of IC measurement-the digital IC-landscape [J]. Journal of Intellectual Capital, 2000, 1 (3).

178. LIEBOWITZ, J., SUEN, C. Y.. Developing knowledge management metrics for measuring intellectual captial [J]. Journal of Intellectual Captial, 2000, 1 (1).

179. LOUISE KLOOT. Organizational learning and management control systems: responding to environmental change [J]. Management Accounting Research, 1997, 8.

180. MATTI SKOOG. Visualizing value creation through the management control of intangibles [J]. Journal of Intellectual Capital, 2003, 4 (4).

181. MIcHAEL POWER. Introduction Imagining, measuring and managing intangibles [J]. Accounting, Organizations and Society, 2001, 26.

182. MIKE TAYLES, ANDREW BRAMLEY. Dealing with the management of intellectual capital: the potential role of strategic management accounting [J]. Accounting, Auditing & Accountability Journal, 2002, 15 (2).

183. NIAMH BRENNAN, BRENDA CONNELL. Intellectual capital: current issues and policy implications [J]. Journal of Intellectual capital, 2000, 1 (3).

184. NICK BONTIS. Management, intellectual capital: an exploratory study that develops measures and models [J]. Management Decision, 1998, 2 (36).

185. NICK BONTIS, NICOLA C. DRAGONETTI, KRISTINE JJACOBSEN, GORRAN ROOS. The Knowledge toolbox: a review of the tools available to measure and manage intangible resources [J]. European Management Journal, 1999, 17 (4).

186. NICK BONTIS. Assessing knowledge assets: a review of the models used to measure intellectual capital [J]. Internation-

al Journal of Management Reviews, 2001, 3 (1).

187. NICK BONTIS. Intellectual capital: an exploratory study that development measurement and models [J]. Management Decision, 1998, 2.

188. NIGEL KING. Knowledge management applying manufacturing theory in knowledge based industries [J]. Management Accounting, 1999, 3 (77).

189. NOAH P BARSKY, GARRY MARCHANT. The most valuable resource-measuring and managing intellectual capital [J]. Strategic Finance, 2000, 8 (81).

190. P. N. BUKH, H. T. LARSEN and J. MOURITSEN. Constructing inellectual capital statements [J]. Scandinavian Journal of Ma-nagement, 2001, 17.

191. PATRICIA ORDOÑEZ DE PABLOS. Intellectual capital reporting in Spain: a comparative view [J]. Journal of Intellectual capital, 2003, 1 (4).

192. PATRICIA ORDOÑEZ DE PABLOS. Intellectual cap ital accounts: What pioneering firms from Asia and Europe are doing now, International Journal of Knowledge and Learning, Vol. 1, NO. 3, 2005.

193. PERVAIZ K. AHMED, KWANG K. LIM, MOHAMED ZAIRI. Mea-surement practice for knowledge management [J]. Journal of Workplace Learning: Employee Counselling Today, , 8 (11).

194. PHILIP O REGAN, DAVID O DONNELL, MARGARET HEFFERMAN. Recognition and management of intellectual resources: preliminary evidence from indigenous lrish high-technology firms [J]. Journal of European Industrial Training, 2001, 4, 3 (2): 25.

195. PRAHALAD, C. K. AND G. HAMEL. The core compe-

tence of the corporation [J]. Harvard Business Review, 1990, 5, 6.

196. RAMONA DZINKOWSKI. The measurement and management of intellectual capital: An introduction [J]. Management Accounting, 2000, 2 (78).

197. RECHARD PETTY, JAMES GUTHRIE. Intellectual capital literature review: Measurement, reporting and management [J]. Journal of Intellectual capital, 2000, 2 (1).

198. ROBERT M. GRANT. Toward a knowledge - based theory of the firm [J]. Strategic Management Journal, 1996, 17.

199. ROBERT S. KAPLAN and DAVID P. NORTON. Measuring the strategic readiness of intangible assets [J]. Harvard Business Review, 2004, 2.

200. ROBIN ROSLENDER and ROBIN FINCHAM. Thinking critically about intellectual capital accounting [J]. Accounting, Auditing & Accountability Joumal, 2001, 4 (14).

201. ROBIN ROSLENDER. Accounting for intellectual capital: A contemporary management accounting perspective [J]. Management Accounting, 2000, 3 (78).

202. ROBIN ROSLENDER. Accounting for intellectual capital: rethinking its theoretical underpinnings [J]. Measuring Business Excellence, 2004, 1 (8).

203. ROBERT S. KAPLAN and DAVID P. NORTN. Using the Ba-lanced scorecard as a strategic management system [J]. Harvard Business Review, 1996, 1, 2.

204. ROBERT SIMONS. Control in age empowerment [J]. Harvard Business Review, 1995, 3, 4.

205. SEETHARAMAN, HADIHELMI BIN ZAINI SOORIA and A. S. SARAVANAN. Intellectual capital accounting and reporting in the knowledge [J]. Journal of Intellectual capital, 2002, 2 (3).

206. WILLIAM JOHN MARTIN. Demonstrating knowledge value: a broader perspective on metrics [J]. Journal of intellectual Capital, 2004, 1 (5).